DEIN ONLINE-PLUS ZUM FiNALE ABITURBAND

FiNALEonline ist die digitale Ergänzung zu deinem Abiturband. Hier findest du eine Vielzahl an Angeboten, die dich bei deiner Prüfungsvorbereitung zusätzlich unterstützen.

Das Plus für deine Vorbereitung:

→ Original-Prüfungsaufgaben mit Lösungen (bitte Code von Seite 2 eingeben!)
→ EXTRA-Training Rechtschreibung
  So kannst du einem möglichen Punktabzug bei deinen Abi-Klausuren vorbeugen.
→ Videos zur mündlichen Prüfung
→ Tipps zur stressfreien Prüfungsvorbereitung
→ Abi-Checklisten mit allen prüfungsrelevanten Themen

Abi-Checklisten
Sie helfen dir, den Überblick über den Prüfungsstoff zu behalten.

DEIN ONLINE-PLUS ZUM FiNALE ABITURBAND

FiNALEonline.de

Tipps zur Prüfungsvorbereitung
Ein erfolgreiches Abitur erfordert eine gezielte Vorbereitung ohne unnötigen Lernstress. Wie du das hinbekommst, erfährst du hier!

Videos zur mündlichen Prüfung
Nur wenige Abiturienten wissen genau, wie sie abläuft, die „Mündliche". Die Videos geben dir Einblick in den Ablauf der Prüfung und Tipps für die richtige Vorbereitung.

Die Kombination aus FiNALE-Buch und FiNALEonline bietet dir die optimale Vorbereitung für deine Prüfung und begleitet dich sicher zu einem erfolgreichen Abitur 2022!

www.finaleonline.de

westermann

FiNALE
Prüfungstraining

Nordrhein-Westfalen

Zentralabitur 2022
Deutsch

Katrin Jacobs
Martin Kottkamp

Liebe Abiturientin, lieber Abiturient,

sobald die Original-Prüfungsaufgaben zur Veröffentlichung freigegeben sind, können sie unter www.finaleonline.de zusammen mit ausführlichen Lösungen kostenlos heruntergeladen werden.
Gib dazu einfach diesen Code ein:

DE5K3X3

Einfach mal reinschauen: www.finaleonline.de

Bildnachweis:
|Hogrefe Verlag GmbH & Co. KG, Göttingen: aus: Psychotraumatologie des Kindesalters von Landolt (modifiziert) 74.1. |KCS GmbH, Stelle: 12.1, 189.1. |Peter Wirtz Fotografie, Dormagen: Titel, 2.1. |Verlag C.H. Beck, München: aus: Wiese, Heike (Hrsg.): Kiezdeutsch 23.1.

westermann GRUPPE

© 2021 Georg Westermann Verlag GmbH, Georg-Westermann-Allee 66, 38104 Braunschweig
www.westermann.de

Das Werk und seine Teile sind urheberrechtlich geschützt. Jede Nutzung in anderen als den gesetzlich zugelassenen bzw. vertraglich zugestandenen Fällen bedarf der vorherigen schriftlichen Einwilligung des Verlages. Nähere Informationen zur vertraglich gestatteten Anzahl von Kopien finden Sie auf www.schulbuchkopie.de.

Für Verweise (Links) auf Internet-Adressen gilt folgender Haftungshinweis: Trotz sorgfältiger inhaltlicher Kontrolle wird die Haftung für die Inhalte der externen Seiten ausgeschlossen. Für den Inhalt dieser externen Seiten sind ausschließlich deren Betreiber verantwortlich. Sollten Sie daher auf kostenpflichtige, illegale oder anstößige Inhalte treffen, so bedauern wir dies ausdrücklich und bitten Sie, uns umgehend per E-Mail davon in Kenntnis zu setzen, damit beim Nachdruck der Verweis gelöscht wird.

Druck A[1]/Jahr 2021

Redaktion: lüra – Klemt & Mues GbR, Wuppertal
Kontakt: finale@westermanngruppe.de
Layout: Druckreif! Sandra Grünberg, Braunschweig
Umschlaggestaltung: Gingco.Net, Braunschweig
Umschlagfoto: Peter Wirtz, Dormagen
Druck und Bindung: Westermann Druck GmbH, Georg-Westermann-Allee 66, 38104 Braunschweig

ISBN 978-3-7426-**2213**-6

Inhaltsverzeichnis

Informationen und Tipps zur Prüfung

Prüfungsvorgaben und Operatoren 7
Vorstellung einer Beispielaufgabe für die schriftliche Abiturprüfung 11
Hinweise zur Bewertung der Klausuren 12
Hinweise für die mündliche Abiturprüfung 16

Beispiele für Prüfungsaufgaben

Die Aufgabenstellung richtig verstehen 17
Die Beispielklausuren aktiv nutzen 19

Fokus: Dialekte – Soziolekte
Materialgestützt über das Thema „Kiezdeutsch" informieren
▶ Grundkurs, Aufgabenart IV 20

Fokus: Die Aktualität der Sapir-Whorf-Hypothese
G. Deutscher: „Dem Gefängnis der Sprache entfliehen" / C. Beck: „Geschwätzige Zebrafinken"
▶ Leistungskurs, Aufgabenart II B 28

Fokus: G. E. Lessing: „Nathan der Weise"
G. E. Lessing: „Nathan der Weise"
▶ Grundkurs, Aufgabenart I A 36

I. Bazinger: Man höre […] erst mal zu / M. Bischoff: „Nathan" in Wiesbaden (Rezensionen)
▶ Leistungskurs, Aufgabenart II B 42

Fokus: R. Seethaler: Der Trafikant
I. Keun: Das kunstseidene Mädchen
R. Seethaler: Der Trafikant
▶ Grundkurs, Aufgabenart I B 50

Fokus: R. Seethaler: Der Trafikant
R. Seethaler: Der Trafikant
▶ Grundkurs, Aufgabenart II A 56

Fokus: A. Geiger: Unter der Drachenwand
G. Bartels: „Mit den Augen der Toten" / A. Geiger im Interview
▶ Leistungskurs, Aufgabenart III B 63

Fokus: A. Geiger: Unter der Drachenwand
Diverse Sachtexte / A. Geiger: „Unter der Drachenwand"
▶ Leistungskurs, Aufgabenart IV 69

Fokus: „unterwegs sein" – Lyrik von der Romantik bis zur Gegenwart
M. Kaléko: „Deutschland – ein Kindermärchen" / H. Heine: „Deutschland. Ein Wintermärchen"
▶ Grundkurs, Aufgabenart I A 78

Fokus: „unterwegs sein" – Lyrik vom Barock bis zur Gegenwart
J. v. Eichendorff: „Die zwei Gesellen" / J. Wagner: „hamburg – berlin"
▶ Leistungskurs, Aufgabenart I B 85

Original-Prüfungsaufgaben

Abitur 2020, Grundkurs, K. H. Göttert: „Alles außer Hochdeutsch" 93
Abitur 2020, Leistungskurs, Vergleich der Gedichte J. v. Eichendorff „Rückkehr" u.
D. Grünbein „Kosmopolit" 98
Beispiel für eine mündliche Prüfung (z. B. 4. Abiturfach) 105

Abitur 2021, Grund- und Leistungskurs unter www.finaleonline.de

Basiswissen

Grundlegende Arbeitstechniken
Arbeitsschritte zur Lösung von Abituraufgaben 110
Texte erschließen 111
Texte schreiben 115
Texte überarbeiten 122

Literaturgeschichte im Überblick
Was ist Literaturgeschichte? 125
Epochenübersicht 126
Vom Barock über die Aufklärung bis zum Vormärz 127
Vom Realismus bis zur Exilliteratur 134
Literatur nach 1945 140
Literatur des ausgehenden 20. Jahrhunderts 141
Gegenwartsliteratur 144

Inhaltsfeld Sprache
Spracherwerbsmodelle und -theorien 147
Sprachgeschichtlicher Wandel 149
Sprachvarietäten (Dialekt, Soziolekt) und ihre gesellschaftliche Bedeutung 151
Verhältnis von Sprache, Denken und Wirklichkeit 153
Die Sapir-Whorf-Hypothese 156

Inhaltsfeld Texte
Lyrische Texte 158
Epische Texte / Erzähltexte 168
Dramatische Texte 174
Sachtexte 185

Inhaltsfeld Kommunikation
Sprachliches Handeln im kommunikativen Kontext 188
Rhetorisch ausgestaltete Kommunikation in funktionalen Zusammenhängen 192
Autor-Rezipienten-Kommunikation 194

Inhaltsfeld Medien
Information und Informationsdarbietung in verschiedenen Medien 196
Filmische Umsetzung einer Textvorlage bzw. filmisches Erzählen 198
Bühneninszenierung eines dramatischen Textes 200
Kontroverse Positionen der Medientheorie 202

Anhang: Rhetorische Mittel 204

Arbeiten mit FiNALE

Vorbemerkung

Dieses Buch ist speziell für die Vorbereitung auf das Deutsch-Abitur 2022 in NRW konzipiert. Dabei wurden die offiziellen Prüfungsvorgaben zugrunde gelegt und die Erfahrungen aus den vorausgegangenen Jahren berücksichtigt.

Zur gezielten Vorbereitung auf das Abitur 2022 bietet FiNALE:
- präzise und übersichtlich angeordnete Informationen zu den **Vorgaben für das Abitur 2022** im Fach Deutsch sowie zum Aufbau, zur Gestaltung und zu den Bewertungskriterien der schriftlichen Abiturprüfungsaufgaben;
- vielfältige **Aufgabenbeispiele mit Beispiellösungen**, die alle Aufgabenarten sowie die vorgeschriebenen inhaltlichen Schwerpunkte und Fokussierungen im Grund- und Leistungskurs berücksichtigen;
- umfangreiche und gut strukturierte Angebote zur systematischen Wiederholung und zeitökonomischen **Vertiefung des erforderlichen Basiswissens** und der grundlegenden Arbeitstechniken;
- eine **Abi-Checkliste** zum Download auf www.finaleonline.de, mit der Sie sich einen Überblick darüber verschaffen können, welchen Wiederholungsbedarf Sie haben und welche Seiten oder Kapitel in FiNALE Sie daher vorrangig bearbeiten sollten;
- **Original-Prüfungsaufgaben** aus vergangenen Jahren zu Grundkurs und Leistungskurs mit ausformulierten, nicht amtlichen Lösungen. Das Zentralabitur 2021 hat zum Zeitpunkt der Drucklegung dieses Buches noch nicht stattgefunden. Sobald die Prüfungsaufgaben zur Veröffentlichung freigegeben sind, können sie zusammen mit ausführlichen Lösungen kostenlos im Internet unter www.finaleonline.de heruntergeladen werden. Dazu müssen Sie folgenden Code eingeben: **DE5K3X3**

FiNALE ist so angelegt, dass Sie sich individuell vorbereiten können. Je nach persönlichen Stärken und Schwächen, die Sie auf www.finaleonline.de mithilfe der Abi-Checkliste ermitteln können, kann die Arbeit mit den einzelnen Kapiteln und Teilkapiteln ausgewählt und an Ihre individuellen Erwartungen und Bedürfnisse angepasst werden.

Der systematische Aufbau und die komprimierte Form fördern eine zeitökonomische und effektive Vorbereitung der Abiturprüfung. FiNALE empfiehlt sich daher als sinnvolle Begleitung und Ergänzung des Fachunterrichts.

Wir wünschen Ihnen viel Erfolg!

Tipps zum Umgang mit FiNALE

Für die Vorbereitung auf die zentrale Abiturprüfung im Fach Deutsch schlagen wir folgende Arbeitsweise vor:
- Um einen Überblick über die verschiedenen Möglichkeiten der Aufgabenstellung zu erhalten, sollten Sie zunächst das Kapitel *Informationen und Tipps zur Prüfung* lesen und sich einen Überblick über die Beispielaufgaben im Kapitel *Beispiele für Prüfungsaufgaben* verschaffen. Zu diesem Zweck ist es zunächst ausreichend, wenn Sie die Aufgabenstellungen gründlich überprüfen und das dazu gehörende Textmaterial aufmerksam durchlesen.
- Laden Sie sich auf www.finaleonline.de die kostenlose Abi-Checkliste zu diesem FiNALE-Band herunter. Die Liste hilft Ihnen dabei, herauszufinden, in welchem Bereich für Sie in der persönlichen Vorbereitung auf das Zentralabitur der größte Handlungsbedarf besteht. Die Liste steht Ihnen als offene Word-Datei zur Bearbeitung am Rechner zur Verfügung. Sie können sich aber auch das PDF ausdrucken und handschriftliche Eintragungen vornehmen. Wenn Sie die Liste bearbeitet haben, sollten Sie sie sich zur Erinnerung über Ihren Schreibtisch hängen. Dann haben Sie Ihren Zeitplan immer im Blick.
- Bearbeiten Sie nun die Kapitel in FiNALE, die laut Checkliste für Ihre Wiederholung besonders wichtig sind. Für die Bearbeitung der Beispielaufgaben bieten sich folgende Herangehensweisen an:

A In Form eines Selbsttests versuchen Sie ausgewählte Beispielaufgaben direkt selbst zu lösen, bevor Sie sich in den weiteren Ausführungen zu den einzelnen Aufgabenbeispielen anschauen, welche Erwartungen mit den Aufgaben verbunden sind.
B Alternativ zu A: Nach der Überprüfung der Aufgabenstellungen und dem gründlichen Lesen der Texte beschäftigen Sie sich zunächst intensiv mit den Beispiellösungen, um dann Ihr Wissen gegebenenfalls im Kapitel *Basiswissen* zu vertiefen, bevor Sie eine eigene Lösung der Aufgabe versuchen.
C Sobald Sie die Aufgabenstellung nachvollzogen haben, können Sie die dazu angebotene Beispiellösung aktiv nutzen, indem Sie deren Inhalt und Aufbau analysieren und reflektieren. Ganz wichtig ist im Sinne des Adressatenbezugs, dass Sie auf die Leserführung achten. Vollziehen Sie auch die sprachliche Ausarbeitung nach: Unterstreichen Sie z. B. Formulierungen, Fachbegriffe und ggf. Synonyme, die Sie verwenden können, um Ihre eigene Ausdrucksfähigkeit zu verbessern.

Das Teilkapitel *Grundlegende Arbeitstechniken* bietet für die Bearbeitung aller Aufgaben wichtige Hinweise zu Lese- und Schreibstrategien, zu Interpretationsverfahren, zu Textmustern, zu rhetorischen Mitteln sowie zur Arbeit an häufig vorkommenden Fehlerquellen in Klausuren.

Bei diesen Vorschlägen zur Arbeitsweise mit FiNALE handelt es sich nur um Anregungen, die Sie nach eigenen Vorstellungen variieren können.

Informationen und Tipps zur Prüfung

Prüfungsvorgaben und Operatoren

Inhaltliche Schwerpunkte

Auf der Grundlage des Lehrplans Deutsch werden in den Aufgaben der schriftlichen Abiturprüfung im Jahr 2022 die folgenden Unterrichtsinhalte vorausgesetzt:

Grundkurs

Inhaltsfeld Sprache:
Sprachvarietäten und ihre gesellschaftliche Bedeutung
– Dialekte und Soziolekte

Inhaltsfeld Texte:
strukturell unterschiedliche Dramen aus verschiedenen historischen Kontexten, u. a.:
– G. E. Lessing: Nathan der Weise
strukturell unterschiedliche Erzähltexte aus verschiedenen historischen Kontexten, u.a. als epische Kurzformen:
– R. Seethaler: Der Trafikant
lyrische Texte zu einem Themenbereich aus verschiedenen historischen Kontexten
– „unterwegs sein" – Lyrik von der Romantik bis zur Gegenwart

---

Leistungskurs

Inhaltsfeld Sprache:
Verhältnis von Sprache, Denken und Wirklichkeit
– Aktualität der Sapir-Whorf-Hypothese

Inhaltsfeld Texte:
strukturell unterschiedliche Dramen aus verschiedenen historischen Kontexten, u. a.:
– G. E. Lessing: Nathan der Weise
strukturell unterschiedliche Erzähltexte aus verschiedenen historischen Kontexten, u.a. als epische Kurzformen:
– A. Geiger: Unter der Drachenwand
lyrische Texte zu einem Themenbereich im historischen Längsschnitt
– „unterwegs sein" – Lyrik vom Barock bis zur Gegenwart

Aufgabenarten

Dies sind die Aufgabenarten, die im Abitur 2022 vorkommen können:

Aufgaben-art I	Typ A	Analyse eines literarischen Textes (ggf. mit weiterführendem Schreibauftrag)
	Typ B	Vergleichende Analyse literarischer Texte
Aufgaben-art II	Typ A	Analyse eines Sachtextes (ggf. mit weiterführendem Schreibauftrag)
	Typ B	Vergleichende Analyse von Sachtexten
Aufgaben-art III	Typ A	Erörterung von Sachtexten
	Typ B	Erörterung von Sachtexten mit Bezug auf einen literarischen Text
Aufgaben-art IV		Materialgestütztes Verfassen eines Textes mit fachspezifischem Bezug (erklären und Stellung nehmen)

FiNALE bietet Ihnen im Folgenden beispielhafte Aufgaben, die den offiziellen Vorgaben für das Abitur 2021 entsprechen. Sie sind so gewählt, dass die möglichen Aufgabenarten (siehe oben) exemplarisch berücksichtigt sind. Aufgrund der Vielzahl der Kombinationsmöglichkeiten, die sich aus der Obligatorik und den zulässigen Aufgabenarten für die beiden Kursarten – Grund- und Leistungskurs – ergeben, wird hier eine repräsentative Auswahl angeboten.

Im Interesse der Übersichtlichkeit und einer zeitökonomischen Vorbereitung werden die Anforderungen und Erwartungen z. T. stichwortartig präsentiert. Ergänzend dazu werden Aufgaben mit ausformulierten Beispiellösungen angeboten.

Liste der Operatoren

Als Operatoren bezeichnet man Verben, die in den Aufgabenstellungen inhaltlich-methodische Arbeitsanweisungen geben (z.B. *beschreiben, erklären, bewerten* usw.). Gleichzeitig deuten die Operatoren an, welchem Anforderungsbereich die jeweilige Arbeitsanweisung zuzuordnen ist. Während z. B. die Arbeitsanweisung „beschreiben Sie" dem Anforderungsbereich I (Reproduktion) zuzuordnen ist, gehört „erörtern Sie" zum Anforderungsbereich III (Reflexion und Problemlösung). Kontrollieren Sie Ihr Wissen zu den Operatoren, indem Sie die einzelnen Aufgabenstellungen im Kapitel *Beispiele für Prüfungsaufgaben* genau überprüfen.

Damit es bei den Abituraufgaben nicht zu Missverständnissen darüber kommt, welcher Anforderungsbereich gemeint ist und welche Arbeitsschritte genau zu leisten sind, gibt es eine Liste von Operatoren, die in den Aufgabenstellungen im Rahmen des Abiturs verwendet werden können.

Übergeordnete Operatoren – alle drei Anforderungsbereiche	
analysieren (interpretieren)	**Literarische Texte:** **Texterfassung, Textbeschreibung, Textdeutung** Erfassen zentraler strukturbildender genretypischer, syntaktischer, semantischer und stilistisch-rhetorischer Elemente und ihrer Funktion für das Textganze unter Berücksichtigung des Wechselbezugs von Textstrukturen, Funktionen und Intentionen **Kontextualisierung** (historischer und aktueller Verstehenshorizont) **Reflektierte Schlussfolgerungen** auf der Grundlage der Ergebnisse der Textdeutung ziehen *Sollte eine Wertung oder Beurteilung gewünscht sein, wird dies ausdrücklich in der Aufgabenstellung formuliert.* **Sachtexte:** **Texterfassung, Textbeschreibung, Textdeutung** Zusammenhang Textstruktur und Textintention, strukturbildende semantische, syntaktische Elemente unter Berücksichtigung der sprachlichen Funktion, Wirkung; Erfassen der pragmatischen Struktur des Textes unter besonderer Berücksichtigung der Argumentationsweise **Reflektierte Schlussfolgerungen** ziehen aus dem Zusammenspiel von Struktur, Intention und Wirkung im Rahmen des historischen und aktuellen Verstehenshorizontes *Sollte eine Wertung oder Beurteilung gewünscht sein, wird dies ausdrücklich in der Aufgabenstellung formuliert.*
erörtern	eine These oder Problemstellung, eine Argumentation durch Für- und-Wider- bzw. Sowohl-als-Auch-Argumente auf ihren Wert und ihre Stichhaltigkeit hin abwägend prüfen und auf dieser Grundlage eine widerspruchsfreie Schlussfolgerung bzw. eigene Stellungnahme verfassen
Generalisierende Aufforderung zur Durchführung konkreter Operationen	
formulieren darstellen verfassen	einen Sachverhalt, Zusammenhang, eine methodische Entscheidung oder eine Problemstellung strukturiert und fachsprachlich angemessen darlegen
Operatoren – Anforderungsbereich I (Reproduktion)	
(be)nennen	aus einem Text entnommene Informationen, Aspekte eines Sachverhalts, Fakten zusammentragen
beschreiben	Textaussagen oder Sachverhalte in eigenen Worten strukturiert und fachsprachlich richtig darstellen
wiedergeben	Inhalte, Zusammenhänge in eigenen Worten sachlich und fachsprachlich richtig formulieren
zusammenfassen	Inhalte, Aussagen, Zusammenhänge eines Textes komprimiert, strukturiert und fachsprachlich richtig darstellen

Operatoren – Anforderungsbereich II (Reorganisation und Transfer)	
untersuchen erschließen	an Texten, Textaussagen, Problemstellungen, Sachverhalten kriterienorientiert bzw. aspektgeleitet arbeiten
einordnen	einen Inhalt, eine Aussage, eine Problemstellung, einen Sachverhalt in einen vorgegebenen oder selbst gewählten Kontext einbeziehen
vergleichen	Texte, Textaussagen, Problemstellungen, Sachverhalte unter vorgegebenen oder selbst gewählten Aspekten auf der Grundlage von Kriterien gegenüberstellen, in Beziehung setzen und analysieren, um Gemeinsamkeiten, Unterschiede, Teil-Identitäten, Ähnlichkeiten, Abweichungen oder Gegensätze ermitteln zu können
erläutern erklären	Textaussagen, Sachverhalte auf der Basis von Kenntnissen und Einsichten differenziert darstellen und durch zusätzliche Informationen und Beispielen veranschaulichen
in Beziehung setzen	Analyseergebnisse, Textaussagen, Sachverhalte, Problemstellungen mit vorgegebenen oder selbstgewählten Aspekten in Verbindung bringen
Operatoren – Anforderungsbereich III (Reflexion und Problemlösung)	
deuten	unter Berücksichtigung des Wechselbezuges von Textstrukturen, Funktionen und Intentionen, der erfassten zentralen strukturbildenden genretypischen, syntaktischen, semantischen und stilistisch-rhetorischen Elemente und ihrer Funktion für das Textganze Ergebnisse der Textbeschreibung in einen Erklärungszusammenhang bringen
beurteilen	hinsichtlich eines Textes, einer Textaussage, der ästhetischen Qualität eines Textes, eines Sachverhalts, einer Problemlösung, einer Problematik ohne subjektiven Wertebezug mit Bezug auf Fachwissen und -erkenntnis zu einem selbstständigen, begründeten Sachurteil gelangen
bewerten	wie Operator „beurteilen", verbunden mit der Offenlegung begründeter eigener Wertmaßstäbe, die sich aus ausgewiesenen Normen und Werten ableiten
(kritisch) Stellung nehmen	die Einschätzung einer Problemstellung, Problemlösung, eines Sachverhaltes, einer Wertung auf der Grundlage fachlicher Kenntnis und Einsicht nach kritischer Prüfung und sorgfältiger Abwägung formulieren
begründen	ein Analyseergebnis, Urteil, eine Einschätzung, eine Wertung fachlich und sachlich absichern (durch einen entsprechenden Beleg, Beispiele, eine Argumentation)
sich auseinandersetzen mit	zu einer (fachlichen) Problemstellung oder These eine Argumentation entwickeln, die zu einem begründeten und nachvollziehbaren Ergebnis führt

prüfen überprüfen	eine Textaussage, These, Argumentation, Analyseergebnis, einen Sachverhalt auf der Grundlage eigener Kenntnisse, Einsichten oder Textkenntnis auf ihre/seine Angemessenheit hin untersuchen und zu Ergebnissen kommen
entwerfen	in Verbindung mit einer Textvorlage, auf der Grundlage einer konkreten Arbeitsanweisung einen eigenen Text unter Benennung der notwendigen Entscheidungen und Arbeitsschritte planen
gestalten	in Verbindung mit einer Textvorlage, auf der Grundlage einer konkreten Arbeitsanweisung einen eigenen Text nach ausgewiesenen Kriterien erarbeiten

Vorstellung einer Beispielaufgabe für die schriftliche Abiturprüfung

Sie werden sicher wissen, dass Sie im Fach Deutsch drei (2022 ggf. vier) Aufgabenvorschläge bekommen, aus denen Sie sich einen aussuchen müssen. Die Bearbeitungszeit beträgt im **Grundkurs 210 Minuten** und im **Leistungskurs 270 Minuten**. Da im Fach Deutsch mehrere Themen zur Auswahl stehen, sind in diesen Bearbeitungszeiten jeweils **30 Minuten Auswahlzeit** enthalten.

Das Deckblatt zu einer dieser Aufgaben könnte für das Abitur 2022 ungefähr so aussehen:

Ministerium für
Schule und Weiterbildung
des Landes
Nordrhein-Westfalen

NRW.

D GK BX 1
Seite 1 von 3

Name: _____

Abiturprüfung 2022
Deutsch, Grundkurs

Aufgabenstellung:
1. Analysieren Sie die Szene III,8 aus dem Drama „Nathan der Weise" von G. E. Lessing, indem Sie die Stationen der Entwicklung des Tempelherrn, vor allem nach dieser Szene und besonders im Hinblick auf V,3, in den Blick nehmen.
2. Setzen Sie die Figur des Tempelherrn in Bezug zum literarhistorischen Kontext der Aufklärung.

Materialgrundlage:
Gotthold Ephraim Lessing: Nathan der Weise. Ein dramatisches Gedicht in fünf Aufzügen. Bearbeitet und herausgegeben von Johannes Diekhans. Reihe: EinFach Deutsch. Bildungshaus Schulbuchverlage 2007, S. 82f.

Zugelassene Hilfsmittel:
Wörterbuch zur deutschen Rechtschreibung

Im Anschluss an das Deckblatt folgen der Text bzw. die Texte und gegebenenfalls Anmerkungen (z. B. Worterklärungen, Hinweise zum Autor oder auch Bildmaterial). Jede Aufgabenstellung sollte unter folgenden Aspekten genau überprüft werden:
- Auswertung der Aufgabenformulierungen unter genauer Beachtung der Operatoren;
- Bestimmung der Arbeitsschritte, die die Operatoren erfordern;
- Gewichtung der Teilaufgaben;
- Konsequenzen für die Einteilung der eigenen Arbeitszeit.

Im Teilkapitel *Grundlegende Arbeitstechniken* (→ S. 104 ff.) erhalten Sie nützliche Entscheidungshilfen für die Aufgabenauswahl.

Hinweise zur Bewertung der Klausuren

Die Lehrkräfte bekommen für jede Aufgabe Bewertungskriterien an die Hand, die ähnlich aussehen, wie unten gezeigt. Zunächst werden Kursart und Aufgabentyp angegeben.

Deutsch
Informationen für die Hand der Lehrerin/des Lehrers

Grundkurs ☒   Leistungskurs ☐

Aufgabenart I	Typ A	Analyse eines literarischen Textes	☒
	Typ B	Vergleichende Analyse literarischer Texte	
Aufgabenart II	Typ A	Analyse eines Sachtextes	
	Typ B	Vergleichende Analyse von Sachtexten	
Aufgabenart III	Typ A	Erörterung von Sachtexten	
	Typ B	Erörterung von Sachtexten mit Bezug auf liter. Text	
Aufgabenart IV		Materialgestütztes Verfassen eines Textes mit fachspezifischem Bezug	

Dann folgen Vorgaben für die inhaltliche Auswertung. Insgesamt gibt es eine maximal zu erreichende Punktzahl (in der Regel zwischen 110–120 Punkten).
Die *Teilaufgaben* (in der Regel gibt es zwei) der jeweiligen Aufgabenstellung und die gesondert ausgewiesene *Darstellungsleistung* (→ S. 15) werden dabei durch die vorgegebene maximal zu erreichende Punktzahl gewichtet. Während die Gewichtung der Teilaufgabe je nach Umfang und Anspruchsniveau variieren kann, umfasst die Darstellungsleistung in der Regel ca. 30 % der maximalen Gesamtpunktzahl.

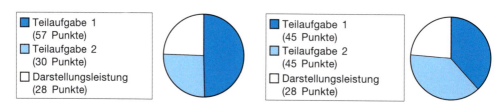

Inhaltliche Leistungen

**Vorgaben für die Bewertung der Schülerleistungen
Teilleistungen – Kriterien**

a) inhaltliche Leistung
Analyse eines literarischen Textes mit weiterführendem Schreibauftrag

	Anforderungen Der Prüfling	maximal erreichbare Punktzahl (AFB)
1	nennt die äußeren Textmerkmale: Autor/-in, Titel, Textsorte, Erscheinungsort und -jahr.	4 (I)
2	ordnet den Textauszug/die Dramenszene funktional und inhaltlich in den Gesamtzusammenhang des Dramas ein.	6 (I)
3	analysiert den Monolog formal, sprachlich und inhaltlich in Bezug auf den inneren Konflikt des Tempelherrn, die Figurenkonstellation Tempelherr/Recha/Nathan und den Wandel der inneren Einstellung des Tempelherrn.	8 (II)
...		
7	arbeitet für den Monolog heraus, dass der Tempelherr dem Rat des Richters in der Ringparabel entspricht, indem er sich von einem passiv duldenden und von Selbstmitleid getragenen Menschen in einen aktiv handelnden, selbstreflektierten „freien" Mann verwandelt.	6 (III)
...		
9	erfüllt ein weiteres aufgabenbezogenes Kriterium.	5

Einordnung in den literarhistorischen Kontext

	Anforderungen Der Prüfling	maximal erreichbare Punktzahl (AFB)
1	geht auf die Kerngedanken der (für G. E. Lessing) zeitgenössischen Philosophie der Aufklärung ein, indem er z. B. darstellt ...	

Die Tabelle auf S. 13 lässt erkennen, dass für die korrigierende Lehrerin bzw. den korrigierenden Lehrer zu jeder Teilaufgabe Anforderungen formuliert werden, die die Schülerinnen und Schüler erbringen müssen. Vor dem Hintergrund wird entschieden, inwieweit die Erwartungen an die Lösungsqualität erfüllt wurden und welche Punktzahl vergeben wird. Aus der Summe der vergebenen Punkte für die Teilleistungen ergibt sich dann die Punktzahl für die jeweilige Aufgabe.

Darüber hinaus können zusätzliche Teilleistungen berücksichtigt werden, die in den Vorgaben nicht explizit aufgeführt werden. Die dabei maximal zu erreichende Punktzahl wird in Klammern angegeben (siehe Grafik S. 12 unten). Die für die jeweilige Teilaufgabe vorgesehene Höchstpunktzahl kann dadurch allerdings nicht überschritten werden. Das heißt, dass durch eine zusätzlich erbrachte Teilleistung Minderleistungen in anderen Anforderungsbereichen derselben Teilaufgabe etwas ausgeglichen werden können.

Die einzelnen Teilleistungen werden folgenden drei **Anforderungsbereichen** (AFB in der rechten Spalte der Tabelle) zugewiesen:

> **TIPP**
>
> Abituraufgaben werden so gestellt, dass sie alle drei Anforderungsbereiche umfassen. Der **Schwerpunkt der Bewertung** liegt in der Regel auf dem Anforderungsbereich II.
> Beachten Sie, dass mit einer Klausur, in der nur Leistungen im Anforderungsbereich I erbracht werden, die Note „ausreichend" nicht erreicht wird.

Anforderungsbereich (AFB)	
I	Reproduktion
II	Reorganisation und Transfer
III	Reflexion und Problemlösung

Die Teilleistungen in den AFB II und III werden höher bewertet als im AFB I, da zunehmend komplexere kognitive Operationen zu erbringen sind. Während in der Beispielaufgabe maximal 3 Punkte durch richtiges Benennen der äußeren Textmerkmale erreicht werden können, gibt es maximal 6 Punkte, wenn die wesentlichen Ergebnisse der Analyse in einer Schlussbemerkung strukturiert zusammengefasst werden. Die vorgegebene Maximalpunktzahl zeigt also die Gewichtung der einzelnen Teilaufgaben.

> **INFO** Empfohlene Länge der Klausurtexte
>
> Ihr Text sollte mindestens
> **für den GK:** zwei gedruckte DIN-A-4-Seiten, also etwa fünf Spalten auf Klausurbögen umfassen.
> **für den LK:** drei gedruckte DIN-A-4-Seiten, also etwa sieben bis acht Spalten lang sein.

Darstellungsleistung

Wie bereits oben angedeutet, wird die Darstellungsleistung in den Informationen für die Hand der Lehrerin/des Lehrers neben den inhaltlichen Leistungen gesondert ausgewiesen, wie in folgendem Beispiel:

b) Darstellungsleistung

	Anforderungen Der Prüfling	maximal erreichbare Punktzahl (AFB)
1	**strukturiert seinen Text kohärent, schlüssig, stringent und gedanklich klar.** • angemessene Gewichtung der Teilaufgaben in der Durchführung • gegliederte und angemessen gewichtete Anlage der Arbeit • schlüssige Verbindung der einzelnen Arbeitsschritte • schlüssige gedankliche Verknüpfung von Sätzen	6
2	**formuliert unter Beachtung der fachsprachlichen und fachmethodischen Anforderungen.** • begründeter Bezug von beschreibenden, deutenden und wertenden Aussagen • Verwendung von Fachtermini in sinnvollem Zusammenhang • Beachtung der Tempora • korrekte Redewiedergabe (Modalität)	6
3	**belegt Aussagen durch angemessenes und korrektes Zitieren.** • sinnvoller Gebrauch von vollständigen oder gekürzten Zitaten in begründender Funktion	3
4	**drückt sich allgemeinsprachlich präzise, stilistisch sicher und begrifflich differenziert aus.** • sachlich-distanzierte Schreibweise • Schriftsprachlichkeit • begrifflich abstrakte Ausdrucksfähigkeit	5
5	**formuliert lexikalisch und syntaktisch sicher, variabel und komplex (und zugleich klar).**	5
6	**schreibt sprachlich richtig.**	3
	Summe	28

Die Qualität der Darstellung kann für eine ganze Notenstufe (z. B. 2+, 2, 2–) ausschlaggebend sein. Die Gesamtpunktzahl, die in einer Klausur erreicht wird, ergibt sich rechnerisch also folgendermaßen:

       Summe der Punkte aus Teilaufgabe 1
  + Summe der Punkte aus Teilaufgabe 2
  + Summe der Punkte für die Darstellungsleistung
       Gesamtpunktzahl

Hinweise für die mündliche Abiturprüfung

Wenn Sie Deutsch als viertes Abiturfach gewählt haben, werden Sie eine mündliche Abiturprüfung in diesem Fach ablegen.

Doch auch bei der Wahl von Deutsch als erstem bis drittem Abiturfach kann neben der schriftlichen eine mündliche Prüfung erfolgen,
- falls Ihre Leistung im schriftlichen Abitur um mehr als 3,75 Punkte von Ihrer Vornote abweicht oder
- wenn Sie sich – unter bestimmten Voraussetzungen – entscheiden, zur Verbesserung Ihrer Note zusätzlich in eine mündliche (Nach-)Prüfung zu gehen.

Ist Deutsch Ihr viertes Fach, stellt die Lehrkraft Ihnen eine Aufgabe, für deren Bearbeitung Sie **30 Minuten Vorbereitungszeit** haben. Ein Beispiel für eine mündliche Prüfung finden Sie auf Seite 100. Die Vorbereitung erfolgt in einem gesonderten Raum.

Die **Aufgabe** bezieht sich, wie in der schriftlichen Prüfung, auf einen der inhaltlichen Schwerpunkte aus der Qualifikationsphase, aber der Umfang des Textes ist deutlich geringer. Die Aufgabe selbst beinhaltet, anders als in einer Klausur, meist nur eine Teilaufgabe.

> **TIPP zum Punktesammeln**
>
> Gehen Sie bei der Erarbeitung der Aufgabe vor, wie Sie es aus dem Unterricht bzw. von Ihren Klausuren kennen. Es wird ein **freier Vortrag** von Ihnen erwartet. Dieser sollte möglichst eng am Text bleiben, sinnvoll gegliedert sein und Zusammenhänge zwischen Form und Inhalt, Text und literaturwissenschaftlichem Kontext herstellen. Notieren Sie Ihre Stichwörter also sehr strukturiert.

Insgesamt dauert die **mündliche Prüfung mind. 20, max. 30 Minuten**. Im Prüfungsraum erwarten Sie neben Ihrem Deutsch-Fachprüfer zwei weitere Deutschlehrer als Prüfungskommission. Für den **Vortrag Ihrer Ergebnisse** haben Sie bis zu **10 Minuten** lang Zeit. Anschließend sind Nachfragen dazu möglich.

Danach leitet Ihr Fachprüfer zu **einem oder mehreren Themen aus der Qualifikationsphase Deutsch** über, ggf. mit einer gedanklichen Verknüpfung der Prüfungsteile, zu der Sie beitragen können. Zu diesen Themen findet mit Fragen oder Impulsen das Prüfungsgespräch statt.

Bewertet werden die Komplexität der dargestellten Gegenstände, die sachliche Richtigkeit und Schlüssigkeit Ihrer Aussagen, die Vielfalt der Aspekte, die Differenziertheit Ihrer Aussagen (u. a. die Qualität eigener Argumentationen), die methodisch überzeugende, strukturierte Vorgehensweise, der sichere Umgang mit der Fachsprache und die Erfüllung standardsprachlicher Normen.

Beispiele für Prüfungsaufgaben

Die Aufgabenstellung richtig verstehen

Finden Sie heraus, was GENAU Sie tun sollen, bevor Sie eine Klausur ausarbeiten oder sich in der Prüfungssituation für eine der angebotenen Aufgaben entscheiden. Denn Punkte gibt es bei der Bewertung der Abituraufgabe nur für das, was tatsächlich verlangt wird.

> **TIPP zum Punktesammeln**
>
> Lesen Sie die Aufgabe mehrfach gründlich durch und prüfen Sie:
> - Welcher Operator wird verlangt (= was ist zu tun, vgl. S. 9 ff.)?
> - Gibt es ergänzende Hinweise für die Ausarbeitung (z. B. „und", „indem")?
> - Wird ein inhaltlicher und/oder methodischer Fokus vorgegeben?
> - Kann man bestimmte Aspekte auswählen oder sind alle obligatorisch?
> - Gibt es Hinweise zum Umfang der Teilaufgaben/Anteil an den Gesamtpunkten?
> - Werden Zeiträume zur Bearbeitung von Teilaufgaben vorgeschlagen?

Es ist sinnvoll, die im Tipp genannten Fragen mithilfe von Unterstreichungen und Markierungen zu kennzeichnen. Am folgenden Aufgabenbeispiel zeigen wir Ihnen exemplarisch, wie man durch aufmerksames Lesen wichtige Hinweise erhält:

> **Aufgabenstellung (Beispiel)**
>
> ❶ Analysieren Sie das Gedicht „Schöne Fremde" von Joseph von Eichendorff. Berücksichtigen Sie dabei auch seine Epochenzugehörigkeit.
> ❷ Vergleichen Sie das Gedicht Eichendorffs mit dem Gedicht „Verfall" von Georg Trakl im Hinblick auf das Selbstverständnis des lyrischen Ichs, die Darstellung des Sehnsuchtsmotivs sowie die formale und sprachliche Gestaltung des Gedichts. Berücksichtigen Sie auch die jeweilige Entstehungszeit.

Ergänzend zu den übergeordneten Operatoren (vgl. S. 9 ff.) enthalten Aufgabenstellungen in der Regel zusätzliche Hinweise, was inhaltlich erwartet wird. Es handelt sich hier durchaus auch um Operatoren, welche jedoch nicht in der offiziellen Liste enthalten sind. Sie können z. B. so lauten: „bestimmen", „eingehen auf", „entwickeln", „berücksichtigen", „einführen", „einbetten", „in Beziehung setzen" oder „(kritisch) Stellung nehmen". Erstellen Sie eine kurze Liste mit den in der Aufgabenstellung benannten Aspekten und prüfen Sie während des Schreibens und nach Abschluss Ihrer Arbeit, ob Sie zu allen Aspekten etwas geschrieben haben.

Exemplarische Analyse der Aufgabenstellung:

❶ Analysieren Sie das Gedicht „Schöne Fremde" von Joseph von Eichendorff. Berücksichtigen Sie dabei auch seine Epochenzugehörigkeit.

übergeordneter Operator (unterscheiden Sie zudem: Handelt es sich um einen literarischen Text oder um einen Sachtext?)
Hinweis auf **einen** verbindlich zu bearbeitenden Aspekt, hier: Epochenzugehörigkeit. Die Ergänzung dabei auch grenzt den Umfang, den Sie diesem Teilaspekt bei der Bearbeitung der Aufgabe widmen, deutlich ein. Es handelt sich um einen unter mehreren Aspekten der Analyse.

❷ Vergleichen Sie das Gedicht Eichendorffs mit dem Gedicht „Verfall" von Georg Trakl im Hinblick auf das Selbstverständnis des lyrischen Ichs, die Darstellung des Sehnsuchtsmotivs sowie die formale und sprachliche Gestaltung des Gedichts. Berücksichtigen Sie auch die jeweilige Entstehungszeit.

übergeordneter Operator (Was soll womit verglichen werden?)
Hinweis auf **vier** verbindlich zu bearbeitende Aspekte, hier: Selbstverständnis des lyrischen Ichs, Sehnsuchtsmotiv, formale und sprachliche Gestaltung, jeweilige Entstehungszeit. Die Ergänzung auch grenzt den Umfang, den Sie diesem Teilaspekt bei der Bearbeitung der Aufgabe widmen, deutlich ein. Es handelt sich um einen unter mehreren Aspekten der Analyse.

TIPP zum Punktesammeln

Achten Sie sorgfältig darauf, ob überhaupt etwas über den „reinen" Operator hinaus (z. B. Analyse oder Vergleich eines Textes) verlangt wird. Wenn Hintergrundwissen gefordert ist, z. B. zu Epochen, zur Entstehungszeit oder zu Gattungen/Textsorten, sollten Sie **keinesfalls einfach auswendig gelernte Passagen einfügen**. Binden Sie Ihr Wissen in Ihre Darstellung ein, indem Sie es auf den Gegenstand der Analyse oder Argumentation beziehen.

Die Beispielklausuren aktiv nutzen

Zu jeder Aufgabenstellung in diesem Trainer steht eine Beispiellösung bereit, die Sie auf unterschiedliche Weise nutzen können und sollten:
Schritt 1: Orientieren Sie sich an **Struktur und Inhalt**.
Schritt 2: Verbessern Sie Ihre **stilistische Ausdrucksfähigkeit**.

TIPP Aufbau und Inhalt erschließen

Im Idealfall plant man den Aufbau eines Textes mithilfe eines Schreibplans oder einer Textskizze und formuliert den Text dann in Anlehnung daran aus.
Achten Sie jeweils darauf, welche Operatoren im Aufgabenformat gegeben sind und wie der Mustertext darauf reagiert, z. B. „analysieren", „Stellung nehmen". Rekonstruieren Sie dessen Struktur und notieren Sie sie als Schreibplan, z. B.:
– Einleitung mit …
– Hauptteil: zuerst grobe Inhaltszusammenfassung, dann …
Variante A: Falls Sie die Zeit zur Verfügung haben, können Sie das angebotene Material anhand der Aufgabenstellung unter Nutzung des extrahierten Schreibplans eigenständig bearbeiten und anschließend mit der Musterlösung abgleichen.
Variante B: Notieren Sie jeweils stichwortartig zum Schreibplan, welche Aspekte der Analyse/welche Argumente o. Ä. in der Musterlösung genannt werden. Auf diese Weise bekommen Sie eine grobe Einschätzung, wie man mit der angebotenen Aufgabenstellung umgehen kann.

TIPP Formulierungen extrahieren und selbst als Textbausteine nutzen

Die Beispielklausuren bieten Ihnen einen Fundus für Fachbegriffe und vielseitig nutzbare Formulierungen an, z. B. Verknüpfungen oder Überleitungen. Unterstreichen Sie gezielt (ggf. in mehreren Farben):
1. sinnstiftende **Satzverknüpfungen** (Konnektoren),
2. abwechslungsreiche und leserleitende **Satzanfänge/Überleitungen**,
3. flexible **Satzstrukturen**, aber tunlichst nicht zu verschachtelt,
4. **Verben der Darstellung** (ggf. Wortliste mit Synonymen anlegen),
5. **Fachbegriffe** (ggf. Bedeutung klären).

Zitieren üben:
– Markieren Sie in den Beispielklausuren Textstellen mit Zitaten.
– Formulieren Sie diese Textstelle so um, dass aus dem direkten ein indirektes Zitat (oder umgekehrt) wird. Diese Übung stärkt Ihre Sicherheit, Zitate richtig einzubetten.

Fokus: Dialekte – Soziolekte

Grundkurs, Aufgabenart IV

Materialgestütztes Verfassen eines Textes mit fachspezifischem Bezug

Aufgabenstellung

❶ Die Redaktion der Schülerzeitung „Aufgemerkt!" der Siegerland-Schule hat zwei Wochen lang auf dem Schulhof Gesprächsfetzen gesammelt und in der Ausgabe 01/2020 unter dem Titel „Aufgeschnappt!" abgedruckt. Sehr häufig wurden Formulierungen wie „Kommst du mit Klo?", „Bist du Bus?" oder „Lassma Hausaufgaben" erfasst. Die Redaktion ist besorgt und möchte dieses Phänomen unvoreingenommen einordnen. Sie bittet um Stellungnahmen der Schulgemeinschaft an die E-Mail-Adresse: aufgemerkt@siegerland-schule.de.

Verfassen Sie einen Diskussionsbeitrag in Form eines Leserbriefes. Argumentieren Sie darin – Vor- und Nachteile abwägend – zum Einfluss des Kiezdeutschen auf die aktuelle Sprachlandschaft: Handelt es sich um eine Sprachvarietät? Nutzen Sie für Ihre Argumentation die beiliegenden Materialien M1 – M5 ebenso wie Ihre Kenntnisse aus dem Unterricht.

> **TIPP** Die Aufgabenstellung verstehen
>
> **Verfassen Sie einen Leserbrief**: Das erwartete Textformat ist deutlich benannt. Achten Sie auf die Merkmale dieser Textsorte: klarer Bezug, ggf. korrektes Zitieren, klares Ziel, klarer Standpunkt, gute Argumente, Wortzahl beachten, Überarbeitung.
> **Argumentieren Sie**: Der Operator erfordert eine kritische Einordnung des sog. „Kiezdeutsch". Folgen Sie der Frage, ob es sich um eine Sprachvarietät handelt und lassen Sie sich nicht von naheliegenden Themen wie Jugendsprache oder Sprachverfall ablenken. Argumentieren Sie jeweils vollständig, d. h. mit deutlichen Thesen, Begründungen und Beispielen bzw. Belegen.
> Beachten Sie, dass für Aufgabenart IV alle Materialien bzw. die Informationen daraus funktional in den eigenen Text integriert werden müssen. Zudem sind Ihre Kenntnisse aus dem Unterricht gefragt.

Bei Aufgabenart IV können verschiedene argumentative Textarten als Zielformat benannt werden. Es ist darum sinnvoll, sich deren formale Merkmale bewusst zu machen. Die häufigsten Textarten sind (ggf. weitere: Berichte, Artikel, Blogbeiträge oder Stellungnahmen):

Textart	Merkmale
(Leser)Brief	Zur Veröffentlichung gedachte Stellungnahme zu einem ebenfalls veröffentlichten Artikel; Zustimmung oder Ablehnung zu Aussagen des Artikels; deutliche, subjektive Position; über Sachverhalt informieren/aufklären
Kommentar	Erläuternde und subjektiv wertende Stellungnahme zu einem aktuellen Ereignis/Thema. Klare Ziele und überzeugende Argumente; strategischer Aufbau → lineare Erörterung.
Glosse	Kurze, prägnante, meist ironisch kommentierende Auseinandersetzung zu aktuellen Themen; pointiert, schlagkräftig, stilistisch ausgefeilt.

Materialgrundlage

M1 Vortrag Prof. Dr. Heike Wiese vom 18.06.2013 um 19 Uhr im Haus der Wissenschaft/ Bremen; Abstract von Maria Pohle und Kathleen Schumann (Universität Potsdam).
M2 Lothar Schröder: Germanistenstreit: „Kiezdeutsch ist kein Dialekt". In: http://www.rp-online.de/kultur/kiezdeutsch-ist-kein-dialekt-aid-1.2801115 (aufgerufen: 27.11.2016)
M3 Kiezdeutsch als Kontakt- und Jugendsprache. Aus: H. Wiese: Kiezdeutsch. München: Verlag C. H. Beck 2012.
M4 Moritz von Uslar: Geisterkranker! – das neue Deutsch. In: https://www.zeit.de/ 2013/50/teenagerkomoedie-fack-ju-goehte-sprachkritik/komplettansicht (aufgerufen: 02.01.2020)

M1 Keine Angst vor Kiezdeutsch! Ansichten und Einsichten zu einem neuen deutschen Dialekt (2013, Auszug)
Prof. Dr. Heike Wiese (Universität Potsdam)

Kiezdeutsch, eine Jugendsprache aus multiethnischen Wohngebieten, ist immer wieder Gegenstand öffentlicher Debatten. Häufig stehen vor allem negative Stimmen im Vordergrund: Ist Kiezdeutsch ein Zeichen sprachlicher Verarmung? Eine türkisch-deutsche Mischsprache? Ein Hinweis auf mangelnde Integration? Oder gar eine Bedrohung des Deutschen?

Die Sprachwissenschaft hat sich Kiezdeutsch genauer angesehen: Jenseits aller Aufgeregtheit und Sorgen findet sie sprachlich einiges Neue, aber auch erstaunlich viele altbekannte Phänomene aus Geschichte und Gegenwart des Deutschen. Und sie findet Sprecherinnen und Sprecher, die nicht nur Kiezdeutsch sprechen können, sondern diese Sprechweise gezielt in passenden Situationen einsetzen.

[Schon Marie Curie formulierte, „was man zu verstehen gelernt hat, fürchtet man nicht mehr."] Aus diesem Grund ist es hilfreich, sich mit dem Phänomen Kiezdeutsch näher zu beschäftigen.

Die Abweichungen, die Kiezdeutsch von der Standardsprache unterscheiden, sind jedoch keine willkürlichen grammatischen Fehler und Zeichen des sprachlichen Unvermögens der Sprecher*innen, sondern ergeben einheitliche Muster, die bestimmte Funktionen erfüllen. Solche systematischen Abweichungen finden wir auch in anderen Dialekten des Deutschen., ohne dass man einem Sprecher oder einer Sprecherin mit bayerischem oder Berliner Dialekt mangelnde Deutschkenntnisse unterstellen würde.

Ähnlich wie die Jugendsprache wird Kiezdeutsch von seinen Sprecherinnen und Sprechern als Ausdruck ihrer Identität und Abgrenzung von z. B. Erwachsenen genutzt. Gleichzeitig dient es als Zeichen der Gruppensolidarität: Jugendliche in multiethnischen Kiezen bundesweiter Großstädte entwickeln durch grammatische und lexikalische Innovationen und Stilisierungen einen we-Code, durch den gekennzeichnet wird, wer alles „dazugehört".

Der Vortrag von Prof. Dr. Heike Wiese zeigt, dass viele Vorurteile, die in den verschiedenen Bereichen der Gesellschaft gegenüber Kiezdeutsch und seinen Sprecherinnen und Sprechern vorherrschen, jeglicher Grundlagen entbehren.

M2 Germanistenstreit: „Kiezdeutsch ist kein Dialekt" (2012) *Lothar Schröder*

Düsseldorf. Diese These sorgte für Schlagzeilen: Das „Kiezdeutsch", das Jugendliche in Berliner Hinterhöfen sprechen, sei ein neuer Dialekt, behauptete unlängst die Potsdamer Germanistin Heike Wiese. Das aber sei grundfalsch, erwidert ihr nun der Bamberger Sprachwissenschaftler Helmut Glück (62) im Interview. Für ihn ist es nur eine aktuelle Jugendsprechweise. Die jüngste Dialektthese bezeichnet er hingegen als „einigermaßen skandalös".

Die These der Sprachwissenschaftlerin Heike Wiese hatte durchaus etwas Beruhigendes, dass nämlich das sogenannte Kiezdeutsch gar keine Verhunzung der deutschen Sprache sei, sondern ein neuer Dialekt.
Glück: Das sehe ich deutlich anders. Weil ein Dialekt immer eine Redeweise ist, die für eine bestimmte Region charakteristisch ist und zudem eine historische Tiefe hat. So sprechen die Menschen am Niederrhein seit etwa 1500 Jahren niederfränkisch. Neuere Dialekte, die es auch gibt, wie etwa das Berlinerische, existieren seit rund 500 Jahren. Das ist etwas völlig anderes als irgendeine aktuelle Jugendsprechweise wie das Kiezdeutsch. Frau Wiese versucht einfach, am Prestige des Dialekts zu partizipieren, indem sie diesen Begriff auf eine Sprechweise überträgt, die alles andere als ein Dialekt ist.

Frau Wiese verweist aber darauf, dass die grammatikalischen Regelverstöße im Kiezdeutsch sehr gezielt und stets die gleichen seien. Das soll darauf hindeuten, dass die Sprecher der deutschen Sprache noch mächtig seien.
Glück: Letzteres kann man bei den jungen Leuten nur hoffen, die irgendwann die Schule verlassen und eine Lehrstelle brauchen, bei der man das Hochdeutsche in Wort und Schrift einigermaßen beherrschen sollte. So etwas kann Frau Wiese ja schlecht finden, nur ist es eben so – in Düsseldorf wie in Frankfurt und Berlin. Unsere Hoch- und Standardsprache ist ein Wert, der in Jahrhunderten entstanden ist und den man nicht einfach zur Disposition stellen kann.

Droht mit der Dialektthese von Frau Wiese die Gefahr, dass schlechtes Deutsch gleichsam salonfähig gemacht wird?
Glück: Das scheint mir die Absicht von Frau Wiese zu sein, und das ist auch der

Grund, warum es jetzt an der Zeit ist, einmal Tacheles zu reden. Denn ihre Thesen drücken eine Wurschtigkeit gegenüber der Funktion einer Hochsprache aus – einmal abgesehen von ästhetischen Gesichtspunkten –, die einigermaßen skandalös ist.

Was ist das Kiezdeutsch dann, nur ein Code von Jugendlichen einer bestimmten sozialen Schicht?

Glück: Das ist der Fall. Und es ist ja nun auch nicht das erste Mal, dass sich eine Jugendgeneration sprachlich gegen die Elterngeneration abgrenzt; jugendliche Sprechweisen sind seit dem 18. Jahrhundert belegt. Sie hatten und haben die Funktion, sich abzugrenzen gegen die Älteren – verbunden mit einer guten Portion Angeberei.

Frau Wiese nennt das Kiezdeutsch auch einen Turbodialekt. Gibt es denn andere Fälle, bei denen das Deutsche auf eine andere Sprache getroffen ist und sehr schnell beeinflusst wurde?

Glück: Da müsste man natürlich das Ruhrgebietsdeutsch nennen, das zu tun hat mit einer starken polnischen Einwanderung in den Jahrzehnten um 1900. Dieser Industriedialekt, der eigentlich mehr ein Soziolekt ist, wird heute eher im Kabarett gesprochen. Dieses Sprechen ist sozial markiert.

Welche Einflüsse sehen Sie denn beim Kiezdeutsch?

Glück: Das hat eindeutige türkische und arabische Einflüsse, die sich nachweisen lassen. Dazu gehören die Verwechslungen beim grammatikalischen Geschlecht – das Türkische hat keins – sowie die Verwechslungen bei den Präpositionen, die im Türkischen ebenfalls ganz anders gestrickt sind. Solche Varianten weichen dann natürlich immer an denselben Stellen vom Standard der jeweiligen Zielsprache ab. Das ist kein Wunder, sondern erwartbar. Bei Lernprozessen von Leuten aus anderen Sprachen treten an diesen Punkten dann Schwierigkeiten auf.

M3 Kiezdeutsch als Kontakt- und Jugendsprache (2012)

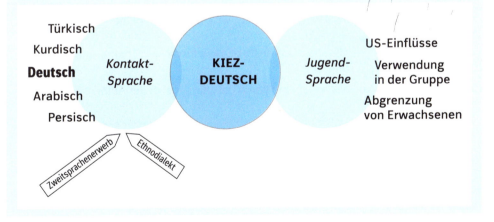

M4 „Geisterkranker!" – das neue Deutsch (2013, Auszug)   *Moritz von Uslar*

[...] In der Goethe-Gesamtschule, in der Zeki Müller sich zwischen schwer erziehbaren Schülern als Aushilfslehrer bewähren muss, wird der Zuschauer Zeuge von ganz wunderbaren Schülerdialogen, Wortgefechten, Wort-Battles, ja einem sprachlichen Nahkampf. Ist es zu wohlfeil, darauf hinzuweisen, dass der Sound, Rhythmus, Flow, die Musikalität dieser Sprache natürlich von der amerikanischen Popkultur, den Wort-Battles des Hip-Hop, abstammen? Linguisten haben beschrieben, wie sich die deutsche Sprache auch unter dem Einfluss der Einwanderung aus der Türkei, dem Maghreb, aus Russland und dem Balkan verändert hat: Der große Trend ist die Vereinfachung, gesprochen wird ein grammatisch sehr entspanntes Idiom (Artikel werden weggelassen, Fallendungen abgeschliffen, der Konjunktiv wird gar nicht, Präpositionen werden beliebig verwendet). In der Popkultur haben Hip-Hopper wie Bushido und Komiker wie Bülent Ceylan das neue Deutsch durchgesetzt, im Film *Fack ju Göhte* kann man es noch mal aufs Schönste hören:

„Gib zwei Euro. Ich muss Guthaben kaufen."

„Wusstest du, dass sie Push-up trägt?"

„Ey, red ma' höflich, du Opfer."

„Halt Fresse und gib mir den Nagellack."

„Fuck you, fuck you, fuck you."

[...]

Seine Kraft bezieht Fack ju Göhte genau aus der brutalen Direktheit des Ausdrucks – und aus den Momenten, in denen jene brutale Direktheit über die Mittel der Übertreibung und Ironie in eine höhere Wahrheit kippt.

Folgender **Arbeitsplan** kann zur Erschließung und Planung der Aufgabe hilfreich sein:

1. Arbeitsschritt Vorwissen aktivieren	– Was weiß ich zu dem vorgegebenen Thema? – Welche anderen Positionen zu diesem Thema sind mir bekannt?
2. Arbeitsschritt Exzerpieren der vorgegebenen Texte	– Mit welchem Thema beschäftigt sich der Autor/die Autorin? – Welche Position zu diesem Thema vertritt er/sie? – Welche Argumentationsstruktur wählt er/sie, um seinen/ihren Gedankengang zu verdeutlichen?
3. Arbeitsschritt: Stoffsammlung/Auswertung der Materialien	
M1 „Keine Angst vor Kiezdeutsch"	+ normale Entwicklung der Sprache + kompetente Sprecher/-innen · Dialekte sind systematische Abweichungen von der Standardsprache

	+ Kiezdeutsch fördert Identität und Abgrenzung „we-Code"	
	+ Kiezdeutsch besteht aus grammatikalischen und lexikalischen Innovationen und Stilisierung	
M2 „Germanistenstreit"	− Helmut Glück „einigermaßen skandalös" · Dialekte haben historische Tiefe /sind regional verwurzelt · Kiezdeutsch ist kein Dialekt und profitiert von seinem Prestige − Kiezdeutsch ist ein Code von Jugendlichen bestimmter sozialer Schichten − Turbodialekt; Vgl. Ruhrgebietsdeutsch/ Industriedialekt. Dieser ist „sozial markiert".	
M3	Kiezdeutsch ist eine Mischung aus Jugend- und Kontaktsprache + besondere Vielfalt, großes Gruppenzugehörigkeitsgefühl	
M4 „Geisterkranker"	Kiezdeutsch als Stilmittel in Film, Kabarett und Musik (z. B.: Fack ju Göthe, Bülent Ceylan …) + ermöglicht brutale Direktheit	

Beispiellösung

Einleitung (Bezug zur Aufgabenstellung, Darstellung des Kontextes)
An: aufgemerkt@goethe.de
Von: …

Liebe „Aufgemerkt!"-Redaktion,

in eurer letzten Ausgabe 01/2020 habt ihr in der Rubrik „Aufgeschnappt!" von eurer Sorge berichtet, dass unsere Schülerschaft kein richtiges Deutsch mehr sprechen könne. Ich kann euch beruhigen: Wir sind der deutschen Sprache durchaus noch mächtig. Daher solltet ihr etwas toleranter gegenüber neuartigen Erscheinungen, auch in der Sprache, werden.
Sprache verändert sich. Das ist eine ganz normale Entwicklung (vgl. Pohle/Schuhmann 2013, M1), wie sie in der Entwicklungsgeschichte aller Sprachen abläuft. Schließlich ist unser Hochdeutsch heute auch anders als die Standardsprache im Deutschen um 1700. Das, was euch als „schlecht[es] Deutsch" auffällt, ist nichts anderes als eine systematische Veränderung der Standardsprache durch die Sprecher/-innen. In unserem Fall ist die Gruppe der Sprecher/-innen unsere Schülerschaft, die anderen Schulgemeinschaften in anderen Großstädten ähnelt. Diese Sprachvarietät, die es in Berlin, Frankfurt, Dortmund und anderen Großstädten gibt, wird von der Potsdamer Linguistikprofessorin Heike Wiese als „Kiezdeutsch" bezeichnet und ist eine Mischung aus Jugendsprache und „Kontaktspra-

che", einer Gruppensprache von Menschen nicht deutscher Herkunft (vgl. Heike Wiese 2012, M3).

> **INFO Zitieren beim materialgestützten Informieren**
>
> Die Zitierweise beim materialgestützten Schreiben orientiert sich an den gängigen Unterscheidungen des direkten und indirekten Zitierens. Allerdings sollte man davon ausgehen, dass die Leser/-innen nicht sämtliche Materialien nachrecherchieren, weshalb von einer Angabe der Zeilenverweise abgesehen wird. Zitieren Sie folgendermaßen unter Angabe der Autorin/des Autors, des Jahres sowie des Materials:
>
> Direktes Zitat: „…………." (Pohle/Schumann 2013, M1)
> Indirektes Zitat: ………… (vgl. Pohle/Schuhmann 2013, M1)

Kontra Kiezdeutsch (Darstellung der Gegenargumente aus den Materialien mit Entkräftung)

Aber ihr seid mit eurer Sorge um den Erhalt des Hochdeutschen nicht allein. „Der Bamberger Sprachwissenschaftler Helmut Glück" (Schröder 2012, M2) steht dem Kiezdeutschen ebenfalls kritisch gegenüber. Er sieht einen deutlichen Unterschied zwischen Dialekten mit historischer Tiefe und regionaler Verwurzelung (vgl. Schröder 2012, M2) und trendiger Jugendsprache, die zunehmend mehr Fehler in die Standardsprache hineintrage.
Außerdem wirkt die Trendsprache, wie wir sie auf dem Schulhof hören, direkt und impulsiv. Nicht wenige können mit dem Fehlen vermeintlich höflicher Umgangsformen nichts anfangen und meinen, die Sprache sei zunehmend „brutal [...]" (von Uslar 2013, M4).
Die Kritiker/-innen berufen sich auf ein Klischee: Jemand, der Kiezdeutsch spricht, könne kein korrektes Deutsch mehr sprechen. Somit wird Kiezdeutsch zum Marker von Jugendlichen einer bestimmten sozialen Schicht (vgl. Schröder 2012, M2).
Diese eingeschränkte Perspektive auf die Schülersprache wirkt jedoch sehr verbohrt, da man den Kontext und die Intention ihrer Verwendung völlig ausblendet. Formulierungen wie „Kommst du mit Klo?" oder „Bist du Bus?" äußern die Sprecher/-innen untereinander in den Pausen und in der Freizeit. Sie nutzen diese Sprechweise, um mit ihrer Gruppe zu kommunizieren und sich vom z. B. Unterricht oder den Eltern abzugrenzen (vgl. Pohle/Schumann 2013, M1). Im Unterricht dagegen können wir Schüler/-innen durchaus korrektes Deutsch sprechen. Wir passen uns eben der Gesprächssituation und dem Gesprächspartner an.

Pro Kiezdeutsch (Darstellung der Argumente aus den Materialien mit Bekräftigung)

Längst ist das Kiezdeutsch kein Phänomen „dreckiger Hinterhöfe" mehr. Es markiert weniger Jugendliche aus bestimmten sozialen Schichten, sondern vermittelt vielmehr ein Zusammengehörigkeitsgefühl und Identität. Beides ist gerade im 21. Jahrhundert wichtig für die Integration, besonders in Großstädten. Ähnlich einem Dialekt verstehen die Jugendlichen, Schüler/-innen und Studierende auf mehreren Ebenen, was mit der Aussage „Lassma Kino" gemeint ist. Es sind eben Eigenheiten wie neue Strukturwörter, Neologismen, Inversionen oder Ellipsen, die ein Spiel mit der Sprache ermöglichen und so „grammatikalische und lexikalische Innovation" (Pohle/Schuhmann 2013, M1) einbringen.

Nicht zuletzt hat sich das Kiezdeutsch auch medial in Filmen, in der Musik und im Kabarett durchgesetzt. Der Kinohit „Fack ju Göthe" ist gewissermaßen ein Loblied auf diese Varietät und lebt besonders von den Stilisierungen der Schüler- und Lehrersprache. Insofern kann man das Kiezdeutsch in seiner „brutalen Direktheit" (von Uslar 2013, M4) nahezu als poetisch betrachten.

Umso schöner ist es doch, wenn Jugendliche mit ihrer Sprache in der Freizeit kreativ umgehen und ein Gemeinschaftsgefühl entwickeln. Wie lang diese Sprachvarietät anhalten wird, ist schwer abzuschätzen. Vergleicht man die Entwicklung des Kiezdeutsch mit den Ruhrgebiets-Industriedialekt, der ähnlich schnell entstand, ist die Prognose dieses Dialekts vielversprechend.

Fazit/Rückbezug zur Aufgabe

Schließlich liegt es doch an jedem selbst, ein sprachliches Phänomen zu bewerten: Ob ein Dialekt sexy oder dumm, witzig oder trendy klingt, ist eine persönliche Entscheidung. Wichtig ist in meinen Augen, dass die Entwicklung der Sprache und somit auch das Kiezdeutsch ernst genommen und nicht vorverurteilt werden sollten.

Fokus: Die Aktualität der Sapir-Whorf-Hypothese
Leistungskurs, Aufgabenart II B

Vergleichende Analyse von Sachtexten

Aufgabenstellung

① Der Zusammenhang von Sprache – Denken – Wirklichkeit wird in den Sprachwissenschaften kontrovers diskutiert. Analysieren Sie die beiden Texte (M1 und M2) vergleichend, um zu zeigen, welchen spezifischen Beitrag sie zu dieser Diskussion leisten.

② Erläutern Sie mit Bezug auf Ihre Analysen, warum beide Texte Anlass zu einer kritischen Reflexion der Sapir-Whorf-Hypothese geben.

TIPP Die Aufgabenstellung verstehen

① Funktion des Einleitungssatzes: Er stellt beide Texte in einen übergeordneten Kontext (hier: das Verhältnis von Sprache-Denken-Wirklichkeit).
Analysieren Sie vergleichend: Der Operator bezieht sich auf beide Sachtexte. Die Formulierung lässt Ihnen Entscheidungsfreiheit für die Anordnung Ihrer vergleichenden Ergebnisse: Sie können die Analyseergebnisse für beide Texte aspektorientiert gegeneinanderstellen oder die Texte nacheinander vorstellen.
um zu zeigen: Die Formulierung setzt voraus, dass beide Texte einen Beitrag zur Diskussion um die Wechselbeziehung zwischen Sprache, Denken und Wirklichkeit leisten. Untersuchen Sie sie gezielt unter diesem Gesichtspunkt und legen Sie abschließend ihren jeweils spezifischen Beitrag zur Diskussion dar.
② Erläutern Sie, warum: Der Operator erfordert eine begründete Klärung einer Problemstellung, hier: die kritische Reflexion der Sapir-Whorf-Hypothese. Punkte können Sie sammeln, indem Sie diese Theorie als Einleitung zur Teilaufgabe 2 kurz und prägnant darstellen.
mit Bezug auf Ihre Analysen: Sie sollen die Ergebnisse Ihrer Analyse beider Texte für Ihre Auseinandersetzung mit der Sapir-Whorf-Hypothese nutzen. Die kausale Konjunktion „warum" legt inhaltlich nahe, dass diese kritisch zu beurteilen ist.

Materialgrundlage

M1 Guy Deutscher: Dem Gefängnis der Sprache entfliehen [Auszug]. Aus: Der Tagesspiegel, 04.04.2012 – https://www.tagesspiegel.de/wissen/sprachwissenschaft-dem-gefaengnis-der-sprache-entfliehen/6473176.html – (aufgerufen 29.1.2019, gekürzt)
M2 Christina Beck: Geschwätzige Zebrafinken. Pressemitteilung der Max-Planck-Gesellschaft vom 31.3.2004. Aus: https://www.mpg.de/485408/pressemitteilung20040330 (aufgerufen 30.1.2019, gekürzt)

Der israelische Linguist Guy Deutscher (geb. 1969) ist in Tel Aviv aufgewachsen, hat Mathematik und Linguistik in Cambridge studiert und forscht an der Fakultät für Linguistik der Universität Manchester. In der ersten Hälfte des Textes, dem der vorliegende Textauszug entnommen ist, bietet der Verfasser als Einleitung einen kurzen historischen Überblick über die kontroverse Diskussion bezüglich des Zusammenhangs von Sprache – Denken – Wirklichkeit.

M1 Dem Gefängnis der Sprache entfliehen *Guy Deutscher*

[...] Die Idee, unsere Muttersprache könne Einfluss auf unser Denken haben, dürfen wir dennoch nicht ganz verwerfen. Doch um den wahren Einfluss der Sprache auf das Denken zu verstehen, müssen wir der Täuschung entkommen, dass die Sprache ein Gefängnis für das Denken ist. Stattdessen müssen wir uns einer grundlegenden Einsicht zuwenden, die ich als das Boas-Jakobson-Prinzip bezeichne. Der Anthropologe Franz Boas stammte aus einer deutsch-jüdischen Familie aus Minden und wanderte gegen Ende des 19. Jahrhunderts nach Amerika aus.

1938 machte Boas eine scharfsinnige Beobachtung über die Verschiedenheit der Sprachen, die 20 Jahre später von dem russisch-amerikanischen Linguisten Roman Jakobson zu einer markigen Maxime zusammenfasst wurde: „Sprachen unterscheiden sich hauptsächlich durch das, was sie vermitteln müssen, und nicht durch das, was sie vermitteln können." Mit anderen Worten, der entscheidende Unterschied zwischen Sprachen liegt nicht darin, was jede Sprache ihren Sprechern auszudrücken gestattet – denn theoretisch könnte jede Sprache alles zum Ausdruck bringen –, sondern in den Informationen, zu deren Wiedergabe jede Sprache ihre Sprecher zwingt.

Jakobson führt das folgende Beispiel aus der Alltagssprache an: Wenn ich auf Englisch sage "I spent yesterday evening with a neighbour", dann können Sie sich durchaus die Frage stellen, ob ich mit einem Mann oder mit einer Frau ausgegangen bin. Aber ich habe das Recht, Ihnen höflich zu erklären, dass Sie das nichts angeht. Wenn wir aber Deutsch sprechen, dann verfüge ich nicht über das Privileg, die Dinge im Unklaren zu lassen, denn ich werde von der Sprache dazu gezwungen, mich zwischen Nachbar oder Nachbarin zu entscheiden. Deutsch zwingt mich also, Sie über das Geschlecht des Menschen, der mich begleitet hat, zu informieren.

Das bedeutet natürlich nicht, dass Englischsprecher die Unterschiede zwischen Abenden, die man mit Nachbarn, und solchen, die man mit Nachbarinnen verbringt, nicht wahrnehmen. Ebenso wenig bedeutet es, dass Englischsprecher den Unterschied nicht ausdrücken können, falls sie das wünschen sollten. Es bedeutet nur, dass Englischsprecher nicht verpflichtet sind, das Geschlecht jedes Mal anzugeben, wenn von dem Menschen aus dem Nachbarhaus die Rede ist, während diese Verpflichtung für die Sprecher mancher Sprachen gewohnheitsmäßig besteht.

Das Boas-Jakobson-Prinzip ist der Schlüssel, mit dem sich die tatsächlichen Auswirkungen einer bestimmten Sprache auf das Denken enthüllen lassen. Wenn verschiedene Sprachen den Geist ihrer Sprecher auf unterschiedliche Weise beeinflussen, dann nicht wegen der Dinge, die jede Sprache angeblich den Menschen zu denken gestattet. Vielmehr ist der Einfluss eine Folge des Umstands, dass Menschen von Kindesbeinen an gewohnheitsmäßig bestimmte Ausdrucksweisen verwenden. Denn schließlich können sich Sprachgewohnheiten zu geistigen Gewohnheiten verfestigen, die uns über das Sprechen hinaus beeinflussen, und die Konsequenzen für unsere Denkweise und Wahrnehmung der Welt haben können. Wenn unsere Sprache uns dazu zwingt, auf gewisse Aspekte der Erfahrung gewohnheitsmäßig achtzugeben, kann diese Notwendigkeit uns trainieren, ein besonderes Gespür oder eine Sensibilität für bestimmte Details zu entwickeln, und fördert bestimmte Arten von Gedächtnis und Assoziationen.

In den letzten Jahren konnte experimentell nachgewiesen werden, dass solche Sprachgewohnheiten einen Einfluss auf die Wahrnehmung ihrer Sprecher ausübten. Eines dieser Beispiele betrifft das Genus, oder das grammatische Geschlecht unbelebter Objekte. Wer etwa Deutsch als Fremdsprache lernt, hört häufig, man solle der Tatsache, dass Brücken weiblichen und Schlüssel männlichen Geschlechts sind, keine weitere Bedeutung beimessen. Es handele sich lediglich um eine grammatische Eigenheit.

Natürlich ist es richtig, dass kein Sprecher des Deutschen tatsächlich glaubt, Brücken seien biologisch betrachtet weiblich. Und dennoch haben eine ganze Reihe unterschiedlicher Experimente empirisch gezeigt, dass das grammatische Geschlecht der unbelebten Gegenstände die alltäglichen Assoziationen färbt, die Muttersprachler mit diesen Gegenständen in Verbindung bringen. So tendieren Sprecher des Deutschen beispielsweise dazu, Brücken eher „weiblich" konnotierte Attribute zuzuschreiben (schmal, elegant), während Sprecher des Spanischen, für die Brücken grammatisch männlich sind, sie häufiger mit eher „männlich" besetzten Attributen in Verbindung bringen, wie z. B. kräftig.

Es geht nicht darum, dass unsere Muttersprache uns davon abhält, Unterscheidungen und Konzepte anderer Sprachen zu verstehen oder wahrnehmen zu können. Wenn eine Sprache uns zwingt, über Brücken zu sprechen, als wären sie Frauen, bedeutet das nicht, dass wir nicht imstande sind zu verstehen, dass unbelebte Objekte kein biologisches Geschlecht haben. Und dennoch können die Sprechgewohnheiten, die uns von jungen Jahren an eingebläut wurden, entscheidenden Einfluss auf unser Denken und unsere Wahrnehmung ausüben.

M2 Pressemitteilung der Max-Planck-Gesellschaft: Geschwätzige Zebrafinken *Christina Beck*

Berliner Max-Planck-Wissenschaftler und ihre amerikanischen Kollegen weisen „Sprach-Gen" bei Singvögeln nach

Mutationen im so genannten FOXP2 Gen führen bei Menschen zu einem spezifischen Sprachproblem, insbesondere bei der Artikulation und dem Sprachverständnis. Offensichtlich besitzt dieses Gen eine zentrale Funktion bei der Entwicklung der Sprachfähigkeit. Neurobiologen konnten nun zeigen, dass auch beim Gesangslernen von Vögeln FOXP2 eine Schlüsselrolle spielt. [...]

Bereits 2002 hatte eine Arbeitsgruppe um Svante Pääbo vom Max-Planck-Institut für evolutionäre Anthropologie in Leipzig die DNA-Sequenz des intakten FOXP2 Gens beim Menschen mit der Sequenz von Menschenaffen sowie Mäusen verglichen.

Dabei fanden die Wissenschaftler heraus, dass das menschliche FOXP2 Gen eine ganz spezifische Sequenzvariation aufweist, die sie bei den anderen Spezies nicht nachweisen konnten. Diese geringfügige Änderung könnte im Zuge der Evolution eine ganze Kette von weiteren Änderungen nach sich gezogen haben; denn das FOXP2-Gen stellt die Bauanleitung für einen Transkriptionsfaktor bereit – ein Protein, dass die Aktivität zahlreicher anderer Gene steuert. Die Leipziger fanden Hinweise dafür, dass die menschliche Form von FOXP2 für seinen Träger vorteilhaft gewesen sein muss und daher vermutlich maßgeblich mit der Entwicklung der menschlichen Sprache verknüpft ist.

Im Gegensatz zu Mäusen und Menschenaffen lernen zahlreiche Vogelarten ihre Gesangsmuster ähnlich wie Menschen das Sprechen. Constance Scharff, Forschungsgruppenleiterin am Max-Planck-Institut für molekulare Genetik, wollte daher herausfinden, ob die beim Menschen gefundene Sequenzvariation in FOXP2 auch bei Gesang lernenden Vögeln existiert. Zusammen mit Sebastian Haesler sowie den Kollegen von der amerikanischen Duke-Universität, Erich Jarvis und Kazuhiro Wada, verglichen sie die Expression von FOXP2 im Gehirn Gesang lernender Vögel, wie Zebrafinken, Kanarienvögeln, Sittichen, Spatzen, Meisen und Kolibris sowie nicht Gesang lernender Vögel, wie zum Beispiel Ringeltauben. Darüber hinaus studierten die Forscher das Gen bei den nächsten Verwandten der Vögel, den Krokodilen.

Zunächst einmal interessierten sie sich dafür, wann und wo das Gen im Vogelhirn exprimiert[1] wurde: Waren es Regionen, die für die Gesangsproduktion verantwortlich sind oder für das Gesangslernen, und wurde das Gen in erster Linie während der Lern- oder Produktionsphase exprimiert? Darüber hinaus analysierten die Forscher die Struktur des Singvogel-Gens und verglichen sie mit der menschlichen Form von FOXP2. Dabei kamen sie zu dem Ergebnis, dass das FOXP2-Gen beim Zebrafinken dem des Menschen sehr ähnelt, allerdings nicht die beim Menschen gefundenen charakteristischen Sequenzvariationen aufweist.

„Offensichtlich ist diese Veränderung nicht zwingend erforderlich für das Gesangslernen, zumindest nicht bei Vögeln", erklärt Constance Scharff, „oder es gibt eine andere Variation im Singvogel-Gen, die dazu geführt hat, dass diese Fähigkeit entwickelt wurde." In Zusammenarbeit mit den Leipziger Max-Planck-Wissenschaftlern will Scharff daher herausfinden, ob ein Sequenzvergleich zwischen dem FOXP2-Gen von Gesang lernenden und nicht lernenden Arten Unterschiede zu Tage fördert, analog zu denen zwischen Mensch und Schimpanse.

Ganz sicher sind sich die Forscher bei der Identifizierung der relevanten Hirnregionen – FOXP2 wird tatsächlich bei Vögeln wie bei Säugetieren, einschließlich dem Menschen, in den Basalganglien exprimiert, und zwar zu einem Zeitpunkt, wenn die Vögel Gesangsmuster erlernen. Im Fall von Zebrafinken erfolgt das während der frühen Entwicklung, bei Kanarienvögeln dagegen saisonal. „Wir konnten feststellen, dass der FOXP2 Level in einem Basalganglien-Kern, der für das Gesangslernen spezialisiert ist, genau zu jenem Zeitpunkt anstieg, wenn die Vögel ihren Gesang änderten", erklärt Scharff. „Vergleichbare Änderungen konnten wir bei den nicht Gesang lernenden Arten nicht nachweisen."

Auf der Basis dieser Befunde erhoffen sich die Forscher nun weitere Erkenntnisse über den Beitrag der Gene zur Architektur und Funktion jener Schaltkreise im Gehirn, die den Vogelgesang steuern. Die Entdeckung von FOXP2 bei Vögeln stellt lediglich einen Anfang dar, noch sei nicht direkt gezeigt, warnt Scharff, dass das Gen notwendig für das Gesangslernen sei. Versuche, FOXP2 gentechnisch zu verändern und die möglichen Auswirkungen auf den Vogelgesang zu studieren, stehen daher ganz oben auf ihrem Arbeitsprogramm.

1 **ein Gen exprimieren** = Genexpression bedeutet, dass genetisches Material abgelesen und in Proteine „übersetzt" wird

Beispiellösung: Teilaufgabe 1

M1 Der Verfasser bringt zu Beginn des Textauszugs (M1) seine Überzeugung bezüglich des Zusammenhangs von Sprache – Denken – Wirklichkeit zum Ausdruck, dass Sprache zwar kein „Gefängnis" für das Denken sei, aber durchaus einen Einfluss darauf nehme. Unter Bezug auf Beobachtungen des Anthropologen Franz Boas und des Linguisten Roman Jakobson, die er mit dem Begriff Boas-Jakobson-Prinzip zusammenfasst, will der Verfasser hervorheben, dass Sprache das Denken zwar beeinflusse, jedoch nicht einschränke. In jeder Sprache könne alles ausgedrückt werden.

Der Text ist sehr klar strukturiert. Einleitend klärt der Verfasser zunächst seine Grundposition zum Verhältnis zwischen Sprache, Denken und Wirklichkeit (Z. 1–14), um dann die beiden Sprachwissenschaftler einzuführen, deren Beobachtungen seine Grundposition maßgeblich beeinflussten (Z. 15–31). Im Anschluss folgt ein erstes Beispiel (Z. 32–61), welches, ausgehend von dem englischen Satz „I spent yesterday evening with a neighbour", beispielhaft zeigt, welche Verständnisunterschiede durch die spezifischen sprachlichen Vorgaben des Englischen und Deutschen gegeben seien. Die anschließende Auswertung des Beispiels (Z. 62–86) stellt heraus, dass die durch eine Muttersprache vorgegebenen Ausdrucksweisen bestimmte Arten von Gedächtnis und Assoziationen fördern. Das zweite Beispiel (Z. 87–96) befasst sich mit dem Einfluss grammatischer Eigenheiten wie des Genus bei der Bezeichnung von unbelebten Gegenständen. Die Auswertung dieses Beispiels (Z. 97–115) stellt heraus, dass empirische Experimente Indizien dafür erbracht hätten, dass das grammatische Geschlecht die alltäglichen Assoziationen beeinflusse, die man mit geschlechtslosen Gegenständen in Verbindung bringe. Im letzten Abschnitt des Textauszugs (Z. 115–129), wird die Auswertung präzisiert, indem deutlich betont wird, dass die Sprechenden in beiden Beispielen prinzipiell die Möglichkeit haben, Unterscheidungen und Konzepte anderer Sprachen zu verstehen oder wahrnehmen zu können.

Mit dem Ansatz, den er als das Boas-Jakobson-Prinzip bezeichnet, wendet sich der Verfasser gegen sprachwissenschaftliche Erklärungsmodelle, die behaupten, dass die Strukturen einer Sprache das Denken so stark beeinflussten, dass die Wahrnehmung der Wirklichkeit dadurch eingeschränkt werde. Gemeint sind theoretische Ansätze, die Sprache quasi als ein „Gefängnis" des Denkens beschreiben (vgl. Z. 7 ff.), sicherlich auch die Sapir-Whorf-Hypothese und das linguistische Relativitätsprinzip. Die indirekt kritisierten Ansätze werden deutlich abgewertet, wenn von einer „Täuschung" die Rede ist, der man „entkommen" müsse (vgl. Z. 6 ff.) und konträre Beobachtungen von Boas bzw. Jakobson als „scharfsinnig" bzw. „markig" bezeichnet werden (vgl. Z. 15 und Z. 19) und schließlich feststellt, dass das Boas-Jakobson-Prinzip für ihn der Schlüssel sei, mit dem sich die tatsächlichen Auswirkungen von Sprache auf das Denken „enthüllen" lasse (vgl. Z. 62–65).

„Sprachen unterscheiden sich hauptsächlich durch das, was sie vermitteln müssen, und nicht durch das, was sie vermitteln können." (Z. 20 f.). Der Verfasser schließt sich dieser Maxime Jakobsons voll und ganz an und bemüht sich, sie durch die Präsentation von zwei Beispielen (siehe oben) zu konkretisieren und zu verifizieren. Bei beiden Beispielen kommt es ihm darauf an, zu zeigen, dass durch Sprache ausgelöste Veränderungen in Verstehen bzw. in der Wahrnehmung nicht bedeuten, dass die Sprechenden nicht die Möglichkeit hätten, entsprechende Unterschiede auszudrücken, wenn sie das wollten (vgl. Z. 48 ff. und 99 ff.). Allerdings macht er dabei durch die Wortwahl recht deutlich, dass der Einfluss der Sprache auf das Denken auch vor dem Hintergrund des Boas-Jakobson-Prinzips recht massiv ist, wenn er davon spricht, dass Sprache ihre Sprecher zur Wiedergabe bestimmter Informationen „zwinge" (vgl. Z. 43, Z. 45, Z. 80 ff. und Z. 120 f.) bzw. bestimmte Sprechgewohnheiten den Sprechenden „eingebläut" würden (vgl. Z. 126 ff.). Verantwortlich dafür ist laut Verfasser, dass „Menschen von Kindesbeinen an gewohnheitsmäßig bestimmte Ausdrucksweisen verwenden" (Z. 72 ff.) bzw. dass Eigentümlichkeiten wie z. B. das grammatikalische Geschlecht einer Sprache die Sprechenden „trainieren, ein besonderes Gespür oder eine Sensibilität für bestimmte Details zu entwickeln" (Z. 83 ff.) und bestimmte Arten von Gedächtnis und Assoziationen förderten (vgl. Z. 106 f.).

M2 Bei dem vorliegenden Text (M2) handelt es sich um eine Pressemitteilung der Max-Planck-Gesellschaft vom 31.3.2004, die die Öffentlichkeit über ein neues Forschungsergebnis der Neurobiologie informiert. Die Max-Planck-Gesellschaft (MPG) erklärt durch ihre Pressesprecherin, dass es Berliner Wissenschaftlern und ihren amerikanischen Kollegen gelungen sei, ein „Sprach-Gen" bei Singvögeln nachzuweisen (Vorspann). Kurz und inhaltlich prägnant wird über Details zur Ausgangslage der Problemstellung, die Anlage des Forschungsansatzes, die Ergebnisse und die geplante Weiterarbeit informiert. Die Gliederung des Textes ist dementsprechend klar strukturiert:

Vorspann	Head: Schlagwortartige Kurzfassung der Forschungsergebnisse
Z. 1 – 10	Präzisierung der Forschungsergebnisse
Z. 11 – 33	Informationen zur bisherigen Ausgangslage des neuen Forschungsansatzes
Z. 35 – 69	Aufbau des Forschungsansatzes
Z. 70 – 83	Ergebnisse
Z. 84 – 101	Geplante Fortführung des Forschungsansatzes
Z. 101 – 114	Perspektiven der Weiterarbeit

Die Bedeutsamkeit der neuen Forschungsergebnisse wird zu Beginn der Pressenachricht herausgestellt: Es sei der Nachweis erbracht worden, dass das wahrscheinlich für die menschliche Sprachentwicklung wichtige Gen FOXP2 auch für das Gesangslernen von Vögeln eine Schlüsselrolle einnehme (vgl. Z. 9 ff.). Die Beschreibung der Ausgangslage für den neuen Forschungsansatz zeigt dessen Bedeutung für die Erklärung der Fähigkeit zur Entwicklung von Sprachvermögen. Bereits im Jahr 2002 fand eine Gruppe von Wissenschaftlern durch den Vergleich des FOXP2 Gens des Menschen mit dem von Menschenaffen und Mäusen einen signifikanten Unterschied: Nur das menschliche FOXP2 Gen besitzt eine ganz spezifische Sequenzvariation (vgl. Z. 18 ff.). Die wissenschaftliche Arbeitsgruppe schlussfolgerte, dass genau diese Sequenzvariation evolutionär zur Entwicklung von Sprachfähigkeit beigetragen habe (vgl. Z. 30 ff.).

Um diesen Forschungsansatz zu erhärten, versuchte man auch für einige Vogelarten nachzuweisen, dass sie ihre Gesangsmuster nicht qua Geburt in sich tragen, sondern erlernen können, weil auch sie das FOXP2 Gen tragen (vgl. Z. 36 ff., Z. 41 – 43). Dazu verglich man Gesang lernende Vögel (z. B. Zebrafinken, Kanarienvögeln usw.) mit nicht Gesang lernenden Vogelarten (z. B. Ringeltauben) sowie den nächsten Verwandten der Vögel, den Krokodilen (vgl. Z. 48 ff.). Die Ergebnisse hätten zwar gezeigt, dass das FOXP2 Gen bei den Zebrafinken dem des Menschen sehr ähnlich sei, aber nicht die beim Menschen gefundene spezifische Sequenzvariation aufweise (vgl. Z. 69 ff.). Konkret untersuchte man, wann das Gen exprimiert wurde, das heißt vom Genom „abgelesen" und in ein Protein (Eiweiß) eingebracht wurde. Nachgewiesen wurde im vorgestellten Experiment, dass diese Genexpression bei Zebrafinken dann stattfindet, wenn sie ihren Gesang ändern (vgl. Z. 93 ff.), sprich: neue Muster erlernen. Die weitere Arbeit soll den Wissenschaftlern Ausschlüsse über den Aufbau und die Funktion der neurologischen „Schaltkreise" geben, die im Gehirn der Vögel den Vogelsang steuern (vgl. Z. 106 ff.). Da noch nicht sicher nachgewiesen sei, dass das FOXP2 Gen für das Gesangslernen unbedingt erforderlich sei (vgl. Z. 107 ff.), sollen durch gentechnische Veränderungen mögliche Auswirkungen auf das Gesangslernen überprüft werden (vgl. Z. 112 ff.).

Einführend bettet die Pressemitteilung die Forschungsergebnisse in einen größeren Zusammenhang ein. Neurobiologen fragen sich, inwieweit eine spezifische Sequenzvariation des menschlichen FOXP2 Gens für die Entwicklung der menschlichen Sprache maßgeblich sein könnte. (vgl. Z. 24 ff. und Z. 34 ff.). Dieser Bezug wird jedoch später im Beitrag nicht mehr explizit aufgegriffen. Das mag daran liegen, dass sowohl der Forschungsansatz als auch die Ergebnisse zum Zeitpunkt der Veröffentlichung nicht aussagekräftig genug waren. Die Verwendung des Konjunktivs „könnte" (Z. 22) bzw. die Formulierungen „vermutlich" (Z. 31) oder „offensichtlich" (Z. 70) verdeutlichen diese Unsicherheit. Interessant für die weiterhin kontroverse Diskussion des Verhältnisses zwischen Sprache, Denken und Wirklichkeit ist dieser relativ neue Forschungsansatz, weil damit nativistische, also auf Angeborenheit beruhende, Erklärungsmodelle möglicherweise eine neurobiologische Begründung erhalten könnten: Der Mensch lernt sprechen, weil er eine genetische Anlage für entsprechende Hirnfunktionen hat.

Beispiellösung: Teilaufgabe 2
Einleitung mit Wissenshorizont

Die Sapir-Whorf-Hypothese besagt, dass das Denken des Menschen stark durch die semantische Struktur und den Wortschatz seiner Muttersprache beeinflusst wird. Die erlernte Muttersprache vermittelt insofern eine spezifische Weltsicht und bestimmt auch die Deutung von Erfahrungen und das Handeln eines Menschen. Insofern ergibt sich ein linguistisch begründetes Relativitätsprinzip zwischen Sprache und Sein.

Erläuterung mit Bezug auf die Analyse beider Texte

Guy Deutscher zweifelt in M1 den Einfluss der Sprache auf das Denken nicht grundsätzlich an. In diesem Punkt stimmt er mit der Sapir-Whorf-Hypothese überein. Allerdings stellt er das Ausmaß dieser Beeinflussung infrage: Sprache sei keineswegs das „Gefängnis" des Denkens. Der Verfasser, selbst Linguist, geht vielmehr davon aus, dass die spezifischen Eigenarten lexikalischer oder grammatischer Strukturen einer Muttersprache die Gedanken und Assoziationen der Sprechenden beeinflussen können, ohne dass jedoch dadurch die Denkfähigkeit insgesamt festgelegt würde. Der zentrale Unterschied besteht also darin, dass Whorf davon ausgeht, dass Sprache das Denken prägt, während Guy Deutscher anhand seiner Beispiele zeigen will, wie das Denken die Sprache nutzt, indem es bestimmte Darstellungs- bzw. Interpretationsgewohnheiten mit dem Erlernen der Sprache ausprägt. Der Mensch könne sehr wohl auch Unterschiede und Konzepte anderer Sprachen verstehen und wahrnehmen. Der für die Sapir-Whorf-Hypothese bestimmende Gedanke einer sprachlichen Determiniertheit des Denkens wird durch das Boas-Jakobson-Prinzip aufgelöst.

Der in der Pressemitteilung der Max-Planck-Gesellschaft dargestellte neurobiologische Forschungsansatz (vgl. M2) könnte die Sapir-Whorf-Hypothese grundsätzlich in Frage stellen, auch wenn diese im Text nicht angesprochen wird. Sollte durch die geplante Forschungsarbeit nachgewiesen werden können, dass tatsächlich die untersuchte, spezifische Sequenzvariante des menschlichen FOXP2 Gens nur beim Menschen zu finden ist, würde sich die Vermutung erhärten, dass ein „Sprach-Gen" es dem Menschen ermögliche, sprechen zu lernen. Damit würden bisher bereits bekannte nativistische Erklärungsmodelle, die in kritischer Abgrenzung zur Sapir-Whorf-Hypothese entstanden, durch aktuelle Forschungsergebnisse in der Neurobiologie wissenschaftliche Unterstützung erhalten. Der Nachweis eines menschlichen Gens, das Sprachfähigkeit möglich macht, würde im Hinblick auf den Einfluss von Sprache auf das Denken die eher dogmatische Sichtweise, die in der Sapir-Whorf-Hypothese zum Ausdruck kommt, kritisch hinterfragen.

Schluss mit Fazit

Die beiden vorliegenden Texte belegen, dass das Verhältnis zwischen Sprache, Denken und Wirklichkeit in unterschiedlichen wissenschaftlichen Disziplinen nach wie vor kontrovers diskutiert wird. Es kann von einer Wechselbeziehung zwischen Sprache und Welterkenntnis ausgegangen werden, jedoch schränkt die (Mutter-)Sprache die Erkenntnisfähigkeit eines Menschen nicht nachweislich ein.

Fokus: G. E. Lessing: „Nathan der Weise"

Grundkurs, Aufgabenart I A

Analyse eines literarischen Textes

Aufgabenstellung

❶ Analysieren Sie die Szene III,8 aus dem Drama „Nathan der Weise" von G. E. Lessing, indem Sie die Stationen der Entwicklung des Tempelherrn, vor allem nach dieser Szene und besonders im Hinblick auf V,3, in den Blick nehmen.

❷ Setzen Sie die Figur des Tempelherrn in Bezug zum literarhistorischen Kontext der Aufklärung.

> **TIPP** Die Aufgabenstellung verstehen
>
> **❶** Analysieren Sie: Der Operator fordert zur Analyse der Szene III,8 auf. Bei der inhaltlichen Kontextualisierung sollten Sie auch die bisherigen Auftritte und Verhaltensweisen des Tempelherrn darstellen.
> indem Sie [...] in den Blick nehmen: Im Anschluss an die Analyse der Szene III,8 ist Ihr Dramenwissen gefragt: Macht der Tempelherr insgesamt eine Entwicklung durch oder nicht? Konzentrieren Sie sich hierbei auf V,3.
> **❷** Setzen Sie [...] in Bezug zu [...]: Hier geht es um die literarhistorische Einordnung dieser Figur in den Kontext der Aufklärung: Verkörpert der Tempelherr, ähnlich wie Nathan, Grundzüge eines aufgeklärten, vernunftorientierten Menschen?

Materialgrundlage

Gotthold Ephraim Lessing: Nathan der Weise. Ein dramatisches Gedicht in fünf Aufzügen. Bearbeitet und herausgegeben von Johannes Diekhans. Reihe: EinFach Deutsch. Bildungshaus Schulbuchverlag 2007, S. 82 f.

Nathan der Weise (1779) *Gotthold Ephraim Lessing (1721–1789)*

III. Aufzug, Achter Auftritt
Die Szene spielt nahe beim Kloster, wo der Tempelherr unter Palmen auf Nathan wartet. Er geht, mit sich selbst kämpfend, auf und ab, bis es aus ihm herausbricht:

2111   – Hier hält das Opfertier ermüdet still. –
      Nun gut! Ich mag nicht, mag nicht näher wissen,
      Was in mir vorgeht; mag voraus nicht wittern,
      Was vorgehn wird. – Genug, ich bin umsonst
2115   Geflohn! umsonst. – Und weiter *konnt'* ich doch

Auch nichts, als fliehn! – Nun komm', was kommen soll! –
Ihm auszubeugen, war der Streich zu schnell
Gefallen; unter den zu kommen, ich
So lang und viel mich weigerte. – Sie sehn,
Die ich zu sehn so wenig lüstern war,
Sie sehn, und der Entschluss, sie wieder aus
Den Augen nie zu lassen. – Was Entschluss?
Entschluss ist Vorsatz, Tat: und ich, ich litt',
Ich litte bloß. – Sie sehn, und das Gefühl
An sie verstrickt, in sie verwebt zu sein,
War eins. – Bleibt eins. – Von ihr getrennt
Zu leben, ist mir ganz undenkbar; wär'
Mein Tod, – und wo wir immer nach dem Tode
Noch sind, auch da mein Tod. – Ist das nun Liebe:
So – liebt der Tempelritter freilich, – liebt
Der Christ das Judenmädchen freilich. – Hm!
Was tut's? – Ich hab in dem gelobten Lande, –
Und drum auch mir gelobt auf immerdar! –
Der Vorurteile mehr schon abgelegt. –
Was will mein Orden auch? Ich Tempelherr
Bin tot; war von dem Augenblick ihm tot,
Der mich zu Saladins Gefangnen machte.
Der Kopf, den Saladin mir schenkte, wär'
Mein alter? – Ist ein neuer; der von allem
Nichts weiß, was jenem eingeplaudert ward,
Was jenen band. – Und ist ein bessrer; für
Den väterlichen Himmel mehr gemacht.
Das spür ich ja. Denn erst mit ihm beginn
Ich so zu denken, wie mein Vater hier
Gedacht muss haben; will man Märchen nicht
Von ihm mir vorgelegen. – Märchen? – doch
Ganz glaubliche; die glaublicher mir nie,
Als itzt geschienen, da ich nur Gefahr
Zu straucheln laufe, wo er fiel. – Er fiel?
Ich will mit Männern lieber fallen, als
Mit Kindern stehn. – Sein Beispiel bürget mir
Für seinen Beifall. Und an wessen Beifall
Liegt mir denn sonst? – An Nathans? – O an dessen
Ermuntrung mehr, als Beifall, kann es mir
Noch weniger gebrechen. – Welch ein Jude! –
Und der so ganz nur Jude scheinen will!
Da kömmt er; kömmt mit Hast; glüht heitre Freude.
Wer kam vom Saladin je anders? – He!
He, Nathan!

Beispiellösung: Teilaufgabe 1

Einleitung (inkl. Thema des Dramas)
Das berühmteste Drama der deutschen Aufklärung, „Nathan der Weise, ein dramatisches Gedicht in fünf Aufzügen", wurde von G. E. Lessing im Blankvers verfasst und 1779 veröffentlicht. Es thematisiert die Vorstellung der Gleichheit aller Religionen, verbunden mit den Gedanken von Toleranz und praktischer Humanität. Die Handlung spielt in der Zeit nach dem dritten Kreuzzug (1192). Thematisch bedingt versetzt Lessing sie von Deutschland nach Jerusalem, an einen für alle drei monotheistischen Religionen zentralen, bedeutsamen Ort. In der zu analysierenden dritten Szene steht der innere Konflikt des Tempelherrn im Mittelpunkt, der sich aus [a)] seiner Zuneigung zu Recha einerseits und [b)] seinen Ordenspflichten andererseits ergibt. Er fasst schließlich den Entschluss zur Aktivität und gewinnt eine neue Identität.

Kontextualisierung der Szene/Einordnung in den Gesamtzusammenhang
[zu a) inhaltlich (Stationen der inneren Entwicklung des Tempelherrn):] Der Tempelherr sieht Rechas Rettung als seine Pflicht an und weist ihre und Nathans Dankbarkeit zurück, da er mit Juden nichts zu tun haben will. Nach einem Gespräch mit Nathan, der ihn überzeugt, dass sein Mensch-Sein über jeder Religionszugehörigkeit steht, legt er seine Vorurteile ab. (II,5) Bei einem neuerlichen Treffen verliebt er sich in Recha, was ihn sehr verwirrt (III,3). Sein gerade erst gewonnenes Vertrauen in Nathans Weisheit wird jedoch erschüttert durch die ihm unverständliche Weigerung Nathans, ihm Recha zur Frau zu geben, sowie durch die Offenbarung Dajas, Recha sei Christin. Der Tempelherr wendet sich daher sowohl an den Patriarchen als auch an Saladin, bereut jedoch sein Misstrauen und bittet Nathan um Verzeihung. Erst zum Schluss des Dramas versteht er Nathans Haltung, als dieser die Verwandtschaftsbeziehungen aufklärt, und akzeptiert seine neue Rolle als Rechas Bruder.
[zu b) funktional:] Die Szene befindet sich im III. Akt (Höhe- und Wendepunkt des Dramas), direkt nach dessen Herzstück, der Ringparabel. Der Tempelherr zeigt sich fähig zur Entwicklung (im Sinne Nathans). Seine neue Identität, die er auf vielfältige Weise herausgebildet hat, scheint sich zu festigen.

Textbeschreibung
Innerhalb des Dramas handelt es sich um den ersten Monolog des Tempelherrn. Der Ort ist „unter Palmen" in Klosternähe und damit offen, d. h. keinem der beiden religiösen Sphären (das Haus Nathans: jüdisch; der Palast Saladins: muslimisch) zugeordnet, sodass sich der Tempelherr unbeeinflusst frei entfalten kann. Der Monolog beinhaltet ein Entwicklungsgespräch, also einen selbstgeleiteten Erkenntnisprozess. Die Akkumulation von Parenthesen zeigt sowohl die emotionale Aufgewühltheit des Tempelherrn, als auch sein Innehalten im Gedankenstrom/seine Reflexivität: Er stellt sich selbst Fragen, um seine Gedanken zu überprüfen sowie neue Aspekte aufzugreifen und (mit sich selbst) zu erörtern, was der mäeutischen Fragetechnik[1] Nathans entspricht. Er argumentiert sachlich und überzeugt sich selbst (vgl. seine Interjektionen). Vergleiche und Bilder veranschaulichen seine Situa-

---

[1] mäeutische Fragetechnik: Sokrates zugeschriebene Methode, eine Person durch geeignete Fragen anzuleiten, einen Sachverhalt selbst zu klären.

tion. Der mehrfache Einsatz des Stilmittels der Correctio verweist auf seine Fähigkeit zur Selbstreflexion und Selbstkritik.

Phasierung/Aufbau der Szene
- Die erste Phase des Selbstgesprächs (V. 2111 – V. 2116) zeigt die melancholische, fatalistische Grundhaltung des Tempelherrn in Bezug auf sein weiteres Schicksal/Leben.
- In der zweiten Phase (V. 2117 – V. 2131) handelt es sich um die Auseinandersetzung mit seiner Liebe zu Recha, dem Ist-Zustand seiner gegenwärtigen Situation: Er als Christ liebt eine Jüdin.
- Die dritte Phase (V. 2132 – V. 2152) zeigt schon seine Loslösung von seiner alten und den Gewinn einer neuen Identität durch Saladins Begnadigung; sie verweist ebenso auf innere Nähe des Tempelherrn zu der Stärke und zum Vorbild seines Vaters.
- Der vierte und letzte Absatz seines Monologs (ab V. 2153) bezeugt seine enge Verbundenheit mit Nathan sowie die Absicht, zunehmend aktiver im Sinne tätigen Handelns zu werden (zentrale Forderung der Aufklärung).

Inhaltliche und formale Analyse der einzelnen Gesprächsabschnitte (bezogen auf die Phasierung)
zu Phase 1): Wie die Regieanweisung schon andeutet, befindet sich der Tempelherr in einem inneren Konflikt: Er ist aufgewühlt, kann nicht stillstehen, bis er seiner Angespanntheit freien Lauf lässt. Hier wie in den vorhergehenden Akten (vgl. Akt I/II), zeigt sich, wie emotional und gefühlsgesteuert er ist. Er gebraucht das Bild des „Opfertier[s]" (V. 2111) zur Selbstcharakteristik und charakterisiert sich damit als resigniert, passiv, nicht autonom (d. h., nicht selbstbestimmt handelnd im Sinne der Aufklärung). Des Weiteren verdichtet sich dieser Eindruck durch den dreifachen Gebrauch des Ausdrucks „mag nicht" (V. 2112/13). Die Weigerung, sich mit seiner Situation auseinanderzusetzen, wird auch in der Doppelung des Wortes „umsonst" (V. 2114/15) deutlich. Der Tempelherr fühlt sich überfordert, was das Verb „fliehen" andeutet (vgl. V. 2115), und bestätigt sich in seinem Selbstmitleid durch die Betonung (vgl. Kursivdruck) des Modalverbs „konnt" (V. 2115). Scheinbar fatalistisch ergibt er sich in sein Schicksal: „Nun komm', was kommen soll!" (V. 2116), was den ersten Teil des Monologs abschließt.

zu Phase 2): Verwirrt und verwundert überdenkt der Tempelherr nun seine Beziehung zu Recha. Der elliptische, mit einer Inversion versehene Satz „Sie sehn [...]" (V. 2119/20) bestätigt dies: Er fühlt sich überrumpelt von seinen Gefühlen. Selbstkritisch argumentiert er logisch, indem er sich die Definition des Begriffs „Entschluss" als tätiges Handeln vor Augen führt (vgl. V. 2122 f.), und korrigiert sich, weil er bisher nur „erlitten", sich passiv verhalten habe. Seine innere und innige Nähe zu Recha reflektiert der Tempelherr mit den (pathetisch wirkenden) Bildern des immerwährenden Verstrickt- und Verwoben-Seins mit ihr. Eine Trennung von Recha kann er sich weder im Moment noch in Zukunft oder nach seinem Tod vorstellen. Langsam, mühsam, aber stringent entwickelt er seine Gedanken: Auffällig sind die Parenthesen (Denkpausen) und Ellipsen und auch das Pathos seiner Schwärmerei (Tod). Der Gebrauch des Wortes „Tempelritter" (V. 2130) anstelle des Personalpronomens „ich" zeigt die Reflexion seiner sozialen Rolle/seiner Ordenspflicht, von der er sich löst, indem er noch einmal die scheinbare Unvereinbarkeit der Religionen herausstellt: „Christ" gegenüber „Judenmädchen" (V. 2131). Diese wird aber nicht hinterfragt, sondern durch die Wiederholung des Adverbs „freilich" sowie durch den abschließenden Ausdruck „hm" als Realität bestätigt.

zu Phase 3): Rückblickend und auch auf das Gespräch mit Nathan in II,5 verweisend, überdenkt der Tempelherr seinen eigenen Entwicklungsprozess (vgl. sein Wortspiel mit dem Partizip „gelobt", was einem Schwur gleichkommt, V. 2132/33; zudem Inversion zur Hervorhebung des hinteren Satzteils). Er erkennt durch das Bild des „neuen Kopfes" (vgl. V. 2139), dass er sich von seinem Status als Tempelherr (vgl. V. 2135/6) lösen muss, d. h. von der neuen Identität, die er dank Saladins Begnadigung erhalten hat (Rückbezug zum Bild des „gelobten Landes, s. o.). Er erlangt Zuversicht, ein anderer, freierer Mensch geworden zu sein, ausgedrückt durch den Komparativ „bessrer" (V. 2141), ausgestattet mit Zuversicht und Vertrauen in die Weisheit und Gnade (Vorsehung) Gottes im gelobten Land (vgl. V. 2142 – 44). Es folgt, sprachlich durch das Adjektiv „väterlich" ausgedrückt, eine Rückbesinnung auf das vermutlich ähnliche Schicksal seines nicht gekannten Vaters, das ihm plausibel und nachvollziehbar erscheint. Als „Märchen" (V. 2455/6) weist er die Geschichte über seinen Vater zurück, unter zweimaliger Verwendung/Correctio des Wortes „glaublich", V. 2147). Dies führt zur Identifikation mit dem Vater von Stauffen, der sich in eine Christin verliebte, konvertierte und den Namen der Familie seiner Frau annahm. Dessen Beispiel wird dem Tempelherrn zum Vorbild: Infolgedessen feuert er sich apodiktisch/imperativisch selbst an, ein „Mann" der Tat, d. h. mit Rückgrat zu sein (vgl. V. 2150/1). Dadurch distanziert sich der Tempelherr endgültig von seinem anfänglich larmoyanten, resignativen Verhalten als „Opfertier" (V. 2111).

zu Phase 4): Er führt seine Gedanken logisch fort durch die Assoziationskette über seinen Vater zu Nathan als geistigem Vater, väterlichem Freund oder möglicherweise neuem Vater, sobald er Recha geheiratet habe. Die Bewunderung des Tempelherrn für Nathan widerlegt all seine früheren Vorurteile in dem Ausruf: „Welch ein Jude" (V. 2155), gepaart mit dem Zusatz, dass jener bewusst zu seiner Religion stehe. Seine Freude, Nathan zu sehen und sofort mit ihm sprechen zu können (und zu wollen), gipfelt in den Interjektionen: „He! He Nathan!" (V. 2158/9), mit denen der Tempelherr den Monolog beendet.

Zusammenfassung der Ergebnisse
Es wird eine Entwicklung des Tempelherrn aufgezeigt: von einem Menschen, der passiv erduldet und sich selbst bemitleidet, hin zu einem aktiv handelnden, bewusst Tätigen. Hierin entspricht er dem Rat des Richters in der Ringparabel: Er hat (erstmals) seine Vorurteile abgelegt und gewinnt dadurch eine selbstbestimmte Identität. Der Reflexionsprozess zeigt, dass der Tempelherr von Nathan gelernt hat, sich selbstkritisch zu hinterfragen. Seine Freude am Schluss zeigt, dass er sich befreit hat und befreit fühlt.

Beispiellösung: Teilaufgabe 2

Stationen der Entwicklung des Tempelherrn/Vergleich mit V,3

Auf die scheinbare Festigung und positive Entwicklung des Tempelherrn in Szene III,8 folgen Rückschläge (vgl. IV,2: Gefährdung Nathans und Rechas, IV,4: aus Wut infolge der verweigerten Heirat Rechas Abwertung von Nathan als „toleranten Schwätzer" [V. 2779]). Der zweite Monolog des Tempelherrn (V,3) weist jedoch eine Stabilisierung seiner neuen Persönlichkeit auf: Er wirkt wesentlich ruhiger und gefestigter, seine Sprechweise ist gelassen und argumentativ. Er zeigt Nathan gegenüber Verständnis und übt fragend Selbstkritik (vgl. V. 3237 f.) Seine Toleranz ist vernunftgeleitet: „Rechas wahrer Vater/ Bleibt [...]/In Ewigkeit der Jude" (V. 3249 ff.). Seine Liebe zu Recha sieht er darin begründet, dass sie so ist, wie Nathan sie erzogen- und geprägt hat und dass er sie gar nicht anders haben möchte (vgl. V. 3251 ff). Er geht deutlich auf Distanz zu Daja (vgl. V. 3273 f.) und bekennt seinen Fehler, mit dem Patriarchen gesprochen (Selbsterkenntnis und Selbstkritik) und Nathan dadurch wohlmöglich verraten zu haben (vgl. V. 3277 ff.) Erhalten bleibt sein Entschluss zu handeln (vgl. V. 3284).

Literarhistorische Kontextualisierung der Figur des Tempelherrn

Der Tempelherr ist – im Gegensatz zu Nathan – eine weniger idealisierte Figur. Er wird mit Widersprüchen und Schwächen gezeigt, ganz im Sinne der Lessing'schen Forderung nach einem „gemischten Charakter". Seine Ambivalenz, sein Ringen um Identität, machen ihn für den Zuschauer eher zu einer Identifikationsfigur.

An der Figur des Tempelherrn wird verdeutlicht, wie der Erziehungsgedanke der Aufklärung umgesetzt werden kann: Er entwickelt sich zu einem „besseren", d.h. toleranteren Menschen, der fähig ist, Vernunft walten zu lassen (vgl. Kant), der Mut zur Veränderung zeigt, seine Identität annimmt (vgl. Kant) und sich von vorbestimmtem Denken löst (Stichwort: Autonomie). Des Tempelherrn fortwährende Suche nach Wahrheit und Erkenntnis, gepaart mit Rückschlägen und Festigung seiner einmal gewonnenen Autonomie, verdeutlicht den Prozesscharakter der Aufklärung sowie den Rat des Richters, an sich zu arbeiten und selbst tätig zu werden.

Leistungskurs, Aufgabenart II B

Vergleichende Analyse von Sachtexten

Aufgabenstellung

1 Analysieren Sie Andreas Kriegenburgs Inszenierung von Lessings Drama „Nathan der Weise" 2015 am Deutschen Theater Berlin, wie sie Irene Bazinger in ihrer Rezension „Man höre der Lehmparabel erst mal zu" beschreibt. Gehen Sie dabei auf die Leitgedanken der Inszenierung, die Inszenierung selbst sowie die Beurteilung der Rezensentin ein.

2 Vergleichen Sie die Berliner Inszenierung mit der Inszenierung von Nicolas Brieger am Staatstheater Wiesbaden 2018 anhand der Rezension „Humanität in der Feuerpause" von M. Bischoff in der Internetausgabe der Frankfurter Allgemeinen Zeitung. Orientieren Sie sich dabei an den in Teilaufgabe 1 genannten Untersuchungskriterien.

> **TIPP** Die Aufgabenstellung verstehen
>
> **1** Analysieren Sie: Der Operator bezieht sich ausschließlich auf den Rezensionstext von I. Bazinger.
> Gehen Sie dabei auf [...] ein: Als Aspekte, auf die einzugehen ist, sind Leitgedanken der Inszenierung, die Inszenierung selbst (beschreibende Passagen der Rezension) und die Beurteilung (Gesamturteil, Wertungen) der Rezensentin benannt.
> **2** Vergleichen Sie: Der Operator fordert nicht zur vollständigen Analyse der Bischoff-Rezension auf. Sie sollen nur deren Ergebnisse mit den Ergebnissen der Bazinger-Rezension vergleichen.
> Orientieren Sie sich dabei an: Gehen Sie in Ihrem Vergleich auf jeden der drei Aspekte aus Teilaufgabe 1 ein. Im Ergebnis wird eine selbstständige, begründete Einschätzung erwartet.

Materialgrundlage

M1 Irene Bazinger: Man höre der Lehmparabel erst mal zu. In: Frankfurter Allgemeine Zeitung Nr. 202 vom 01.09.2015, S. 14
M2 Matthias Bischoff: „Nathan" in Wiesbaden. Humanität in der Feuerpause. FAZ.NET, 26.03.2018. Beide Texte: © Alle Rechte vorbehalten. Frankfurter Allgemeine Zeitung GmbH, Frankfurt. Zur Verfügung gestellt vom Frankfurter Allgemeine Archiv.

M1 Man höre der Lehmparabel erst mal zu (2015)   *Irene Bazinger*

Es geht hier um Glaube, Hoffnung, Liebe – und um sonst gar nichts. Andreas Kriegenburg inszeniert Gotthold Ephraim Lessings „Nathan der Weise" *im Berliner Deutschen Theater als Komödie.*

Wie politisch kann Theater, wie tagesaktuell soll es sein? Sind derlei Fragen legitim oder doch eher kunstfern? Jedenfalls werden sie, mal mehr, mal weniger aufgeregt, gern gestellt, je nach der Stimmung im Lande. Vielleicht deshalb sucht man sie im Deutschen Theater Berlin in dieser Saison – Spielzeitmotto: „Der leere Himmel" – offensiv zu beantworten und Probleme der Gegenwart im Lichte alter wie neuer Dramen zur Diskussion zu stellen. Also inszeniert zum Auftakt Andreas Kriegenburg Gotthold Ephraim Lessings „Nathan den Weisen" quasi als Stück der Stunde: Es geht darin um drei unterschiedliche Religionen und die Frage, ob eine von ihnen die einzig richtige sei – Judentum, Christentum, Islam?

Was bedeutet die Konkurrenzsituation für die Gläubigen, die im Drama im Jerusalem der Kreuzzüge im zwölften Jahrhundert zusammenleben, und was können sie tun, wenn sie sich etwa über ihren jeweiligen orthodoxen beziehungsweise fundamentalistischen Tellerrand hinweg in einander verlieben?

Die Toleranz, zu der Lessing, in allen seinen Schriften und Stücken ein überzeugter Aufklärer, in seinem 1779 erschienenen „Dramatischen Gedicht in fünf Aufzügen" riet und die schon immer reichlich utopisch wirkte, ist bis heute wünschenswert – doch inzwischen erneut eindeutig realitätsfremd. Klug hält sich denn auch der Regisseur Andreas Kriegenburg aus der Politik heraus und verkneift sich zumeist Anspielungen auf derzeitige Konflikte oder Kriege.

Für ihn ist „Nathan der Weise" vor allem eine Geschichte von Menschen, die zwar anders sprechen (Blankverse!) und denken (analog!) als wir, aber trotzdem aus dem gleichen Stoff gemacht sind. Deswegen steht im Programmheft ein Zitat aus dem Buch Genesis: „Da formte Gott, der Herr, den Menschen aus Erde vom Ackerboden."

Und die sechs Schauspieler tragen schäbige Hosen, Kleidchen, Schnürschuhe wie von einem Flohmarkt um die Ecke, aber insbesondere tragen sie Lehm.

Er klebt ihnen klumpig auf der Haut, den von Andrea Schraad entworfenen Klamotten, den Gesichtern, deren Züge er vergröbert und verallgemeinert. Die Augen leuchten gespenstisch weiß hervor, die Lippen schaurig rot, die Mundhöhlen beim Sprechen bizarr fleischig. Die Darsteller erscheinen wie Genrefiguren aus dem Volkstheater und haben außerdem keine Angst vor derbem Klamauk. Bereits am Anfang rennen sie im Einheitsbühnenbild von Harald Thor um ein quadratisches Häuschen aus Holzbrettern, das natürlich an die fahrenden Theaterleute früherer Jahrhunderte erinnert, deren Stücke auf provisorischen Pawlatschenbühnen[1] das Publikum nur fesselten, wenn sie es direkt ansprachen und es genug zu lachen gab. Als hätte Charlie Chaplin sie ausgebrütet, trippeln und juxen und tschilpen die schrägen Vögel im Deutschen Theater übertrieben wie in einem Stummfilm, trennen ein junges Liebespaar, üben dann pantomimisch ein bisschen Zivilisationskritik. „Lessing, bitte!", seufzen sie schließlich auf, und flugs geht's zum Originaltext.

Die Atmosphäre allerdings bleibt heiter und unbeschwert und die aufgedrehten Typen nehmen den Autor beim Wort, ohne an jeder Silbe zu hängen. Lehmverkrustet folgen sie seinen Gedanken, ziehen sie aber nicht in ihren Dreck, sondern erfreuen sich mit Slapstick, Artistik und Überschwang an deren Humor und Eleganz. Unter den Klumpen ist offenbar gut lumpen, und die Maskierung animiert das Ensemble, die Schwerkraft der Ideologien locker-vergnügt zu überwinden.

Jörg Pose verschanzt sich nicht hinter Nathans Weisheit, lässt ihn – nie predigend – scheu auf sämtlichen Diskursfeldern nach der Wahrheit forschen. Wenn er dem Sultan Saladin die berühmte Ringparabel vorträgt und so für das Existenzrecht aller drei monotheistischen Religionen plädiert, sitzt er hoch auf dem Dach der Bretterbude, solcherart den Abstand zwischen sich als Juden und dem Muslim markierend, den er rhetorisch gerade aufgehoben hat. Bernd Moss als Sultan eilt sich beeindruckt, eine haushohe Leiter zu holen, um Nathan auf Augenhöhe die Freundschaft anzubieten.

Immer wieder tauschen die Schauspieler die Kostüme und Rollen, wobei Natali Seelig als Nathans Haushälterin Daja zumal die burleske[2] Beißzange gibt, Nina Gummich ungeniert seine liebestolle Ziehtochter Recha, die von einem Tempelherrn aus dem brennenden Wohnhaus gerettet wurde, den Elias Arens als recht übellaunigen Draufgänger zeigt, indes Julia Nachtmann als Saladins Schwester das Bild einer emanzipierten Muslima andeutet.

Alle sind ja mehr oder minder miteinander verwandt, wie sich am Schluss herausstellt. Nach herzlichen „allseitigen Umarmungen" (so Lessings letzte Regieanweisung) freilich reihen sie sich nachdenklich nebeneinander auf und sinnieren: „Mmmh, mmmh, mmmh." So offen endet Andreas Kriegenburgs komische wie spannende, gescheite wie klare Inszenierung, die souverän mit dem Vokabular der Commedia dell'Arte[3] zu jonglieren weiß und dabei mit witziger Schwermut Lessings Worte hören lässt – ohne zu verbergen, dass es mit dem Glauben daran nicht zum Besten steht. Nach knapp drei Stunden ist der Lehm auf der Haut der Figuren trocken geworden, aber das Lachen ist ihnen trotzdem nicht vergangen.

1 **Pawlatschenbühne:** Freiluft-, Hinterhof- oder Bretterbühne (aus dem Tschechischen ins österreichische Deutsch übernommen; Pawlatsche = offener Innenhof)
2 **burlesk:** von derber Komik geprägt
3 **Commedia dell'Arte:** auf Publikumswirkung und Unterhaltung ausgerichtetes Theater (nach italienischem Vorbild des 16. bis 18. Jahrhunderts) mit Typen oder Masken statt Individuen; ohne moralischen Anspruch

M2 „Nathan" in Wiesbaden. Humanität in der Feuerpause (2018)
Matthias Bischoff

Die ersten Minuten haben es in sich. Ein Mann mit Hut und Plastiktüten kommt aus einem von Trümmern halb verschütteten Keller. Er sprayt in Großbuchstaben „WAR" an den eisernen Vorhang, besinnt sich dann aber eines Besseren, macht aus dem englischen „Krieg" das hoffnungsfrohe: „Am Anfang WAR das Wort". Doch dann bricht im Kleinen Haus des Staatstheaters Wiesbaden die Hölle los.

Eine Blendgranate explodiert, der eiserne Vorhang öffnet sich und gibt den Blick frei auf eine von Trümmern überhäufte Bunkerszenerie. Menschen suchen Schutz vor dem Schutt, binnen weniger Minuten sind alle von grauem Staub überdeckt. Am schlimmsten aber ist der infernalische Lärm. Kriegsgeräusche, wie man sie sonst nur aus dem Kino kennt, malträtieren[1] die Ohren, eine E-Gitarre spielt jagende Läufe à la Jimi Hendrix, und die Schwingungen von Hubschraubern, explodierenden Granaten und dem Getacker der Maschinengewehre sind in den Eingeweiden zu spüren. Es ist die Grenze des Erträglichen, und doch weiß man, dass es nur ein milder Abklatsch dessen ist, was die Kriegswirklichkeit den Menschen zu allen Zeiten zugemutet hat und eben in diesem Moment wieder zumutet.

Überleben unter den Raubtieren

Der Ort, an den Nicolas Briegers Inszenierung des Aufklärungsklassikers „Nathan der Weise" den Zuschauer entführt, heißt also nicht Jerusalem, sondern aktuell Aleppo, Idlib oder Ost-Ghouta[2]. Wahlweise jeder andere Ort, an dem der dünne Firnis[3] der Zivilisation verschwunden ist, und Gewalt, Willkür, Terror herrschen. Und weil man den Worten, selbst den kristallhell leuchtenden Blankversen eines Gotthold Ephraim Lessing, nicht mehr so recht zu trauen scheint, verfällt man auf stumme Kommunikation. Denn mitten im Chaos des Beginns wird das Stück fast im Schnelldurchlauf allein mit Zeichensprache durchgespielt.

In den folgenden zweieinhalb Stunden erreicht dieser „Nathan" die druckvolle Intensität der ersten knappen halben Stunde nicht mehr. Aber immerhin ist die Tonart gesetzt, tiefstes Moll, und da immer wieder Kriegsgeräusche zu hören sind, weiß man, dass alles, was wir auf der Bühne sehen und hören nur in der geliehenen Zeit einer Feuerpause spielt, den ewigen Frieden zwischen den Menschen, zwischen den Religionen, den gibt es hier nicht. Keiner weiß das besser als Nathan, den Tom Gerber als smarten Geschäftsmann in den besten Jahren gibt, fern vom Klischee des weißbärtigen alten Juden. Dieser Nathan ist auch nicht weise, nicht tolerant, nicht lebensklug aus tiefer Überzeugung, sondern aus der Einsicht, dass ein Überleben unter den Raubtieren um ihn herum nur mit geballter Faust in der Tasche möglich ist – und mit stets gepackten Plastiktaschen. Seine Liebe gehört allein Recha (Mira Benser), von allen anderen hält er Abstand.

Im grauen Trümmerfeld der Bühne

Er macht sich keine Illusionen. In nahezu jeder Szene blickt er sich um, als würde er bei einem Verbrechen ertappt. Wenn er zu Saladin (Hanno Friedrich) zitiert wird, rechnet er mit dem Schlimmsten. An den Patriarchen (Uwe Kraus) verraten zu werden, bedeutet das Todesurteil. Jener wie auch Saladin werden in dieser Inszenierung mit allzu grobem Pinselstrich gezeichnet. Saladin wäscht sich vor seiner ersten Unterredung mit seiner Schwester Sittah (Evelyn M. Faber) das Blut von Händen und Körper. Der Patriarch (Uwe Kraus) sitzt Nüsschen knabbernd auf dem Lokus, während der hitz- und auch ein wenig schwachköpfige Tempelherr (Maximilian Pulst) ihm Bericht erstattet. Weder Christen noch Moslems kommen hier gut weg, einer ist fanatischer als der andere.

Im grauen Trümmerfeld der Bühne (Hans Dieter Schaal) reichen ein paar verschiebbare Wände, um die Szenenwechsel deutlich zu machen, die farblosen Gestalten huschen unter Balken, Betonblöcken, verkanteten Treppenhäusern umher, lassen sich immer wieder auch schutzsuchend zu Boden fallen. Am Ende feiern Saladin, Recha, Sittah und der Tempelherr ein übertrieben fröhliches Familienwiedervereinigungsfest, während Nathan bezeichnenderweise in der Kulisse verschwunden ist. Erst als der eiserne Vorhang sich wieder senkt, wagt er sich hervor, nimmt seine Spraydose und schreibt erneut „WAR" an die Wand. Ohne Ergänzung. Dann wird es endgültig dunkel. Die gestundete Zeit der Aufklärung, der Menschenrechte, der Humanität – vorbei. Ein bitterwahrer Abend, ein großer deutscher Klassiker als sein eigenes Dementi inszeniert.

---

1 **malträtieren:** übel mit jemandem umgehen, jemanden quälen
2 **Aleppo, Idlib oder Ost-Ghouta:** im Krieg zerstörte syrische Städte
3 **Firnis:** hauchfeiner Schutzanstrich

Beispiellösung Teilaufgabe 1

Einleitung

In ihrer Kritik mit der Überschrift „Man höre der Lehmparabel erst mal zu" setzt sich die Rezensentin Irene Bazinger mit der Inszenierung von „Nathan der Weise" unter der Regie von Andreas Kriegenburg auseinander, die 2015 am Deutschen Theater Berlin aufgeführt wurde. Diese sich insgesamt positiv zur Aufführung äußernde Kritik erschien in der Frankfurter Allgemeinen Zeitung am 1. September 2015.

Textbeschreibung der Rezension (Darstellung und Argumentation)

Im Vorspann der Rezension wird behauptet, die Inszenierung des Dramas sei als Komödie angelegt, in der es um „Glaube, Hoffnung, Liebe – und sonst gar nichts" (Z. 1 f.) gehe. Die Rezensentin leitet die Rezension mit einer Passage ein, in der sie die Fragen nach der Funktion von Theater aufgreift: Ob es ein Theater der Tagesaktualität und politischer Botschaften sei – oder schon diese Frage allein „kunstfern". Dergleichen Fragen würden, so Bazinger, je nach gesamtgesellschaftlicher Stimmung, in unterschiedlicher Intensität aufgerissen. Das Deutsche Theater Berlin gebe mit der „Nathan"-Inszenierung als Saisonauftakt ein „Stück der Stunde" (Z. 19) wegen des darin thematisierten Konflikts um die Frage, welche der Weltreligionen Judentum, Christentum, Islam „die einzig richtige sei" (Z. 21 f.).

Die Kritikerin benennt die zeitliche Verortung des Werkinhalts im 12. Jahrhundert im Jerusalem der Kreuzzüge und fragt, wie sich die gegebene Konkurrenz der drei Religionen auswirke, wenn sich Menschen über die Glaubensgrenzen, über den „fundamentalistischen Tellerrand hinweg" (Z. 28 f.) ineinander verlieben würden. Diesbezüglich beurteilt sie die Vorstellung der Toleranz, zu der der unermüdliche Aufklärer Lessing in seinem 1779 erschienenen Drama rät, als „reichlich utopisch" (Z. 35 f.). Sie sei „wünschenswert" (Z. 36 f.), aber damals wie heute „erneut eindeutig weltfremd" (Z. 37 f.).

Der Regisseur Kriegenburg habe sich daher „klug" (Z. 38) – jedenfalls überwiegend – von „Anspielungen auf derzeitige Konflikte und Kriege" (Z. 41 f.) frei- und aus vordergründigen Politikkontexten herausgehalten. Bazinger entnimmt dem Programmheft zur „Nathan"-Inszenierung ein Zitat aus der Genesis über den von Gott „aus Erde vom Ackerboden" (Z. 50) geformten Menschen. Damit führt sie – in der Überschrift der Rezension ist von „Lehmparabel" die Rede – zu ihrer Hauptthese, Kriegenburg stelle die Akteure als zwar in Sprechweise und Kommunikation historisch gebunden, im Grundsatz aber in ihren menschlichen Eigenschaften als allgemeingültig und zeitlos dar.

Den Lehm, der den Charakteren auf der Haut, an den „Klamotten" (Z. 57) und sogar in den Gesichtern klebt, fasst die Rezensentin als eine Art Vergröberung der Figurenzeichnung auf. Die Darstellung erscheine, als zeige sie „Genrefiguren aus dem Volkstheater" (Z. 62 f.). Dabei bezieht sie sich auf die Eingangsszene, in der „um ein quadratisches Häuschen aus Holzbrettern" (Z. 66 f.) gerannt werde. Mit mehreren Vergleichen mit Charlie Chaplin im Stummfilm oder zu der auf Lacher ausgerichteten Kultur der Hinterhofbühnen ordnet sie das Geschehen als frei von „Angst vor derbem Klamauk" (Z. 63 f.) ein. Auch „Slapstick, Artistik und Überschwang" (Z. 87 f.) gehörten dazu. Die Figuren „trippeln und juxen und tschilpen", seien „schräge Vögel" (Z. 74 f.).

Damit werde „die Schwerkraft der Ideologien locker-vergnügt" (Z. 91 f.) überwunden. Besonders die Nathan-Figur, gespielt von Jörg Pose, forsche „scheu auf sämtlichen Diskursfeldern nach der Wahrheit" (Z. 95f.), verzichte jedoch auf jeden Predigerton. Vom „Dach der Bretterbude" (Z. 100f.) trage er die Ringparabel vor und schließlich steige Saladin auf einer Leiter zu ihm empor. Die Rezensentin sieht in dem räumlichen Abstand, den Nathan von Saladin hält, indem er sich „über" ihn stellt, die Distanz zwischen Juden und Muslimen dargestellt.

Beim Blick Bazingers auf die Schauspieler dominiert der Tausch von Rollen und Kostümen, der „immer wieder" (Z. 108) erfolge. Den einzelnen Darstellern gibt sie ausdrucksstarke Attribute, passend zu ihrer Einschätzung des Charakters der Inszenierung als derbes Volkstheater. Von „burleske[r] Beißzange", „liebestolle[r] Ziehtochter" oder „recht übellaunige[m] Draufgänger" (Z. 111f.) ist bei Daja, Recha bzw. dem Tempelherrn die Rede. Differenzierter äußert sich die Rezensentin über Saladins Schwester, die „das Bild einer emanzipierten Muslima" (Z. 117f.) zeige.

Mit dem „Vokabular" der italienisch-volkstümlichen „Commedia dell'Arte" (Z. 128f.) wisse man Bazinger folgend „mit witziger Schwermut" (Z. 130) zu jonglieren. Damit werde der fehlende Glaube an Lessings Dramenaussage der Toleranz und dem Ziel einer aufgeklärten Menschheit ausgedrückt. Den Figuren, deren Lehm nach fast drei Aufführungsstunden trocken geworden sei, sei das Lachen trotz dieser pessimistischen Sicht „nicht vergangen" (Z. 136).

Leitgedanken der Inszenierung laut Rezension

Ein hervorstechender Leitgedanke bzw. Inszenierungsansatz ist, so die Rezensentin, das Schaffen einer „Atmosphäre", die trotz der Lessing'schen Blankverse „heiter und unbeschwert" (Z. 81f.) wirke. Als Belege führt Bazinger das Lehmverschmiert-Derbe, auf Komik und Heiterkeit ausgerichtete Spiel der Akteure an.

Die Theaterkritikerin sieht die Inszenierung deutlich in Distanz zum aufklärerischen Anspruch bzw. Idealismus. Unter der Regie Kriegenburgs werde „die Schwerkraft der Ideologien locker-vergnügt" (Z. 91f.) überwunden, welche hier im Kern religiösen Fundamentalismus bzw. Fanatismus beinhalten. Der komödiantische Zugriff in volkstümlich-burlesker Ausprägung erscheint Bazinger sowohl geeignet, dem (zu) hohen moralischen Anspruch Lessings entgegenzutreten, als auch der Unmenschlichkeit jeder Ideologie. Den Menschen jeder Epoche, den aus Lehm Geformten, ist die von der Rezensentin so benannte „Lehmparabel" mehr ein Hinweis als ein moralischer Wegweiser oder gar Zeigefinger. Das Wortspiel von der „Lehm"- statt der „Lern"-Parabel wird schon in der Überschrift zum Kennzeichnen der Leitthese von der Kritikerin zur Abgrenzung der Inszenierung zu dem von Lessing intendierten Ideendrama eingesetzt.

Wertungen und Gesamteinschätzung durch die Rezensentin

Sowohl in der Gesamtschau als auch in den Details schätzt die Kritikerin diese „Nathan"-Aufführung am Deutschen Theater Berlin sehr positiv ein. Ihr Urteil, es handele sich um eine „komische wie spannende, gescheite wie klare Inszenierung", belegt dies. Zwar spricht Bazinger vom „Einheitsbühnenbild" (Z. 65), meint damit aber eine Stimmigkeit zum Charakter der Inszenierung, zum Derben und Volkstümlichen. Die Darstellerinnen und Darsteller, „die schrägen Vögel" (Z. 74f.), werden für Komik und Klamauk ausdrücklich gelobt und die Logik des Regieansatzes von Kriegenburg gewürdigt.

Beispiellösung Teilaufgabe 2

Aufgabenbezogene Überleitung zum Vergleich

Mit der Rezension von Irene Bazinger ist jene von Matthias Bischoff zu vergleichen, der 2018 unter dem Titel „Humanität in der Feuerpause" die „Nathan"-Inszenierung von Nicolas Brieger am Staatstheater in Wiesbaden beurteilte. Bei diesem Vergleich sollen die Leitgedanken beider Inszenierungen, die Inszenierungen in ihrer jeweiligen Darstellung und die Beurteilungen beider Kritiker im Mittelpunkt stehen.

Vorstellung der Rezension Bischoffs

M. Bischoff zeichnet zunächst die Eingangsminuten der Wiesbadener Inszenierung sehr drastisch nach: Während ein namenloser Mann, der Darsteller des Nathan, aus dem von ihm zunächst gesprayten Schriftzug WAR den erstens Vers der Genesis „Am Anfang WAR das Wort" erstehen lässt, folgt ein akustisches Bühneninferno, mit dem sich der Vorhang zu einer Trümmerlandschaft öffnet. Die erzeugten Kriegsgeräusche begleiten Schutz suchende, staubübersäte Menschen in diesem Trümmerfeld.

In der ersten halben Stunde werde das Stück in einer Zeichensprache verknappt dargeboten; die weiteren zweieinhalb Stunden zeigten einer Art Feuerpause, von gelegentlichen Kriegsgeräuschen begleitet. Nathan sei als „smarte[r] Geschäftsmann" (Z. 60) keineswegs ein Menschenfreund, sondern betrachte sich allein als Beschützer Rechas. Alle weiteren Figuren erscheinen laut M. Bischoff als „mit allzu grobem Pinselstrich" (Z. 80) gezeichnet, „einer ist fanatischer als der andere." (Z. 90) Im Bühnenbild, das Szenenwechsel über wenige verschiebbare Wände ermöglicht, seien die Figuren „farblose[.] Gestalten" (Z. 94), die als Schutzsuchende in der Trümmerszenerie von „Balken, Betonblöcken, verkanteten Treppenhäusern" (Z. 95 f.) umhergingen.

Als „übertrieben fröhliches Familienwiedervereinigungsfest" (Z. 99 f.) stellt sich dem Rezensenten die Schlussszene dar. Dies werde konterkariert, indem Nathan, der in Distanz zum Fest bleibt, erneut zur Spraydose greift, nur um WAR zu sprühen. Damit wird – laut M. Bischoff – das glückselige Lessing'sche Dramenende, das Postulat von Toleranz und Versöhnung, widerrufen.

> **TIPP zum Textvergleich**
>
> Bei der **Darstellung der Ergebnisse** kann man folgendermaßen vorgehen:
> **Variante A (lineare Vorgehensweise):** Die Ergebnisse der Textanalyse zu den ausgewählten Texten bzw. Textauszügen werden nacheinander auf die Vergleichspunkte bezogen dargestellt.
> **Variante B (aspektorientierte Vorgehensweise):** Die Ergebnisse werden in einem zusammenhängenden Text Aspekt für Aspekt vergleichend herausgearbeitet (s. vorliegende Beispielklausur sowie Musterklausur zu E. T. A. Hoffmann, S. 63 ff.).

Vergleich der Leitgedanken und der Inszenierungen

Beide Rezensionen gehen von einem jeweils klaren Inszenierungsansatz aus. M. Bischoff konstatiert: „Ein bitterwahrer Abend, ein großer deutscher Klassiker als sein eigenes Dementi inszeniert." (Z. 108 ff) Damit fasst er zusammen, dass der „Nathan"-Abend in Wiesbaden aus seiner Sicht das Gegenteil von dem aussagt, was der Autor Lessing formulierte. Das nur kurzzeitig unterbrochene Kriegsgeschehen, in dem fast alle Akteure fanatisch auftreten, ist durch das Entdecken verwandtschaftlicher Bande und die Weisheit der Ringparabel nicht aufzuheben, sondern bleibt unerbittliche Realität. M. Bischoff zieht ausdrücklich die Linie zum Bürgerkriegsgeschehen und zur unaufhaltsamen Zerstörung in Syrien.

In klarer Distanz zur Intention Lessings sieht auch I. Bazinger die Inszenierung Kriegenburgs, was die Rezensentin ausdrücklich schätzt. Diese Distanz entstehe durch eine derbe Komik in Abgrenzung vom getragenen „Klassikergestus". Humanität werde dadurch gezeigt, dass die Menschen, lehmverschmiert, im Sinne der (christlichen) Schöpfungsgeschichte aufträten, klamaukig dem Volkstheater nahe.

Ähnlich wohlwollend beschreiben beide Theaterkritiken die Bühnenbilder. Passt die Bretterbude im Deutschen Theater Berlin zur Vorstadt- und Volkstheateranmutung der Intention Kriegenburgs, ist der Trümmerhaufen der Wiesbadener Aufführung von Brieger als optisches Dementi des Erfolgs aufgeklärten Toleranzdenkens zu verstehen.

Nicht einhellig lobend werden Inszenierungsaufbau und Schauspielleistungen in der Kritik von M. Bischoff zur Aufführung von 2018 gesehen. Dem fulminanten Auftakt und dessen „druckvolle[r] Intensität" (Z. 99 f.) sei der weitere Abend zwar im Grundton, aber nicht in der Eindrücklichkeit gefolgt. „Mit „allzu grobem Pinselstrich" (Z. 80) sieht der Rezensent Sultan, Patriarch und Tempelherrn gezeichnet und lastet dies der Regie an. Weder am Inszenierungsaufbau noch am Spiel hat hingegen I. Bazinger Kritisches anzumerken. Die Attribute, die sie für die Leistung der Schauspielenden verwendet, unterstreichen das Derb-Komische, was sie der Aufführung zuschreibt. Diese Attribute sind im Kontext ihrer Rezension eindeutig lobend zu verstehen.

Fazit des Vergleichs

Obwohl die Inszenierungsansätze zum „Nathan" sehr unterschiedlich erscheinen, fallen beide Kritiken insgesamt positiv-würdigend aus. Ohne Abstriche gilt dies für die Rezension zur Aufführung des Deutschen Theaters Berlin, mit wenigen Einschränkungen auch für den Artikel zur Wiesbadener Inszenierung von 2018. Gemeinsam ist beiden Theaterkritiken, dass der Regietheateransatz, Lessings „Nathan der Weise" in Abgrenzung oder geradezu als Dementi zu Lessing zu inszenieren, nicht nur akzeptiert, sondern befürwortend herausgestellt wird. Ob die Unterschiede zwischen einer zumindest vordergründig derb-komischen Anlage der Aufführung und einer krassen, Kriegsrealität herbeirufenden Darstellung des „Nathan" mit den Aufführungsdaten 2015 und 2018 zusammenhängen, kann hier nicht beantwortet werden. Eine Vermutung zum Wiesbadener Regieansatz 2018 mit der Aufführung im Kriegstrümmerhaufen könnte als Hintergrund das schärfer hierzulande ins öffentliche Bewusstsein gerückte Elend des Bürgerkriegs in Syrien sein.

Fokus: Robert Seethaler: Der Trafikant

Grundkurs, Aufgabenart I B

Vergleichende Analyse von literarischen Texten

Aufgabenstellung

1. Analysieren Sie den Textauszug „Später Herbst und die große Stadt" aus dem Roman „Das kunstseidene Mädchen" von Irmgard Keun im Hinblick auf die Wahrnehmungen und Eindrücke der Großstadt durch die Protagonistin Doris. Berücksichtigen Sie vor allem die erzählerische und sprachliche Gestaltung des Textauszugs.

2. Vergleichen Sie den Textauszug aus Irmgard Keuns Roman mit dem vorliegenden Textauszug aus Robert Seethalers Roman „Der Trafikant" im Hinblick auf die Eindrücke, die Franz Huchel bei seiner Ankunft in Wien gewinnt. Gehen Sie auch hier auf die sprachliche Gestaltung des Textauszugs ein.

TIPP Die Aufgabenstellung verstehen

1. **Analysieren Sie:** Der Operator bezieht sich nur auf den Textauszug M1 von Irmgard Keun. Im Hinblick auf alle Aspekte, die genannt werden, strukturiert und systematisiert (anders als im Textauszug). Berücksichtigen Sie: gemeint ist ein Eingehen auf typische Aspekte der Epik wie Erzählperspektive, Erzählstandort, besondere auffällige sprachliche und formale Mittel der Darstellung.

2. **Vergleichen Sie:** Der Operator fordert **nicht** zur vollständigen Analyse des Textauszugs (M2) auf. Gefordert ist nur der Vergleich mit ausgewählten Aspekten der Analyse von (M1), nämlich der Eindrücke von Franz Huchel. Gehen Sie auf ... ein: Auch die sprachliche Gestaltung von M2 soll analysiert und mit den Ergebnissen von Teilaufgabe 1 verglichen werden.

Materialgrundlage

M1 Irmgard Keun: Das kunstseidene Mädchen. Erstausgabe 1932. (Neuauflage) Claassen Verlag, Berlin 2005, S. 39 ff.
M2 Robert Seethaler: Der Trafikant. Erstausgabe 2012 (in der Reihe: Pocket). Kein & Aber Verlag, Zürich (10. Aufl.) 2015, S. 19 ff.

M1 Später Herbst – und die große Stadt (1932)   *Irmgard Keun*

Die Protagonistin Doris, eine sehr junge Frau, ist aus der Provinz nach Berlin geflohen, nachdem sie einen Pelzmantel gestohlen hat und sich deshalb in ihrem Heimatort nicht mehr sicher fühlt. Sie will in Berlin Karriere beim Film machen, ein „Glanz" werden.

Ich bin in Berlin. Seit ein paar Tagen. Mit einer Nachtfahrt und noch neunzig Mark übrig. Damit muss ich leben, bis sich mir Geldquellen bieten. Ich habe Maßloses erlebt. Berlin senkte sich auf mich wie eine Steppdecke mit feurigen Blumen. Der Westen ist vornehm mit hochprozentigem Licht – wie fabelhafte Steine ganz teuer und mit so gestempelter Einfassung. Wir haben hier ganz übermäßige Lichtreklame. Um mich war ein Gefunkel. Und ich mit dem Feh. [...] Es gibt auch Omnibusse – sehr hoch wie Aussichtstürme, die rennen. Damit fahre ich auch manchmal. Zu Hause waren auch viele Straßen, aber die waren wie verwandt zusammen. Hier sind noch viel mehr Straßen und so viele, dass sie sich gegenseitig nicht kennen. Es ist eine fabelhafte Stadt. [...]

Und es gibt Hermeline und Frauen mit Pariser Gedufte und Autos und Geschäfte mit Nachthemden von über hundert Mark und Theater mit Samt, da sitzen sie drin – und alles neigt sich, und sie atmen Kronen aus sich heraus. Verkäufer fallen hin vor Aufregung, wenn sie kommen und doch nichts kaufen. Und sie lächeln Fremdworte richtig, wenn sie welche falsch aussprechen. Und sie wogen so in einer Art mit Georgettebusen[1] und tiefen Ausschnitten, dass sie nichts wissen brauchen. Die Servietten von Kellnern hängen bis auf die Erde, wenn sie aus einem Lokal gehn. Und sie können teure Rumpsteaks und à la Meyers mit Stangenspargel halb stehen lassen ohne eine Ahnung und heimliches Bedauern und den Wunsch, es einzupacken und mitzunehmen. Und sie geben einer Klosettfrau dreißig Pfennig, ohne ihr Gesicht anzusehn und nachzudenken, ob man durch ihre Art Lust hat, mehr zu geben als nötig. Und sie sind ihre eigne Umgebung und knipsen sich an wie elektrische Birnen, niemand kann ran an sie durch die Strahlen. Wenn sie mit einem Mann schlafen, atmen sie vornehm mit echten Orchideen auf den Kopfkissen, was übermäßige Blumen sind. Und werden angebetet von ausländischen Gesandten, und lassen sich manikürte Füße küssen mit Schwanenpelzpantoffeln und sind nur halb bei der Sache, was ihnen niemand übelnimmt. Und viele Chauffeure mit Kupferknöpfen bringen Autos in Garagen – es ist eine elegante Welt und dann fährt man in einem Bett in einem D-Zug nach einer Riviera zur Erholung und spricht französisch und hat Schweinekoffer mit Plakaten drauf, vor denen ein Adlon[2] sich beugt – und Zimmer mit Bad, was man eine Flucht nennt. [...]

Ich habe gesehen – Männer an Ecken, die verkaufen ein Parfüm, und keinen Mantel und kesses Gesicht und graue Mütze, – und Plakate mit nackten rosa Mädchen – keiner guckt hin – ein Lokal mit so viel Metall und wie eine Operation, da gibt es auch Austern – und berühmte Photographen mit Bildern in Kästen von enormen Leuten ohne Schönheit. Manchmal auch mit. [...]

Ich habe gesehen – ein Mann mit einem Plakat um den Hals: „Ich nehme jede Arbeit" – und „jede" dreimal rot unterstrichen – und ein böser Mund, der zog sich nach unten mehr und mehr – es gab eine Frau ihm zehn Pfennig, die waren gelb, und er rollte sie auf das Pflaster, das Schein hat durch Reklame von Kinos und Lokalen.

1 **Georgette:** sehr feiner, fließender Stoff
2 **Adlon:** Gemeint ist Lorenz Adlon, der 1907 das berühmte Berliner Luxushotel am Pariser Platz, neben dem Brandenburger Tor erbauen ließ.

M2 **Ankunft in Wien (2013)**   *Robert Seethaler*

Als der Zug schließlich mit nur zweistündiger Verspätung in den Wiener Westbahnhof eingefahren war und Franz aus der Bahnhofshalle ins grelle Mittagslicht hinaustrat, war seine kleine Melancholie längst verflogen. Stattdessen wurde ihm ein bisschen schlecht und er musste sich am nächsten Gaslaternenmast festhalten. Als Erstes gleich einmal vor allen Leuten umkippen, da muss man sich ja genieren, dachte er wütend. Genau wie die käsigen Sommerfrischler, die es Sommer für Sommer gleich nach ihrer Ankunft am Seeufer reihenweise vom Hitzschlag getroffen ins Gras schmeißt und die hernach von gutgelaunten Einheimischen mit einem Kübel Wasser oder ein paar Ohrfeigen wieder ins Bewusstsein zurückgeholt werden müssen. Er klammerte sich noch fester an die Laterne, schloss die Augen und rührte sich so lange nicht mehr, bis er das Pflaster wieder sicher unter seinen Füßen spürte und sich die rötlichen Flecken aufgelöst hatten, die langsam in seinem Blickfeld vorbeipulsierten. Als er die Augen wieder öffnete, brach ein kurzer, erschrockener Lacher aus ihm heraus. Es war überwältigend. Die Stadt brodelte wie der Gemüsetopf auf Mutters Herd. Alles war in ununterbrochener Bewegung, selbst die Mauern und die Straßen schienen zu leben, atmeten, wölbten sich. Es war, als könnte man das Ächzen der Pflastersteine und das Knirschen der Ziegel hören. Überhaupt der Lärm: Ein unaufhörliches Brausen lag in der Luft, ein unfassbares Durcheinander von Tönen, Klängen und Rhythmen, die sich ablösten, ineinanderflossen, sich gegenseitig übertönten, überschrien, überbrüllten. Dazu das Licht. Überall ein Flimmern, Glänzen, Blitzen und Leuchten: Fenster, Spiegel, Reklameschilder, Fahnenstangen, Gürtelschnallen, Brillengläser. Autos knatterten vorüber. Ein Lastwagen. Ein libellengrünes Motorrad. Noch ein Lastwagen. Mit einem schrillen Bimmeln bog eine Straßenbahn um die Ecke. Eine Geschäftstür wurde aufgerissen, Wagentüren zugeschlagen. Jemand trällerte die ersten Takte eines Gassenhauers, brach aber mitten im Refrain wieder ab. Jemand schimpfte heiser. Eine Frau kreischte wie ein Schlachthuhn. Ja, dachte Franz benommen, das hier ist etwas anderes. Etwas völlig und ganz anderes. Und in diesem Moment nahm er den Gestank wahr. Unter dem Straßenpflaster schien es zu gären, und darüber waberten die verschiedensten Ausdünstungen. Es roch nach Abwasser, nach Urin, nach billigem Parfüm, altem Fett, verbranntem Gummi, Diesel, Pferdescheiße, Zigarettenqualm, Straßenteer.

„Ist Ihnen nicht gut, junger Mann?" Eine kleine Dame hatte sich zu Franz gesellt und blickte aus rötlich entzündeten Augen zu ihm hinauf. Trotz der Mittagshitze trug sie einen schweren Lodenmantel und hatte eine schäbige Pelzmütze auf dem Kopf.

„Aber nein!", sagte Franz schnell. „Es ist nur so laut in der Stadt und es stinkt ein bisserl. Vom Kanal her wahrscheinlich."

Die kleine Dame reckte ihm ihren Zeigefinger wie ein dürres Ästchen entgegen.

„Das ist nicht der Kanal, der da stinkt", sagte sie. „Das sind die Zeiten. Faulige Zeiten sind das nämlich. Faulig, verdorben und verkommen!" [...]

„Bist von weit hergekommen?", fragte die kleine Dame.

„Von zuhause."

„Das ist sehr weit. Da fährst am besten gleich wieder zurück!"

Beispiellösung
Einleitung
In dem vorliegenden Textauszug „Später Herbst – und die große Stadt" aus dem Zeitroman der Neuen Sachlichkeit „Das kunstseidene Mädchen" von Irmgard Keun, von 1932, werden die selektiven Wahrnehmungen und subjektiven Eindrücke der aus der Provinz stammenden jungen Protagonistin Doris wiedergegeben. Doris ist aus ihrer Heimatstadt geflohen und will in der Metropole Berlin Karriere als Filmstar machen.

Inhaltliche Wiedergabe des Textauszugs
Im Textauszug schildert Doris ihre Ankunft in Berlin und die sie völlig überwältigenden ersten Eindrücke, die assoziativ und äußerst bildreich wiedergegeben werden: Zuerst gibt es allgemeine Eindrücke, die Atmosphärisches vermitteln, es folgen technische Neuerungen, topografische Verhältnisse und auch Statussymbole, die das Zeitkolorit spiegeln. Besonderes Augenmerk liegt auf den unterschiedlichen Frauentypen, mit denen Doris sich indirekt vergleicht. Auch die sozialen Gegensätze der Stadt werden beschrieben, wobei hier deutlich wird, dass Doris nicht nur für Luxus schwärmt, sondern durchaus Empathie für die in der Großstadt Verlorenen empfindet.

Thematische Aspekte des Textauszugs
Doris' Schilderungen erfolgen in atemlos klingenden, parataktischen und auch elliptischen Sätzen im Präsens. Doris spricht davon, „Maßloses" (Z. 4) erlebt zu haben, wofür sie einen ungewöhnlich bildhaften Vergleich wählt: „Berlin senkte sich auf mich wie eine Steppdecke mit feurigen Blumen" (Z. 5 f.). Es überwiegen Konnotationen des Großartigen, Faszinierenden, die in das Fazit münden: „Es ist eine fabelhafte Stadt." (Z. 18 f.) Technische Dinge faszinieren Doris: Das helle Licht der Straßenlaternen und Leuchtreklamen, deren „Gefunkel" (Z. 11) sie „übermäßig" (Z. 10) findet. Die Doppelstockbusse, die Taxis, die Schnelligkeit verwirren und beeindrucken sie. Die Erwähnung von Plakaten mit leicht bekleideten Mädchen, von bunt aufgemachten Nachtausgaben von Zeitungen, Fotografien in Schaukästen, Reklame aller Art sollen eine Reizüberflutung verdeutlichen, die die Menschen schon nicht mehr wahrnehmen: „[...] keiner guckt hin" (Z. 65). Die Musik der Bars und Kneipen (vgl. Z. 65 f.) vervollständigt das Kaleidoskop unterschiedlichster Sinneseindrücke.

Die genauen topografischen Angaben für die Großstadt Berlin verweisen auf die Gattung des Zeitromans. Ein unüberschaubares Straßennetz (vgl. Z. 14 f.) unterstreicht die Anonymität (vgl. Z. 18). Im offensichtlich reichen Berliner Westen bewundert sie die eleganten Damen, die sehr teuer gekleidet sind („Hermeline", Z. 20.), Pariser Parfums tragen und viel Geld für Luxuswaren ausgeben (vgl. Z. 21). Doris malt sich deren Lebensgewohnheiten aus, gepaart mit zeitgenössischen Klischees (vgl. Z. 30 ff., Z. 71 ff.)

Allerdings nimmt sie durchaus auch die soziale Spaltung in der Stadt wahr: Im deutlichen Kontrast zu der luxuriösen (Schein-)Welt des eleganten Westens stehen die sogenannten „kleinen Leute" wie Kellner, Verkäufer, Chauffeure und Toilettenfrauen, die in untergeordneter, dienender Position und mit teils resignativer Haltung dargestellt werden (vgl. Z. 71 f.). Auf der untersten Skala der Gesellschaft sieht sie Straßenhändler und Arbeitslose, die mit Plakaten durch die Stadt ziehen (vgl. Z. 61 ff., Z. 71 ff.). Hier wird der Zeithintergrund einbezogen denn im April 1932 stiegen die Arbeitslosenzahlen infolge der Weltwirtschaftskrise

1929 rasant auf sechs Millionen an. Die Großstadt fasziniert Doris. Sie stellt ihre subjektive Sicht dar, sieht aber durchaus auch die sozialen Kontraste im „Gefunkel" (Z. 11) der Stadt.

Formale und sprachliche Gestaltung
Die Protagonistin Doris gibt ihre Eindrücke in der Ich-Form mit größtmöglicher Nähe zum Geschehen und äußerster Subjektivität wieder. Durch die Montage von topografischen Details, zeitgenössischen Markenprodukten, Werbung, zeitgeschichtlichen Erscheinungsformen wie Straßenhändler und Arbeitslose, (vgl. Z. 61 ff.) wird sowohl ein Eindruck großer Authentizität und Unmittelbarkeit hervorgerufen als auch Nähe zum filmischen Erzählen hergestellt. Die Dominanz der visuellen Darstellung durch ungewöhnliche Bilder und viele Vergleiche, auch Neologismen, unterstreicht die filmnahe Erzählweise. Ihre Eindrücke sind aneinander gereihte, sehr detaillierte Aufzählungen, die assoziativ aufeinander folgen wie Bilder einer schwenkenden Kamera ohne Fixpunkt. Oft sind sie polysyndetisch nur mit der nebenordnenden Konjunktion „und" verbunden oder in Parenthesen eingefügt, was zum einen die Atemlosigkeit der Protagonistin, ihr Überwältigt-Sein durch die vielen Wahrnehmungen, zum anderen die Simultaneität der auf sie einstürmenden Eindrücke unterstreicht. Etliche umgangssprachliche Wendungen komplettieren den Eindruck der mündlichen Erzählweise, die wie ein durchgehender Fluss ohne Pause zwischen den Szenenwechseln erscheint. Die Mischung aus umgangssprachlichen Ausdrücken, Satzbaufehlern, vielen hochwertigen und ungewöhnlichen Adjektiven und bildhaften Klischees der Welt der oberen Zehntausend machen den äußerst reizvollen und unverwechselbaren Stil der Ich-Erzählerin aus.

Beispiellösung Teilaufgabe 2
Aufgabenbezogene Überleitung
Mit dem Textauszug „Später Herbst – und die große Stadt" aus dem Roman „Das kunstseidene Mädchen" von Irmgard Keun soll der Auszug aus dem Beginn des Romans „Der Trafikant" von Robert Seethaler werden im Hinblick auf die thematischen Aspekte sowie die sprachliche Darstellung verglichen. Die ähnliche Ausgangssituation der Protagonisten verbindet die Romanauszüge im Vergleich: Zwei junge Menschen kommen neu in eine sie zunächst völlig überfordernde Großstadt.

Vergleich: Thematische Aspekte des Textauszugs
Ausgangspunkt für Franz Huchels Eindrücke der Großstadt Wien ist der Westbahnhof, an dem er ankommt. Die Mittagssonne scheint „grell" (Z. 4), Franz ist sowohl „erschrocken" als auch überwältigt (vgl. Z. 19 ff.). Auch Doris bezeichnet ihre Erstbegegnung mit Berlin als „maßlos". Wie sie erlebt Franz die Stadt als lebendig und laut, die simultane Vielfalt der visuellen und akustischen Wahrnehmungen wirken schockierend. In schneller, da verkürzter Aneinanderreihung folgen Schilderungen, wobei auch hier, ähnlich wie bei Doris, Licht, Verkehrsmittel, Reklame, Melodien, unterschiedliche menschliche und technisch erzeugte Töne ineinander montiert werden, um die Simultaneität der Sinneswahrnehmungen und die Reizüberflutung zu verdeutlichen. Es werden unangenehme bis Ekel erregende Gerüche (vgl. Z. 54 ff.) dargestellt. Franz nimmt die Großstadt als Kaleidoskop an Synästhesien wahr. Lediglich die Chronologie der Eindrücke von der Schnelligkeit der Bewegungen über die unterschiedlichen Geräusche und das Licht bis hin zu den Gerüchen verleihen dem Textaus-

schnitt eine gewisse Struktur. Als Vorausdeutung erscheinen die Sätze einer die Dame, die als Vorbotin des Schrecklichen warnend, ja fast drohend auftritt: Zum einen beschreibt sie die aktuelle Zeit mit einem Trikolon als „faulig, verdorben und verkommen" (Z. 75 f.), womit der bevorstehende Anschluss Österreichs durch die Nationalsozialisten (1938) gemeint sein kann, und zum anderen gibt sie Franz den Rat, am besten gleich wieder in seine Heimat zurückzufahren (vgl. Z. 80 f.). Somit sind die Eindrücke, die Franz gewinnt, sehr ambivalent, aber mit Tendenz zum Bedrohlichen, das traurige Ende des Romans schon vorwegnehmend.

Vergleich: Sprachliche Gestaltung
Ähnlich wie Keun arbeitet auch Seethaler mit Stilmitteln, die die desorientierende und überfordernde Reizüberflutung sowie die individuellen Empfindungen authentisch und gut nachvollziehbar vermitteln. Wahrnehmungen werden in parataktischen, teils elliptischen Sätzen aneinandergereiht. Personifikationen und anschauliche Vergleiche wie „Die Stadt brodelte wie der Gemüsetopf auf Mutters Herd" (Z. 27 f.) oder „[...] selbst die Mauern und die Straßen schienen zu leben" (Z. 30 f.) schmücken die Eindrücke aus. Seethaler verwendet viele treffende und nicht mehr steigerbare Adjektive wie „unaufhörlich" (Z. 34 f.), „unfassbar" (Z. 35 f.), „libellengrün[en]" (Z. 44), „schrill" (Z. 45 f.), um das Beeindruckende der Wahrnehmungen zu betonen. Nomen werden des Öfteren in Form von Trikola oder noch längeren, teils asyndetischen Akkumulationen aufgeführt: „Tönen, Klängen und Rhythmen" (Z. XX), „Überall ein Flimmern, Glänzen, Blitzen und Leuchten [...]" (Z. 40 f.), um eindringlich und einprägsam das Bild der Großstadt zu zeichnen. Die nominalisierten Verben sind äußerst expressiv und dynamisch: Ächzen, Knistern, Brausen, übertönen, überschreien, überbrüllen, bimmeln, aufreißen, zuschlagen, trällern, kreischen. Franz selbst wird als „benommen" (Z. 52 f.) beschrieben, als jemand, der nicht aktiv eingreifen kann, sondern von den Sinneseindrücken überrollt wird. Erst zum Schluss der Passage gewinnt er seine Autonomie zurück, indem er sich selbst Mut zuspricht und der alten Dame antwortet: „Blödsinn! [...] Es gibt kein Zurück, und außerdem gewöhnt man sich an alles." (Roman, S. 21)

Schlussbetrachtung
Trotz ähnlicher sprachlicher Gestaltung wirkt der achtzig Jahre ältere Text von Irmgard Keun durch seinen unverwechselbaren Ton und die sehr am Medium Film orientierte Schreibweise radikaler und moderner als die eher konventionelle Darstellung Seethalers. Die Überwältigung durch das Erlebnis Großstadt ist der vergleichbaren Situation der Protagonisten geschuldet. Bei Keun überwiegt jedoch die anschauliche Darstellung der imponierenden Eindrücke, während bei Seethaler Franz im Mittelpunkt steht, der die Stadt zwar als fremd erlebt, jedoch bereits bei seiner Ankunft in Wien beginnt, einen persönlichen Entwicklungsprozess einzuleiten.

Fokus: Robert Seethaler: Der Trafikant
Grundkurs, Aufgabenart II A

Analyse eines Sachtextes (ggfs. mit weiterführendem Schreibauftrag)

Aufgabenstellung

1. Analysieren Sie den vorliegenden Textauszug aus dem Sachbuch „Moderne Kinder- und Jugendliteratur" von Carsten Gansel, indem Sie die Kernaussagen zu den Gattungen Bildungs-, und Erziehungs- und Entwicklungsroman sowie Adoleszenzroman herausarbeiten.

2. Beziehen Sie Ihre Ergebnisse auf den Roman „Der Trafikant" von Robert Seethaler. Weisen Sie nach, inwieweit die Merkmale der o. g. Gattungen auf diesen Roman zutreffen.

> **TIPP Die Aufgabenstellung verstehen**
>
> 1. **Analysieren Sie:** Der Operator bezieht sich auf einen Auszug aus einem Sachbuch. Damit ist die Textart – Sachtext – benannt. Den Texten sind kurz und präzise die wesentlichen Aussagen zu den genannten Gattungen zu entnehmen.
> 2. **Beziehen Sie ...:** Hier wird eine Anwendung der Kernaussagen auf den Primärtext erwartet. Eine gute Textkenntnis ist erforderlich, um die Merkmale der genannten Gattungen am Text zu verifizieren. **Weisen Sie nach ...:** Sie müssen Ihre Beobachtungen durch Textbeispiele belegen.

Materialgrundlage

Carsten Gansel. Moderne Kinder- und Jugendliteratur. Vorschläge für einen kompetenzorientierten Unterricht. In: Scriptor-Praxis. Cornelsen Schulbuchverlage, Berlin. (7. Aufl.) 2016, S. 161–169.
Hinweis: Die Ganzschrift „Der Trafikant" liegt während im Prüfungsraum aus. Die Seitenangaben in der Musterlösung beziehen sich auf Robert Seethaler: Der Trafikant. Erstausgabe 2012 (in der Reihe: Pocket). Kein & Aber Verlag, Zürich (10. Aufl.) 2015, S. 19ff.

Gattungsmerkmale von Kinder- und Jugendliteratur (2016) *Carsten Gansel*

Als inhaltsbezogene Begriffsbildungen lassen sich die Termini Bildungsroman, Entwicklungsroman, Erziehungsroman ansehen, wobei die Grenzen fließend sind. Es geht grundsätzlich um den psychologischen und intellektuellen Werdegang eines Protagonisten.

Unter Bildungsroman werden zumeist jene Texte verstanden, in denen „Bildung als zentraler Diskurs thematisiert wird". [...] Beim Entwicklungsroman handelt es sich anders als beim Bildungsroman nicht um ein historisches Epochenphänomen, sondern um einen überzeitlichen Romantypus. Ziel und Weg des Protagonisten sind daher auch an keine spezifische Epoche und Kultur gebunden. Anders als beim Bildungsroman, der sich auf einen bestimmten Zeitabschnitt, zumeist die Jugendphase konzentriert bzw. mit der Etablierung im Berufsleben endet, kann hier der gesamte Lebensweg des Helden Gegenstand der Darstellung sein.

Die didaktische Intention ist im Entwicklungsroman zurückhaltender ausgeprägt als in den beiden anderen Typen. Der Erziehungsroman – das sagt bereits der Name – stellt den Erziehungsprozess in das Zentrum der Darstellung und führt diesen exemplarisch vor. Dazu benötigt er ein Objekt der Erziehung, den Zögling, wie auch einen Erzieher, der als Mentorfigur fungiert. In der Folge verlagert sich der Schwerpunkt von einem Haupthelden auf eine Art Figurenpaar. [...]

Der Terminus Jugendroman bezeichnet lediglich einen Oberbegriff, der die Adressatenspezifik wie Inhalt und Struktur eines Textes berücksichtigt. Das Textkorpus zeigt auch hier eine gattungstypologische Ausdifferenzierung. Der Begriff Jugendroman umfasst demzufolge alle möglichen Romanformen für Jugendliche wie z.B. den Familienroman, den historischen Roman, den Science-Fictionroman, den Kriminalroman und schließlich den Adoleszenzroman. [...]

Seit den 1970er-Jahren zeichnet sich die aktuelle Kinder- und Jugendliteratur durch „Problemnähe" wie „Zeitbezogenheit" aus und wird in starkem Maße als ein zeitdiagnostisches Medium angesehen. Diese – an sich ganz und gar positiv zu wertende – Tendenz, einen direkten Bezug zu den aktuellen Wirklichkeitserfahrungen, den Problemlagen und Konflikten der jugendlichen Leser herzustellen, hat zur Ausbildung einer neuen Textgattung geführt: der problemorientierten Jugendliteratur. [...]

Problemorientierte Texte wollen, nahe an der Wirklichkeit bleibend, aktuell aufklären, Einstellungen ändern, für politische und soziale Forderungen sensibilisieren. Das ist neben dem unterhaltenden, leseförderndem Anspruch eine ihrer Aufgaben, der exemplarische Fall steht im Vordergrund. Um die Erfassung von epischer Totalität mit existenziellen Sinnangeboten geht es ebenso wenig wie um die Darstellung des Einmaligen einer Figur oder die psychologische Analyse. Die Wirksamkeit gewinnen problemorientierte Texte aus der Authentizität des Dargestellten, dem Bezogensein auf jeweils aktuelle Wirklichkeitsfelder und vor allem aus dem Wiedererkennungseffekt. [...]

Als Adoleszenz gilt allgemein jene Phase, die den „Abschied von der Kindheit" und den Eintritt in das Erwachsenenalter bezeichnet. Die Besonderheit dieser lebensgeschichtlichen Phase besteht im Mit- und Gegeneinander von körperlichen, psychischen und sozialen Prozessen. Es geht sozusagen um die „Neuprogrammierung" der physiologischen, psychologischen und psychosozialen Systeme. [...]

Unabhängig von den inzwischen existierenden literarischen Ausprägungen lassen sich folgende Merkmale für den Adoleszenzroman ausmachen:

Im Zentrum der Darstellung stehen ein oder mehrere jugendliche Helden, wobei sich die Darstellung anders als im Entwicklungsroman auf die Jugendphase konzentriert. [...]

Die Zeitspanne ist nicht auf die Pubertät beschränkt, sondern umfasst den gesamten Prozess der Identitätssuche junger Leute, kann also von der Vorpubertät bis in die Postadoleszenz reichen. Die jugendlichen Hauptfiguren können in einer „existenziellen Erschütterung" oder einer „tiefgreifenden Identitätskrise" angetroffen werden, aber es ist unter (post)modernen Bedingungen ebenso möglich, dass die Adoleszenz als lebensgeschichtliche Phase lustvoll und offen erlebt wird, eben als Chance, sich zu erproben, und als Gewinn bei der Sinn- und Identitätssuche.

Als Adoleszenztexte kennzeichnende Problembereiche gelten a) die Ablösung von den Eltern; b) die Ausbildung eigener Wertvorstellungen (Ethik, Politik, Kultur usw.); c) das Erleben erster sexueller Kontakte; d) das Entwickeln eigener Sozialbeziehungen; e) das Hineinwachsen oder das Ablehnen einer vorgegebenen sozialen Rolle. Dabei sind die Romane und Erzählungen zumeist durch ein „offenes Ende" gekennzeichnet, die Protagonisten bleiben auf der Suche, eine Identitätsfindung im Sinne eines festen Wesenskerns muss in neueren Texten nicht erfolgen und auch nicht angestrebt sind.

Beispiellösung: Teilaufgabe 1
Einleitung

Bei dem vorliegenden Sachtext aus dem Jahr 2016 handelt es sich um Auszüge aus dem germanistischen Fachbuch „Moderne Kinder- und Jugendliteratur" des Autors Carsten Gansel. Der Untertitel „Vorschläge für einen kompetenzorientierten Unterricht" deutet darauf hin, dass dieses Sachbuch für Deutschlehrer bzw. Deutschreferendare verfasst- und damit sicherlich pragmatisch angelegt ist. Es gilt im Folgenden zu überprüfen, ob die zentralen Aussagen des Textes zu den unterschiedlichen und ausdifferenzierten Gattungen Entwicklungs,- Bildungs,- Erziehungs- bzw. Adoleszenzroman auf den Roman „Der Trafikant" von Robert Seethaler zutreffen. Dieser Roman wendet sich an Leser aller Altersstufen, während Gansel die Gattungsbegriffe für die Kinder- und Jugendliteratur herausarbeitet. Sie sind jedoch germanistisch durchaus allgemeingültig.

Kernaussagen der Sachtextauszüge

Die Hauptthese des Autors findet sich direkt zu Beginn des Sachtextes: Bei den genannten Termini Bildungsroman, Entwicklungsroman sowie Erziehungsroman handele es sich um den „psychologischen und intellektuellen Werdegang des Protagonisten" (Z. 25 ff.) und die Grenzen zwischen diesen Termini seien fließend (vgl. Z. 4). Als übergeordneten Begriff fasst Gansel den Entwicklungsroman auf, der weder historisch oder kulturell einer bestimmten Epoche zuzuordnen sei noch eine bestimmte Lebensphase des Protagonisten im Blick habe (vgl. Z. 21 ff.) Auch sei er in seiner didaktischen Intention deutlich zurückhaltender. Im Bildungsroman stehe v. a. der Diskurs um die Bildung des Protagonisten im Vordergrund und damit, zeitlich begrenzt, seine Jugend- und Ausbildungsphase (vgl. Z. 9 f.). Der Erziehungsroman thematisiere vorwiegend den Erziehungsprozess des Protagonisten, wobei auch der Erzieher oder Mentor des zu Erziehenden in den Blick genommen werde und sich der Schwerpunkt vom Protagonisten auf ein Figurenpaar verschiebe (vgl. Z. 33 ff.). Auch der Terminus „Jugendroman" sei sehr offen und beinhalte neben der Adressatenspezifik" (Z. 41 ff) alle möglichen Romanformen für Jugendliche wie auch den Adoleszenzroman.

Seit den 1970er Jahren wird die Jugendliteratur infolge ihrer Nähe zu den aktuellen „Wirklichkeitserfahrungen" (Z. 54), den Problemen und Konflikten von jugendlichen Lesern

als „zeitdiagnostisches Medium" (Z. 50 f.) verstanden. Daraus entwickelte sich eine neue Gattung: die „problemorientierte Jugendliteratur." (Z. 58) Diese will „aufklären, Einstellungen ändern, für politische und soziale Forderungen sensibilisieren" (Z. 60 ff.). Dabei stehe nicht ein individuelles Schicksal, sondern der „exemplarische Fall" (Z. 65) im Fokus. Insofern begründe sich die Wirksamkeit dieser Texte neben der jeweils aktuellen Authentizität v. a. in ihrem „Wiedererkennungseffekt" (Z. 74 f.)
Als Adoleszenz wird die lebensgeschichtliche Phase des „Abschieds von der Kindheit" (Z. 77) und des Eintritts in die Erwachsenenwelt bezeichnet. Es gehe hier um die „Neuprogrammierung" (Z. 83) der menschlichen Dispositionen und Systeme. Folgende Merkmale kennzeichnen laut Gansel den Adoleszenzroman:

- Im Mittelpunkt stehen ein- oder mehrere Jugendliche mit Konzentration auf die jugendliche Lebensphase zwischen Kindheit und Erwachsen-Sein.
- Die Zeitphase umfasst den „gesamten Prozess der Identitätssuche" (Z. 97). Die jugendlichen Helden können sich sowohl in einer Identitätskrise befinden als auch in einer Phase des lustvollen Sich-Erprobens und der Wahrnehmung von Chancen bei der Suche nach einem Lebenskonzept (vgl. Z. 99 ff.).
- Als typische Problembereiche gelten u. a. die Loslösung vom Elternhaus, die Herausbildung eines eigenen ethischen, politischen, kulturellen Wertesystems, die ersten sexuellen Erfahrungen, der Aufbau eines sozialen Netzwerks, die Auseinandersetzung mit einer vorgegebenen sozialen Rolle.
- Oft sind die Romane am Schluss offen, d. h. die Identitätsfindung muss nicht stabil abgeschlossen sein/werden.

Beispiellösung: Teilaufgabe 2

Um den Anforderungen des weiterführenden Schreibauftrags gerecht zu werden, bietet es sich an, die zentralen Termini der Romangattungen sukzessive in den Blick zu nehmen, obwohl, wie der Autor selbst zugibt, „die Grenzen fließend sind". Goethes „Wilhelm Meister" wird als der klassische Bildungsroman des ausgehenden 18. Jahrhunderts, als „Muster" für einen Bildungsroman angesehen. Darin geht es über einen längeren Zeitraum um die allumfassende Ausbildung und Reifung der Persönlichkeit des Protagonisten.
Auch bei Franz Huchel ist festzustellen, dass er heranreift und sich weiter bildet mithilfe unterschiedlicher Instrumente und Figuren. Bei einem derart weitgefassten Begriff ist „Der Trafikant" auf jeden Fall auch ein Bildungsroman. Jedoch geschieht diese Bildung vorerst nur in Ansätzen und keinesfalls über einen längeren Zeitraum, denn der Roman konzentriert sich ja auf das letzte Lebensjahr des Franz Huchel (Spätsommer 1937 bis Juni 1938). Man kann seine beginnende Bildung u. a. an der Vermittlung der ethischen und moralischen Werte festmachen, die ihm als Orientierungshilfe der zunächst noch freien Presse angeboten werden. Otto Trasnjek bezeichnet zu Beginn die Illustrierten als seine Freunde, seine Familie (vgl. S. 24) und macht Franz somit deren Wertschätzung deutlich. Da Franz alle Zeitungen lesen soll, um sein Hirn und seinen Horizont zu erweitern (vgl. S. 24 f.) und um überhaupt erst ein Mensch zu sein (vgl. S. 25), geht die Wertschätzung der pluralistischen Presse auf Franz über. Als Trafikant, zu dem er ja ausgebildet werde, müsse er informiert sein, damit er kompetent auch seine Kunden informieren könne (vgl. S. 25). Franz' Bildungsprozess wird auf knapp zwei Seiten anschaulich dargestellt: „Zu Beginn war die Arbeit mühselig […] Das

Weltgeschehen glitt ihm damals noch durch die Hände und unterm Hintern hinweg, ohne seine Seele zu erreichen. Das schien sich jetzt zu ändern […] Es war eine Ahnung, die da zwischen den vielen Druckbuchstaben herausraschelte, eine kleine Ahnung von den Möglichkeiten der Welt." (S. 28 f.) Dass gerade die Zeitungen die gesellschaftlichen Veränderungen und damit die der Werteeinstellungen spiegeln, zeigt ein erboster Aufschrei Trasnjeks über die ideologische Berichterstattung ein paar Monate später: „ein derartig verlogenes und obendrein ungeschickt hingesudeltes Gestammel einer deutschtümeligen Drecksjournaille" (vgl. S. 147). Die Gleichschaltung der Presse und damit einhergehend die Abschaffung differenzierter Meinungsbildung bewirkt bei Franz, dass er seine tägliche Zeitungslektüre fast gänzlich aufgibt und eine kritische Distanz zur tendenziösen Presse einnimmt, was auf eine zunehmende Ausdifferenzierung und Stabilisierung seines Wertekanons hinweist: „Es war, als ob die Redaktionen sich jeden Tag zu einer einzigen, riesigen Konferenz versammelten, um zur Wahrung einer scheinbaren Objektivität wenigstens die Überschriften untereinander abzustimmen […]" (vgl. S. 166).

Der Definition nach ist „Der Trafikant" ein Erziehungsroman. Franz hat mehrere Mentoren, die ihn, wissentlich oder unwissentlich, erziehen. Am wenigsten trägt sonderbarerweise seine Mutter zu seiner Erziehung bei. Da er seinen Vater nicht kennt, hat Franz kein männliches Vorbild und die Mutter verhindert lange eine gezielte Entwicklung: Er hat zu Beginn des Romans keine Aufgabe, ist für einen Jungen der damaligen Zeit ängstlich, sehr kindlich für sein Alter. Er hat keine Pläne, keinen Lebensentwurf, sondern ist völlig abhängig von seiner Mutter. Nach seiner Abreise jedoch nähern sich die beiden durch ihre briefliche Kommunikation einander an. Vertrauensvoll wendet sich Franz an seine Mutter, die er des Öfteren vermisst; diese nimmt Anteil an seiner Entwicklung, gibt ihm Ratschläge, ist stolz auf ihn und sorgt sich auch um ihn, vor allem am Schluss, als er Widerstand leistet. Somit nimmt sie indirekt per Brief auf seine Entwicklung stabilisierend Einfluss.

Otto Trasjnek wird Franz zu einem Vaterersatz. Er bringt Struktur in Franz' Leben, wie den festgelegten Tagesablauf oder die verpflichtende, bildende Zeitungslektüre. Er hat feste Grundhaltungen, ist respektvoll und übt Toleranz gegenüber seinen Kunden. Er nimmt Franz' Fragen und Anliegen ernst und behandelt ihn wie einen Erwachsenen. Somit wird er zu einem wichtigen Mentor für Franz. Seine unbeugsame Haltung unter den zunehmend bedrohlicheren Verhältnissen beeindrucken auch Franz: „Einer hat Blut an den Händen, und die anderen sagen nix. So ist es immer! […] so ist es eingeimpft in die unendlich blöden Schädel des Menschengeschlechts. Aber in meinen eben noch nicht […] Mein Schädel geht noch so, wie er selber will. Ich tanz nicht mit auf eurer Veranstaltung", (vgl. S. 63) Zu spät erst reflektiert Franz die Bedeutung Otto Trasjneks für sein Leben, als dieser verhaftet wird und Franz ihm, ohne die Gefahr für sich selbst zu sehen, helfen will: „Und in diesem Moment war ihm alles klar: Für den Bruchteil einer Sekunde öffnete sich ein Fenster in die Zukunft, durch das die weiße Angst zu ihm hereinwehte, zu ihm, diesem kleinen, dummen, machtlosen Buben […]." (vgl. S. 158)

Sigmund Freud ist ein weiterer Mentor und auch eine wichtige Bezugsfigur für Franz. Freud erkennt seine pubertären Nöte und veranlasst ihn, sich nach einem Mädchen umzuschauen und setzt sich nach Franz' Begegnung mit Anezka mit dessen Unsicherheiten in Liebesdingen auseinander. In einem weiteren Gespräch nach dem ernüchternden

Besuch der „Grotte" schüttet Franz Freud wiederum sein Herz aus. Freud ist für Franz verständnisvoller Gesprächspartner, der Ratschläge erteilt und Denkanstöße gibt. Er rät ihm auch, seine Träume aufzuschreiben, was eine Auseinandersetzung mit sich selbst und seiner aktuellen Situation bedeutet. Durch sein hohes Alter, seine fortgeschrittene Krankheit und seine prekäre Situation als Jude im Nazi-Österreich ist Freud in gewisser Weise hilflos. Franz ist ein sehr fürsorglicher und liebenswerter junger Mann, der sich um den alten Mann sorgt. Somit profitieren beide von dem Kontakt mit dem jeweils anderen und lernen voneinander.

Wie oben bereits mehrfach ausgeführt, macht Franz in vielerlei Hinsicht eine Entwicklung durch, weshalb man diesen Roman als einen Entwicklungsroman, vor allem aber als einen Adoleszenzroman bezeichnen kann. Der Roman konzentriert sich in mehrfacher Hinsicht auf den Übergang des jungen Franz in die Erwachsenenwelt. Zum einen wird der unbedarfte Junge ohne vorherige Gespräche von seiner Mutter quasi aus dem Haus geworfen und nach Wien geschickt, wo er sich ins geregelte Arbeitsleben einzufügen hat. Zum anderen lernt er mit den sich plötzlich diametral verändernden gesellschaftlichen Verhältnissen ein sich wandelndes Werte- und Normensystem kennen, mit dem er sich auseinandersetzen muss, um seinen Orientierungsrahmen zu finden. Durch die Begegnung mit Anezka macht er erste beglückende sexuelle-, aber auch leidvolle Erfahrungen mit der Liebe. Ihre für damalige Verhältnisse äußerst selbstbestimmte und freizügige Art, die rein lustbetont, egoistisch und opportunistisch ist, verletzt Franz und verwirrt ihn. Sie ist ihm an Lebenserfahrung und Durchtriebenheit weit überlegen und er durchschaut sie lange nicht. Für sie bleibt er durchgehend „Burschi", also kein Partner auf Augenhöhe. Er wird ihr gegenüber jedoch zunehmend selbstbewusster; ein Beispiel dafür ist, als er sich in aggressiver Weise verbittet, „Burschi" genannt zu werden (vgl. S. 112). Dennoch macht er ihr aus der Bedrängnis der als geradezu apokalyptisch empfundenen Verhältnisse heraus verzweifelt-hoffnungsvoll einen Heiratsantrag (vgl. S. 206 f.). Sie verhöhnt ihn, indem sie ihm ihre momentane Beziehung zu einem SS-Offizier vor Augen führt. Die Desillusionierung als Erschütterung seiner Ich-Identität trägt auch zu seiner weiteren Entwicklung bei.

Nach der Verhaftung Otto Trasnjek übernimmt Franz nicht nur selbstverständlich die Trafik und damit eine Menge Verantwortung, sondern er fahndet auch hartnäckig nach ihm im Hotel Metropol, bis er unsanft vom Portier hinausgeworfen wird und dabei einen Schneidezahn verliert. Er übernimmt mutig die Verantwortung für den Menschen Trasnjek, bis er über dessen Ableben informiert (vgl. S. 191 f.) und offiziell ermächtigt wird, die Trafik weiterzuführen. Franz bricht zusammen und weint, „bis er keine Tränen mehr hatte." (S. 193). Aber er handelt als autonomes Subjekt, indem er den Metzger beschuldigt, Trasnjek verraten und erschlagen zu haben. Um sich zu rächen, schlägt er ihm ins Gesicht. Franz geht noch weiter in seinem erstarkenden Selbstbewusstsein und seinem trotzigen Widerstand: Er hängt Trasnjeks einbeinige Hose anstelle des mittleren Hakenkreuzbanners vorm Hotel Metropol, dem Dienstgebäude der Gestapo, auf als Menetekel: „Und für einen kurzen Augenblick hat dieses […] Hosenbein ausgesehen wie ein Zeigefinger." (vgl. S. 242) Diesen ungeheuren Affront mit der Staatsmacht geht er bewusst mit allen Konsequenzen ein und so ist er nicht erstaunt, als er kurz darauf abgeholt wird.

Der Roman bleibt offen, wie auch der Identitätsprozess Franz' nicht abgeschlossen ist.

Zusammenfassung

Der Vergleich der erarbeiteten zentralen Aussagen des Sachtextes mit dem Roman „Der Trafikant" zeigt in vielerlei Hinsicht große Übereinstimmungen. Franz löst sich mehr oder weniger ungewollt von seinem Elternhaus und seiner Heimat, um aus der räumlichen Distanz eine neue vertrauensvolle, erwachsenere Beziehung zu seiner Mutter herzustellen. Die Mentoren seiner Erziehung sind Otto Trasnjek und Sigmund Freud, die sich komplementär ergänzen. Trasnjek gibt seinem Leben Struktur, er fördert seine Bildung und sein Wissen, er erweitert mittels der verordneten intensiven Zeitungslektüre dessen Kenntnisse der Welt. Er ermuntert ihn, seine Umwelt kritisch, aber dennoch respektvoll und offen wahrzunehmen. Freud hört ihm zu, sodass er sein Inneres darlegen kann. Beide erteilen ihm Ratschläge und fördern seine sozialen Kontakte. Beider Schicksale bringen ihn dazu, Verantwortung für sich und andere zu übernehmen, Empathie zu entwickeln. Anezka führt ihn in die Welt der Sexualität ein, lässt ihn jedoch auch zweifeln und am Liebeskummer leiden. Er wird selbstbewusster, selbstbestimmter und mutig.

Fokus: Arno Geiger, Unter der Drachenwand
Leistungskurs, Aufgabenart III

Erörterung von Sachtexten mit Bezug auf einen literarischen Text

Aufgabenstellung

1 Erschließen Sie die Kernaussagen aus der Rezension (M1) und dem Interviewauszug mit Arno Geiger (M2). Stellen Sie dabei die Aussagen zum Erzählen, zu Figurenperspektiven und zur Darstellung von Haltungen zu Krieg und Politik in diesem Roman heraus.

2 Arno Geiger spricht in einer Rede über Veit Kolbe als „gemischter Charakter", seine Figuren im Roman befänden „sich im Übergang", im „Zwielicht".[1] Erörtern Sie, inwieweit Sie Veit Kolbe, weitere Erzählerstimmen oder Figuren durch das Erzählen im „Drachenwand"-Roman als „gemischte Charaktere" einschätzen.

> **TIPP Die Aufgabenstellung verstehen**
>
> **1** Erschließen Sie: Aus beiden Materialien sind die wesentlichen Aussagen zu entnehmen, wobei die Formulierung „Stellen Sie ... heraus" auf die Aspekte (Erzählen ...) verweist, die in diesen Materialien als wesentlich anzusehen sind.
> **2** Erörtern Sie: Die These von den gemischten Charakteren soll hier für verschiedene Protagonisten abwägend überprüft und zusammenfassend eingeschätzt werden, was vom Bestätigen bis zum Verwerfen reichen kann. Dabei ist dieses Abwägen argumentativ auf das Erzählen im Roman zu beziehen („durch das Erzählen").

Materialgrundlage

M1 Gerrit Bartels: Mit den Augen der Toten. Arno Geigers Roman „Unter der Drachenwand" über das Kriegsjahr 1944. Aus: Der Tagesspiegel vom 9.1.2018, Kultur, S. 20. In: https://www.tagesspiegel.de/kultur/unter-der-drachenwand-von-arno-geiger-mit-den-augen-der-toten/20825358.html (Aufruf: 31.5.2020)
M2 Arno Geiger im Gespräch mit Andrea Gerk. Deutschlandradio, Köln, Beitrag vom 05.01.2018

---

1 Zitate aus: Arno Geiger: Unwiderlegbar ist die Gestalt. Dankrede zur Verleihung des Joseph-Breitbach-Preises 2018. Quelle: https://fazarchiv.faz.net/document?id=FAZ__FD1201809295502551#start
(Aufruf: 24.10.2020) In: FAZ Nr. 227 vom 29.9.2018, S. 20 © Alle Rechte vorbehalten. Frankfurter Allgemeine Zeitung GmbH, Frankfurt.

M1 Mit den Augen der Toten *Gerrit Bartels*

„Unter der Drachenwand": Arno Geigers bemerkenswerter Roman über das Kriegsjahr 1944 – und die Wesensverzerrungen der Menschen zu jener Zeit.

Es sind die ersten Tage des Jahres 1944, und der 24 Jahre junge, aus Wien stammende Wehrmachtssoldat Veit Kolbe ist gerade in Mondsee angekommen, einem Örtchen, das eine halbe Stunde Autofahrt entfernt von Salzburg liegt. Er war jahrelang als Lkw-Fahrer an der Front, zuletzt an der russischen, und er will und muss nun hier weitab vom Kriegsgeschehen seine Verwundungen auskurieren, einen gebrochenen Kiefer, ein durchschossenes Bein und hartnäckige Angststörungen. Was alles nicht so einfach ist: „Krieg war ja eigentlich das einzige, was ich noch kannte", weiß Veit Kolbe. „Wie weit die Verzerrung des eigenen Wesens schon vorangeschritten ist, merkt man erst, wenn man wieder unter normale Menschen kommt."

Um diese normalen Menschen, um ihre durch den Krieg veränderten Wesen, um das, was sie durch ihn alles verloren haben, weniger materiell denn in ihren Psychogeografien, darum geht es dem österreichischen Schriftsteller Arno Geiger in seinem neuen Roman mit dem Titel „Unter der Drachenwand". Immer wieder bemerkt Veit, wie sehr ihm der Krieg zugesetzt, ihn seiner Jugend und womöglich auch seiner Zukunft beraubt hat, „auch ohne Zerwürfnis mit den Eltern war die zwischenmenschliche Bilanz meines Lebens verheerend". Und, nicht weiter verwunderlich, immer wieder holt ihn eine diffuse Angst ein, die er mit einem Psychopharmakon bekämpft – oder mit dem Schreiben, das in seinem Fall primär therapeutischen Charakter hat.

Veit notiert alles, was er im Krieg erlebt hat, wie es um seine Jugend in Wien bestellt war, erzählt, was ihm nun in Mondsee widerfährt. Und wie es nicht zuletzt den vielen anderen Figuren ergeht, die Geiger ihm hier in Mondsee zu Füßen eines riesigen Felsmassivs, der titelgebenden Drachenwand, zur Seite gestellt hat. Zum Beispiel die Frau, die ihm ein Zimmer vermietet, die sogenannte Quartierfrau, die zwischen Treue zum Führer und einem gewissen Wahnsinn pendelt; der Onkel von Veit, der in Mondsee Polizist ist und dem die Pflicht über alles geht, selbst über seine geliebten Zigaretten; oder Margot, die mit einem Säugling aus Darmstadt hier gelandet ist und in die Veit sich verliebt. [...]

Von einer Normalität diesseits des Krieges sind sie alle weit entfernt. Auch in Mondsee gibt es Denunziationen, Verhaftungen, später zwei Tote, und aus dem improvisierten Ertüchtigungsheim in einem Gasthaus verschwindet ein aus Wien landverschicktes Mädchen. Erstaunlich ist es, wie Geiger es vermag, ihrer aller Sehnsucht nach Normalität sprachlich Ausdruck zu verleihen, wie er einen Ton für seine Figuren findet, insbesondere für die Gedankenwelt eines jungen Mannes und Soldaten jener Zeit. Veit Kolbe schreibt nicht wie ein Schriftsteller, sondern etwas stockend, mit kurzen, manchmal umständlichen Sätzen: [...] „Weiterhin war ich häufig müde und gedrückter Stimmung. Viele feindliche Flieger in der Luft, manchmal dreihundert und mehr". Er hat dann jedoch häufig bemerkenswerte, angenehm unaufdringliche, alles andere als pädagogisch wirkende Eingebungen: „Jeder halbwegs nüchterne Mensch muss ein politisches System mit den Augen der Toten betrachten."

Überraschend wirkt nach knapp hundert Seiten der leichte Bruch, mit dem Geiger versucht, sein 44er-Hinter-der-

Front-Tableau umfassender zu gestalten, der kleinen Welt in Mondsee die große in den Städten beizustellen, nicht zuletzt um zu zeigen, dass dieses Jahr bestimmt wurde von den ständigen Bombenabwürfen der Alliierten. [...]

Plötzlich setzen andere Erzählstimmen ein, geht es um 400 Hasen, die in Darmstadt verteilt werden, was die Mutter von Margot in Briefen ihrer Tochter berichtet. Ein gewisser Kurti schreibt Liebesbriefe an seine Cousine, die an den Mondsee landverschickt wurde, aber auch vom Wiener Alltag; und schließlich gibt es da noch – hier zoomt Geiger ein, zwei Jahre zurück – Oskar Meyer, den Vater einer jüdischen Familie, der von den Verfolgungen berichtet und mit seiner Frau und einem Kind ausgerechnet nach Budapest übersiedelt, um den Nazis zu entkommen: „Also die Frage wohin. Untermiete bekommen wir Juden in Wien nur schwer, ist kostspielig, zumal zu dritt mit Wally und dem Kind, ich weiß mir eigentlich keinen Rat, hoffe aber, dass mich der liebe Gott nicht verlassen wird./ Wally ist auch sehr bedrückt."

[...] Diese neuen Perspektiven irritieren zunächst, zumal sie sprachlich unterkomplexer, dafür noch eine Idee authentischer wirken – auch in ihren Redundanzen. Arno Geiger verbindet sie nach und nach jedoch alle harmonisch miteinander, es entsteht ein Beziehungsgeflecht, das sich so weit verästelt, dass Veit Kolbe am Ende Kurti gar begegnet (und Oskar Meyer zumindest von Weitem auf seinem Todesmarsch beobachtet). [...]

Häufig geraten die jeweiligen Erzählstimmen ins Stocken. Was von Geiger dadurch unterstrichen wird, dass er praktisch auf jeder Seite mit Schrägstrichen als Satzenden, quasi als Erzählbrecher arbeitet, ähnlich wie bei Gedichten. [...] Überdies fällt auf, wie gut Geiger die Ambivalenzen seiner Figuren herausarbeitet, wie gleichermaßen distanziert und empathisch er ist. Da bekommen selbst die Quartiersfrau, ihr Nazi-Mann oder Veits Onkel, der Dorfpolizist, noch menschliche Züge, ohne dass ihre ideologischen Verblendungen beschönigt würden. „Unter der Drachenwand" ist zudem ein Roman darüber, wie mitten im Krieg der kleine, vermeintlich unbedeutende Alltag, das Leben und das Lieben weitergehen, was angesichts der vielen Gräuel eine ganz eigene Grausamkeit besitzt. [...]

M2 Arno Geiger im Interview, 5.1.2018 (Auszug, Mitschrift)
Interview mündlich geführt für den Deutschlandfunk von Andrea Gerk

Gerk: Jetzt ist dieser Veit ja nicht der alleinige Erzähler des Romans, es gibt dann ... nach etwas mehr als 50 Seiten ist plötzlich eine andere Stimme da, und das ist gar nicht direkt sofort erkennbar, sondern danach wechseln plötzlich die Erzähler, es gibt Briefe, die da eingearbeitet sind. Hatten Sie die Erkenntnis, dass man so eine Zeit, die so kompliziert ist und so vielschichtig wie diese Figuren, die Sie da erzählen, das eben auch nur so multiperspektivisch erfassen kann?

Geiger: Ach, ich möchte immer ein dreidimensionales Bild von der Welt bekommen, und der Blick aus nur einem Fenster, den finde ich nicht so spannend wie den Blick aus sehr unterschiedlichen Fenstern. Und dann kommen so perspektivische Brechungen auch, manches relativiert das andere. Es gibt zu meiner Überraschung sehr wenige Gesellschaftsromane über die Zeit des Dritten Reiches. Meistens ist ein Aspekt herausgegriffen, ein kleiner, ab[er] so ein komplexes gesellschaftliches Bild jetzt hier im Hinterland, ganz durchschnittliche Menschen, wo jetzt nicht Schafe und Böcke streng geschieden sind, ist keine Täter-Opfer-Konstellation. Das hat mich interessiert. [...]

Gerk: Und die Hauptfigur, Veit, ist ja auch ein Schriftsteller, ein Erzähler, das hält ihn ja auch irgendwie am Leben oder stabilisiert ihn zumindest. Warum ist das so häufig so, dass das Erzählen oder das Formulieren etwas Heilsames hat?

Geiger: Weil es etwas Verlangsamendes hat. Also beim Schreiben denke ich über die Welt nach, über mich selber, wo stehe ich, was ist mir widerfahren. Der Krieg hat eine unglaublich mobile Gesellschaft erzeugt, also alle Familien waren auseinandergerissen, und damals war das auch eine ganz natürliche Form der Kommunikation, das Schreiben. Und es hat so was Momenthaftes. Ich wollte den Roman ja nicht retrospektiv erzählen, aus der Sicht von heute, sondern ich wollte in die Figuren hineingehen, so als Kosmonaut des Innenraums, [...] und wollte das formal irgendwie lösen und habe mich dazu entschieden, dieses unmittelbare Erzählen den Figuren zuzuspielen, dass sie das erzählen, im Moment, wie es ihnen geht, wie sie das erleben.

Beispiellösung: Teilaufgabe 1
Einleitung
Mit der den Roman „Unter der Drachenwand" überaus positiv einschätzenden Rezension „Mit den Augen der Toten" von Gerrit Bartels aus dem „Tagesspiegel" und einem Auszug aus einem Interview des Deutschlandfunks mit Autor Arno Geiger, beide aus dem Januar 2018, liegen zwei Sachtexte vor. Beide sollen auf ihre Kernaussagen hinsichtlich der Aspekte Erzählen, Figurenperspektiven und dargestellte Haltungen zu Krieg und Politik untersucht werden.

Kernaussagen der Rezension
Das von Arno Geiger gewählte Verfahren des Erzählens durch unterschiedliche Stimmen, das im Roman nach knapp hundert (laut Interview nach etwas über 50) Seiten einsetzt, beschreibt der Rezensent Bartels als „plötzlich" (Z. 91) und „überraschend" (Z. 82). Dies sei „ein leichter Bruch" (Z. 83), wobei der Literaturkritiker vermutet, Geiger wolle damit „sein 44er-Hinter-der-Front-Tableau umfassender [...] gestalten" (Z. 84 f.). Besonders herausgestellt wird, dass „diese neuen Perspektiven" zunächst „irritieren" (Z. XY), die weiteren Erzählerstimmen „sprachlich unterkomplexer, dafür noch eine Idee authentischer wirken" (Z. 112 f.) würden, der Autor sie aber „harmonisch", zu einem „Beziehungsgeflecht" (Z. 116 f.) verbinde.

Der Rezensent fährt fort, dass „die jeweiligen Erzählstimmen ins Stocken" (Z. 122 f.) gerieten, unterstrichen „mit Schrägstrichen als Satzenden, quasi als Erzählbrecher" und damit „ähnlich wie bei Gedichten" (Z. 125 f.). Das gilt auch für den Hauptzerzähler Veit Kolbe. Bartels erwähnt nicht nur dessen an den Mondsee zur Rekonvaleszenz führende Kriegsbiografie, sondern v. a. seine Selbstaussagen über die „Verzerrung des eigenen Wesens" (Z. 19) oder über das notwendige Betrachten eines „politischen Systems mit den Augen der Toten" (Z. 80 f.). Das hohe Lob von Bartels für den Autor Geiger bezieht sich ausdrücklich darauf, wie jener „einen Ton für seine Figuren findet" (Z. 67 f.), für deren „Sehnsucht nach Normalität"

(Z. 65 f.), was auch in der nur scheinbaren Mondsee-Idylle durch „Denunziationen, Verhaftungen, später zwei Tote" (Z. 60 f.) als in Kriegszeiten unmöglich erkennbar ist.
Geiger arbeite „gut [...] die Ambivalenzen seiner Figuren heraus" (Z. 128 f.), „gleichermaßen distanziert und empathisch" (Z. 129 f.). Der Rezensent bezieht dies auch auf jene Figuren, deren Haltung gegenüber dem Krieg und dem NS-Regime von „ideologischen Verblendungen" (Z. 134) geprägt seien, wie z. B. bei der Quartiersfrau, deren Nazi-Ehemann und dem Dorfpolizisten, Veits Onkel. Es gehe dem Autor um die „Psychogeografien" (Z. 26 f.) normaler Menschen in dieser Phase kurz vor dem Ende des Zweiten Weltkriegs. Der „kleine, vermeintlich unbedeutende Alltag" gehe so „mitten im Krieg" (Z. 136 f.) weiter und der Roman zeige „angesichts der vielen Gräuel" (Z. 139), dass dieser Alltag „eine ganz eigene Grausamkeit" (Z. 140) besitze.

Kernaussagen im Interviewauszug

Die Interview-Aussagen von Arno Geiger korrespondieren in vielerlei Hinsicht mit jenen der Rezension. Geiger betont, in seinem Roman „ganz durchschnittliche Menschen" (Z. 25 f.) ohne klassische „Täter-Opfer-Konstellation" (Z. 27 f.) in ein „dreidimensionale[s] Bild von der Welt" (Z. 13 f.) einfügen zu wollen. Mit dem bildlichen Ausdruck, er wolle „nicht Schafe und Böcke streng geschieden" (Z. 26 f.) in seiner Hinterland-Welt vorstellen und den Blick ausdrücklich nicht „nur aus einem Fenster" werfen (Z. 15), wird sein Anspruch auf einen Gesellschaftsroman mit umfassenderer Komplexität deutlich. Seine Beobachtung lautet, der Krieg habe „eine unglaublich mobile Gesellschaft erzeugt" (Z. 40 f.), in der „alle Familien [...] auseinandergerissen" (Z. 41 f.) wurden. Dies gebe dem seinerzeit üblichen Schreiben „etwas Momenthaftes" (Z. 44 f.) – für Geiger Grund, das „Wie" des Erlebens aus der Sicht der Figuren darzubieten.
Der Autor stellt dieses Erzählen als eines „aus dem Blick der Figur" (Z. 15) vor, explizit auf den Protagonisten Veit Kolbe bezogen. Dabei beschreibt er für sich selbst – wohl im Kontext auch seine Hauptfigur gemünzt – Schreiben bzw. „das Erzählen und Formulieren" (Z. 34 f.) als „etwas Verlangsamendes" (Z. 36), auch als im Zweiten Weltkrieg „ganz natürliche Form der Kommunikation" (Z. 43). Er wolle im Roman „nicht retrospektiv erzählen" (Z. 45 f.), also aus einer heutigen, damit wohl eher auktorialen Erzählperspektive, sondern als „Kosmonaut des Innenraums" (Z. 51 f.), der das „unmittelbare Erzählen den Figuren zuspiele" (Z. 51 f.).

Beispiellösung: Teilaufgabe 2

Für verschiedene Figuren des Romans „Unter der Drachenwand" wird nun die These des Autors, Veit Kolbe sei ein gemischter Charakter, Figuren des Romans befänden „sich im Übergang", im „Zwielicht", überprüft, wobei der Beitrag des Erzählens im Roman für die Wirkung dieser Autorenabsicht einzubeziehen ist.

Die Erzählform des Romans lädt zur Identifikation mit den Figuren ein. Das gilt zentral für Veit Kolbe, den körperlich wie v. a. psychisch versehrten Erzähler von 70 Prozent der Romanseiten. Das unmittelbare, vom Geschehen am Mondsee und den ihn belastenden jahrelangen Kriegserfahrungen geprägte Erzählen dieses jungen Mannes, seine sich zart entwickelnde Beziehung zu Margot, sein Eintreten für den regimekritischen „Brasilianer" bis hin zum Erschießen des Onkels und Dorfpolizisten, was Veit Gewissensbisse bereitet, aber in der Logik des Geschehens für den Leser einleuchtet, nehmen für ihn ein, wenngleich sein Mitläufertum im Nationalsozialismus gemischte Gefühle aufkommen lassen kann.

Oscar Meyer hingegen ist erkennbar Opfer der NS-Vernichtungspolitik und rührend besorgter Familienvater. Seine Tragik vermeintlich oder tatsächlich verpasster Chancen, dem Holocaust zu entgehen, nimmt unmittelbar für ihn ein. Er verkörpert Leiden und. Dilemmasituation jüdischer Bürger in Österreich – „gemischt" ist allenfalls seine Zögerlichkeit, weiterreichende, vielleicht rettende Entscheidungen zu treffen. Dieser zunehmend verzweifelte Mensch wirkt auf den Leser beklemmend. Es liegt näher, ihn als Sympathieträger zu empfinden, als ihn als einen „gemischten Charakter" zu sehen.

Kurti Ritlers naive Briefe oder die mahnend-fürsorglichen, manchmal geschwätzigen Briefe von Margots Mutter aus dem zunehmend durch Bombenangriffe zerstörten Darmstadt zeigen alltägliche, oft gänzlich unreflektierte Stimmen. Gerade die Schilderungen von Margots Mutter zwischen grässlicher Verheerung und Überlebenskampf, gespickt mit Banalitäten, zeigen jene Erzählhaltung, mit der der Autor Geiger sich als „Kosmonaut des Innenraums" beschreibt. Dieses Erzählen unterstreicht die permanente Bedrohungssituation dieser ganz durchschnittlichen Vertreter einer Gesellschaft, in der eine Zuordnung zum Heldenhaften oder Verbrecherischen wenig sinnvoll erscheint, was das von Geiger beschriebene Sich-im-Übergang oder auch Im-Zwielicht-Befinden auch meinen könnte.

Von den wechselnden Ich-Erzählerstimmen sind die reflexiven Aussagen zu Krieg und NS-Machtgehabe vorwiegend Veit Kolbe zugeordnet, dem Haupterzähler. Das nachdenkliche, die Situation am Mondsee und seine Mitmenschen wie sich selbst aufmerksam begleitende Tagebuchschreiben wird durch die Schrägstriche, die eher der Poesie entstammen, wie Rezensent Bartels schreibt, noch deutlicher und bewirkt eine Unterbrechung, ein Innehalten inmitten des ungeheuerlichen Kriegsgeschehens.

Aus Veits Aufzeichnungen erfährt der Leser auch von der Annäherung Margots und Veits sowie vom immer wieder mit den Vertretern der NS-Macht aneckenden „Brasilianer" Robert Raimund Perttes. Perttes' schroffer Sarkasmus und seine tief empfundene Gegnerschaft zum NS-Regime und dessen Rassismus lassen ihn zumindest interessant und auch sympathisch wirken. Mit erkennbar nicht nur boshaften Charakterzügen etwa bei Veit Kolbes Onkel Johann sind die Figurendarstellungen zwar nicht in ein schlichtes Täter-Opfer-Schema einzufügen, als sonderlich „gemischte Charaktere" sind aber etwa Quartierfrau Trude Dohm und ihr Mann, der NS-Funktionär, kaum zu erkennen.

Zusammenfassung

Lessing wollte mit gemischten Charakteren im Bürgerlichen Trauerspiel das Mitgefühl des Zuschauers wecken. Diesem Anspruch wird ca. 350 Jahre nach dem Klassiker der Aufklärung auch Arno Geiger mit seinen vier Erzählstimmen in beeindruckender Weise gerecht. Sympathieträger sind Veit Kolbe, Oscar Meyer und weitere Figuren im besten Sinne, im Sinne einer Normalität, die Erleben und Leiden 1944 für Leserinnen und Leser heute plastisch macht.

Fokus: Arno Geiger, Unter der Drachenwand
Leistungskurs, Aufgabenart IV

Materialgestütztes Verfassen eines Textes mit fachspezifischem Bezug

Aufgabenstellung

1 An Ihrer Schule wird eine Projektwoche zum Themenfeld „Literatur und Leben" durchgeführt. Dabei werden Beiträge für einen Abschlussabend vor Eltern und Mitschülerinnen bzw. -schülern entwickelt. Ein Vortrag stellt das Thema vor: „Veit Kolbe und seine Posttraumatische Belastungsstörung (PTBS) – wie wirken Thema und literarische Darstellung auf heutige Leser?"

Verfassen Sie das Manuskript für diesen Vortrag auf der Grundlage der Materialen 1 bis 7 und Ihrer Kenntnisse aus dem Unterricht, indem Sie
a) einführend den Bezug Ihres Vortrags zum Rahmenthema „Literatur und Leben" herstellen,
b) das Krankheitsbild PTBS in seiner Bedeutung (früher und heute) erläutern und dabei die Beschreibung der Figur Veit Kolbe als beispielhaft für die Krankheitssymptomatik einbeziehen sowie den Umgang mit dieser Erkrankung (z. B. Medikation, Behandlung) im und seit dem Zweiten Weltkrieg vorstellen, und
c) mögliche Wirkungen der Lektüre „Unter der Drachenwand" auf gegenwärtige Leser/-innen für deren Verständnis von PTBS oder anderen Kriegserfahrungen darstellen und dabei Ihre eigene Leseerfahrung mit der Lektüre des Romans „Unter der Drachenwand" bezüglich der Darstellung der Endphase des Zweiten Weltkriegs und der dort präsentierten individuellen Kriegsschicksale mit Blick auf das Rahmenthema „Literatur und Leben" einbringen.

Hinweis: Der Text sollte mindestens drei gedruckte DIN-A4-Seiten, also etwa sieben bis acht Spalten auf Klausurbögen, umfassen. Die Informationen aus den Materialien und aus dem Unterricht sind funktional in den Manuskripttext zu integrieren.

TIPP Die Aufgabenstellung verstehen

1 Verfassen Sie das Manuskript für diesen Vortrag: Hier wird ein ausgearbeiteter Text erwartet. Berücksichtigen Sie, dass ein Vortrag in der rhetorischen Ausführung einer Rede ähnelt, damit er die Zuhörenden erreicht.
Erläutern erfordert es, Kenntnisse und Einsichten zum Gegenstand, hier zum Krankheitsbild PTBS, differenziert darzustellen und durch Beispiele zu veranschaulichen. Dabei Beschreibung ... einbeziehen: Es ist eine Bezugnahme auf die Romanfigur gefordert. Dabei Umgang mit ... vorstellen: Knappe Informationen über medizinische Maßnahmen.

Mögliche Wirkungen ... darstellen: Das Entwerfen eines Rezeptionsspektrums reicht in den AFB III hinein, d. h. hier, eigenständig Hypothesen zu Leseerfahrungen zu entwickeln, die die Darstellung von PTBS und Krieg im Roman auslösen könnte. Die Frage nach der eigenen Leseerfahrung erfordert eine Stellungnahme, ob und inwiefern Sie Lektüre als (Lebens-)Erfahrung betrachten.

Zum Hinweis: Die Materialien bieten mehr Informationen, als Sie für den Vortrag benötigen. Die Auswahl geeigneter Informationen ist mit Blick auf das Vortragsthema und die im Schreibauftrag konkret genannten Aspekte zu leisten.

Materialgrundlage

M1 Michael Seehoff: Spannender Vortrag über die Generation 1939. Ort der Veranstaltung: Stuttgarter Schriftstellerhaus e. V., am 24.09.2019

M2 Breaking Bad meets Deutsches Reich. Die Droge, mit der Hitlers Soldaten in den Krieg zogen. Mitteldeutscher Rundfunk, Leipzig, Beitrag v. 04.04.2016

M3 Stefan Kister: Bewusstseinsdämmerung am Mondsee. Stuttgarter Zeitung vom 12.1.2018. In: Stuttgarter Zeitung, 12.01.2018

M4 PTBS. In: https://www.uni-bielefeld.de/psychologie/abteilung/arbeitseinheiten/07/PTBS/ (Aufruf 20.10.2020)

M5 Grafik nach: M. A. Landolt: Psychotraumatologie des Kindesalters. Grundlagen, Diagnostik und Interventionen. Hogrefe Verlag, Göttingen 2012 (ISBN 9783840924507)

M6 Karin Salvalaggio: Mitgefühl durch Kunst: Krieg und posttraumatische Belastungsstörung in Literatur und Film. In: https://www.resonanzboden.com/echtzeit/mitgefuehl-durch-kunst-krieg-und-posttraumatische-belastungsstoerung-in-literatur-und-film-karin-salvalaggio/ (Aufruf 20.10.2020) Ullstein Buchverlage GmbH, Berlin, Beitrag v. 09.09.2015

M7 Arno Geiger: Unter der Drachenwand. München 32019. S. 139 („Mit den Händen ... dann mich streckend.")

M1 Vortrag über die „Generation 1939" im Hospitalhof — Michael Seehoff

In seinem Vortrag unter dem Titel „Traumatisierte Kameraden? Möglichkeiten und Grenzen der Kriegsverarbeitung in der „Generation 1939" [sprach] Dr. Carsten Kretschmann, wissenschaftlicher Mitarbeiter am Historischen Institut der Universität Stuttgart, [über] Soldaten im Zweiten Weltkrieg, [...] überwiegend junge Männer im Alter von 18–25 Jahren, also aus den Jahrgängen 1914–1921. Von einer Generation spricht man, wenn eine etwa gleichaltrige Gruppe gemeinsame Erfahrungen und Lebensumstände teilt. Die Erlebnisse sind die zentralen Elemente zur Bildung einer „Generation". Für die Generation 1939 waren es die Kriegserlebnisse: sechs Jahre Tod und Vernichtung, die sie nachhaltig geprägt hatten. Und das nicht nur auf der mentalen Ebene. Die körperlichen Erfahrungen wie gravierende Verletzungen, Wunden, Narben wurden in dieser Generation geteilt. Entscheidend: Die Gruppe konnte sich nicht über ihre Erlebnisse mit Außenstehenden verbinden. Wie hätte man jemandem, der nicht dabei gewesen ist, das Sterben von vielen Rotarmisten auf der gegnerischen Seite oder deren Gefangennahme vermitteln können? – Durch eine Rhetorik der „Viktorisierung".

Vom Held zum Opfer
Kretschmann machte deutlich, dass während der erfolgreichen Kriegshandlungen zu Anfang des Krieges noch der Soldat als Held im Fokus stand. Nach dem Zusammenbruch wurde schnell eine Opferrolle konstruiert. Die Menschen flüchteten sich in eine falsche Realität. Nach der Gewalteskalation verfielen viele in Schockstarre.

[Dr. Carsten Kretschmann] wies anhand der Textstellen nach, wie genau Arno Geiger [im „Drachenwand"-Roman] die Körperlichkeit und die Verletzungen beschrieben hat, die sich der Generation 1939 eingegraben hatten. Der Name des Soldaten „Veit" ist die deutsche Version von Vitus, was so viel wie „der Lebendige" bedeutet. Und doch wurden Veit im Krieg der Körper und auch seine Sinneswahrnehmungen beschädigt. Arno Geiger geht noch weiter, er personalisiert den Krieg sogar, wenn er schreibt: „So hatte der Krieg mich auch diesmal zur Seite geschleudert". Und auch der verletzte Körper wird aktiv mit Naturmetaphern beschrieben: „Unter meinem Schlüsselbein lief das Blut in leuchtenden Bächen heraus, ..."

Posttraumatische Belastungsstörung
Aus dem Krieg kamen seelisch und körperlich verletzte Menschen. Heute beschreib[en] die Medizin und Psychologie das als posttraumatische Belastungen. Dieser Begriff tauchte erstmals im Vietnamkrieg auf. Ab 1980 ist der Begriff in der US-Armee als Krankheitsbild anerkannt.

Ganz anders nach dem Zweiten Weltkrieg. Dr. Carsten Kretschmann hat hunderte von Akten aus den Krankenanstalten studiert (z. B. die aus Bethel). Minutiös werden von den Ärzten und Psychologen die Symptome der eingelieferten Soldaten beschrieben: Zittern, unkontrollierte Gefühlsausbrüche und v. a. m. Doch nicht, um diesen Menschen zu helfen oder sie gar zu heilen. Die Ärzte waren angehalten herauszufinden, ob die psychisch Versehrten Rentenansprüche geltend machen konnten, ob es sich um eine kriegsbedingte Traumatisierung handelt oder diese vererbt ist (nicht rentenanspruchsberechtigt). [...] Im Krieg konnten sich die Soldaten noch mit der von der Wehrmacht vielfach eingesetzten Droge Pervitin gegen die Schrecken und die Belastungen betäuben. Die Wehrmacht, so ist bekannt, gab insgesamt 35 Millionen Dosen Pervitin aus, entfernt vergleichbar mit dem heutigen Crystal Meth. Diese Droge hatte auch geholfen, das unfassbar Erlebte zu betäuben. Auch Veit Kolbe ist von dieser Droge abhängig.

Wer auf „Kraftquellen" zurückgreifen konnte, der hatte Chancen, einigermaßen aus dieser Verstörung heraus zu kommen. Solche Kraftquellen konnten die Familie, der Glaube oder aber, wie bei Veit Kolbe, die Liebe sein.

M2 Breaking Bad meets Deutsches Reich. Die Droge, mit der Hitlers Soldaten in den Krieg zogen

Ein Rauschmittel, das dem körpereigenen Adrenalin ähnelt: Man ist nicht müde, sondern munter, statt hungrig fühlt man sich satt, statt gestresst – euphorisch und selbstsicher. Das klingt ein bisschen nach Crystal Meth, der chemischen Droge von heute. Doch ihre große „Premiere" hatte sie bereits im Zweiten Weltkrieg, als Hitlers Soldaten in Polen einmarschierten.

[...] Patentiert wurde die Herstellung von Metamphetamin im Oktober 1937. Ein Jahr später brachte die Firma Temmler das Mittel dann unter dem Namen „Pervitin" auf den Markt, das sich schnell als Kassenschlager entpuppte – und zwar in verschiedensten Lebensbereichen. Historiker Gorch Pieken erklärt die Wirkung:

Die Wirkung dieses Amphetamins war, dass das Müdigkeitsgefühl unterdrückt war, das Hungergefühl unterdrückt war, dass man euphorisiert, optimistisch war – ein Präparat für die gestressten Manager der damaligen Zeit. Es gab Pralinen, die mit Pervitin versetzt worden sind für die gestressten Hausfrauen, die damit ihren Alltag ein wenig aufhellen konnten. Das war ein Präparat, das für den zivilen Markt entwickelt worden ist.

Vom Mittel gegen Alltagstress zur Pille an der Front

[...] Das „Wachhaltemittel, um die Schlaflosigkeit zu erhalten", wie es auf der Packung hieß, war eine ideale Kriegsdroge. Als die Wehrmacht Mitte 1940 in nur wenigen Wochen Frankreich eroberte, fand sich Pervitin in jedem Tornister – die scheinbar nimmermüden Soldaten konnten durch die Droge Tag und Nacht marschieren, ohne dass sie ihren Optimismus verloren oder Hunger verspürten. Auch im Luftkrieg der Deutschen gegen England wurde die „Wunderpille" eingesetzt. [...] Die Aufputschpille, auch „Panzerschokolade" genannt, barg natürlich Risiken. Der chemische „Muntermacher" machte abhängig und die Nebenwirkungen waren verheerend: Schwindelanfälle, Schweißausbrüche, Wahnvorstellungen und Depressionen. Manche Soldaten erschossen sich in ihren Wahnvorstellungen selbst, andere starben an Herzversagen. [...]

Und nach 1945?

Auch nach dem Ende des Dritten Reichs findet sich Pervitin noch jahrzehntelang in den Armeebeständen – in Ost wie West. Die Temmler-Werke belieferten die Bundeswehr bis in die 1970er-Jahre und die NVA sogar bis 1988 mit den „Muntermach-Pillen". Leistungssportler verwendeten es als Dopingmittel. [...]

M3 Bewusstseinsdämmerung am Mondsee *Stefan Kister*

Arno Geiger [eröffnet] das Literaturjahr mit einem Roman, der die Kunst, aus Faktizität und Fiktion historische Wahrheit zu gewinnen, auf die Spitze treibt. „Unter der Drachenwand" versetzt in das letzte Kriegsjahr 1944, in dem der in der Ukraine von einem Granatsplitter verletzte Soldat Veit Kolbe zur Genesung einen mehrmonatigen Erholungsurlaub am Mondsee im Salzkammergut bewilligt bekommt. In fünf Jahren an der Front hat er Entsetzliches erlebt und an Entsetzlichem mitgewirkt und dabei seine nie sonderlich ausgeprägte Begeisterung für die „große Zeit", von der seine Umgebung trotz der sich immer deutlicher abzeichnenden

Niederlage immer noch schwadroniert, gründlich verloren.

Visionär des Dokumentarischen
Der Krieg hat ihn aus der Bahn geworfen. Er hat gesehen, was niemand sehen will. Wenn ein Dorf im Weg gestanden sei, hätten sie es einfach weggewischt mit Jung und Alt, vertraut er einer jungen evakuierten Mutter an, die mit ihm das Quartier, später auch das Bett teilt. Heute würde man ihm eine posttraumatische Belastungsstörung attestieren, deren Panikattacken er mit der nationalsozialistischen Kriegspartydroge Pervitin bekämpft – und mit der akribischen Aufzeichnung all dessen, was ihm widerfährt.

M4 Posttraumatische Belastungsstörung (PTBS)
Universität Bielefeld, Abteilung Psychologie

Was ist eine PTBS?
Die PTBS ist eine Untergruppe der Trauma- und belastungsbezogenen Störungen. Als solche liegt der Störung ein traumatisches Ereignis zugrunde. Als traumatisches Ereignis wird die Konfrontation mit dem tatsächlichen oder drohenden Tod, ernsthafter Verletzung oder sexueller Gewalt bezeichnet. [...]
Wie wird eine PTBS diagnostiziert?
[...] Die betroffene Person muss einem traumatischen Ereignis ausgesetzt gewesen sein. Dabei ist es nicht notwendig, dass die betroffene Person direkt dem Ereignis ausgesetzt war. Auch wenn die Ereignisse persönlich miterlebt werden (z.B. neben einer Explosion stehen, bei der Menschen getötet werden), einem Familienmitglied bzw. engen Freund zugestoßen sind (z.B. Anruf, bei dem der Unfalltod der Eltern mitgeteilt wird) oder eine wiederholte oder extreme Konfrontation mit Details von traumatischen Ereignissen darstellen (z.B. Ersthelfer, die menschliche Leichenteile aufsammeln), kann in Folge eine PTBS auftreten. [...] Es müssen Symptome des Wiedererlebens auftreten, die sich auf das traumatische Ereignis beziehen. Dabei kann es sich um belastende Erinnerungen (Intrusionen), Träume, dissoziative Reaktionen (z.B. Flashbacks) sowie psychische und körperliche Belastung bei Konfrontation mit Hinweisreizen handeln. [...] Das Erregungsniveau ändert sich deutlich, z.B. in Form von Wutausbrüchen ohne Anlass, übermäßiger Wachsamkeit (Hypervigilanz) oder Schlafstörungen.
Wie häufig kommt PTBS vor?
Nicht jeder, der ein traumatisches Ereignis erlebt, entwickelt eine PTBS. [...] Die Wahrscheinlichkeit, einmal im Leben an einer PTBS zu erkranken (= Lebenszeitprävalenz) [beträgt] in den USA etwa 9 %. In Europa und den meisten asiatischen, afrikanischen und lateinamerikanischen Ländern liegt die Lebenszeitprävalenz für PTBS zwischen 0,5 % und 1 %. Eine Studie zur Prävalenz von PTBS bei Jugendlichen in Deutschland ergab, dass etwa 1,3 % der Jugendlichen (14–24 Jahre) eine PTBS erleben. Demzufolge bestehen auch kulturelle Unterschiede bei der Entwicklung von PTBS.
Gibt es bestimmte Personen, die eher eine PTBS entwickeln als andere?
Besonders gefährdet sind bestimmte Berufsgruppen, die regelmäßig traumatischen Ereignissen ausgesetzt sind (z.B. Soldaten). Ebenso sind Überlebende von Vergewaltigungen, Militäreinsätzen, Gefangenschaft und Genozid häufiger betroffen. [...]
Wie wird eine PTBS behandelt?
In der Akutphase wird eine genaue Beobachtung empfohlen, ergänzt durch soziale Unterstützung, Aufklärung und Psychohygiene. [...]

M5 Klassifikation traumatischer Ereignisse (PTBS) nach M. A. Landolt

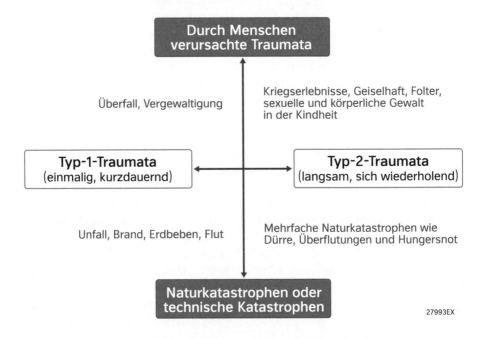

M6 Mitgefühl durch Kunst: Krieg und posttraumatische Belastungsstörung in Literatur und Film Karin Salvalaggio

Wenn der Krieg nach Hause kommt – die Autorin Karin Salvalaggio schreibt über die seelischen Narben, die der Krieg bei den Soldaten hinterlässt, und was dabei helfen kann, das Unbegreifliche zu verstehen.

Das Erleben von außergewöhnlichen Momenten aus der Sicht fiktionaler Charaktere trägt zweifelsohne dazu bei, unser Verständnis für die Welt auszuweiten. Manchmal ist ein guter Roman sehr viel besser darin, uns die Augen und die Herzen für konkrete Probleme zu öffnen, als jede Berichterstattung. [...] Pat Barkers ebenso brillanter wie unglaublich gut recherchierter Roman „Niemandsland" macht uns mit den Schrecken des Stellungskriegs und den dauerhaften psychologischen Schäden vertraut, die britische Soldaten nach dem Ersten Weltkrieg erlitten.

Barkers Roman setzt sich auf fiktionale Weise, aber unter Verwendung von Originalquellen, mit dem Klinikaufenthalt des Dichters Siegfried Sassoon auseinander. Dieser hatte in „The Times" einen leidenschaftlichen Appell gegen den Krieg veröffentlicht und war daraufhin wegen „Granatenschocks" eingewiesen worden.

Der Psychologe W. H. R. Rivers, ein Pionierforscher in Sachen posttraumatischer Belastungsstörungen vor und nach dem Ersten Weltkrieg, übernimmt Sassoons Behandlung. Seine Patienten am Craiglockhart War Hospital leiden an einer Vielzahl von Krankheiten. Ein Militärchirurg erträgt den Anblick von Blut nicht. Ein anderer Patient ekelt sich vor Nahrungsmitteln, seitdem er nach einer Explosion mit dem Kopf im Magen einer verwesenden Leiche gelandet ist. [...] Rivers selbst steckt unterdessen in einem moralischen Dilemma. Wenn er seine Patienten erfolgreich heilt, kehren sie in ihre schreckensreichen Schützengräben zurück, wo die Lebenserwartung eines Soldaten bei weniger als sechs Wochen liegt. [...]

Obwohl unter dem posttraumatischen Belastungssyndrom heute auch Krankheitsbilder zusammengefasst werden, die sich bereits im Laufe der Geschichte an Soldaten gezeigt haben – darunter der sogenannte „Granatenschock", das „Soldatenherz" oder die „Kampfesmüdigkeit" –, wurde die Krankheit erst im Laufe der 1980er Jahre in das Diagnostic and Statistical Manual of Mental Disorders aufgenommen. [...] Schätzungen zufolge leiden ungefähr 830.000 Vietnam-Veteranen und 20 Prozent der Irak- und Afghanistan-Veteranen an posttraumatischen Belastungsstörungen und/oder Depressionen. [...]

Die Statistiken sind allesamt alarmierend, und doch ist es überraschend einfach, sich ihrer Aussagekraft zu entziehen. Wir bekommen die Personen und Familien nicht zu Gesicht, deren Leben in Stücke gerissen wurden. Was wir zu sehen bekommen, sind nackte Zahlen. [Autoren wie Filmemacher] machen die Kriegsrückkehrer so lebendig, dass wir ihren Geschichten folgen und uns für ihre Zukunft engagieren. Es kann schon sein, dass uns solche Erfahrungen anschließend schwer auf dem Herzen liegen. Aber das ist nur der geringe Preis, den wir für unser Mitgefühl zahlen. In einer Welt, die von Wortfetzen, Polit-PR und Rücksichtslosigkeit dominiert wird, ist das eine lebenswichtige zwischenmenschliche Regung, die uns als zivilisierte Gesellschaft ausmacht.

M7 Aus: Unter der Drachenwand (S. 139) *Arno Geiger*

Mit den Händen bis zum Grund in den Taschen stand ich am Ufer des Sees. Der Gedanke an die pulverisierten Jahre hing mir mit irritierender Hartnäckigkeit nach. Auf einmal, ich weiß nicht, ob es an einem Geräusch in der Luft lag oder an meiner Stimmung, hatte ich wieder einen Anfall. Wie eine Sturzwelle kamen die Bilder und spülten mich in den kalten Schacht namens Krieg, geballt empfand ich alle Erniedrigungen des Sterbens, überzeugt, diesmal erwischt es mich, jetzt hat mich mein Glück endgültig verlassen, gleich geht das Licht aus. Der verloren aufragende Kamin in Schitomir kippte wieder langsam nach vorn und fiel genau auf mich zu, Granaten pfiffen, ich war verdrahtet mit der Tödlichkeit des Moments, es schnürte mir die Luft ab, und deutlich sah ich die in die Grube geschossenen Leiber. Es waren ungemein kraftvolle Bilder, während ich selbst in die Knie ging, in den Schnee, minutenlang. Die Anflutung war extrem, schlimmer als je zuvor, ich schnappte nach Luft, einmal vornübergebeugt, dann mich streckend.

Beispiellösung:

Hinweis: Da der Text für einen Vortrag verfasst ist, sind Zitate aus Texten nicht durch Zeilenangaben belegt. Man würde diese in einem mündlichen Vortrag nicht nennen.

Liebe Mitschülerinnen, liebe Mitschüler, liebe Eltern, Lehrerinnen und Lehrer,

ob wir aus Literatur lernen können? Ob uns eine so vermittelte Erfahrung, die nicht unsere Erfahrung ist, doch etwas bedeuten kann, und zwar für unser Leben? Diese Fragen stelle ich heute, denn unser Projektwochenthema heißt: Literatur und Leben. Ich verknüpfe den bemerkenswerten Roman „Unter der Drachenwand" von Arno Geiger, unsere Pflichtlektüre im Leistungskurs Deutsch, mit dem medizinischen Sachthema der Posttraumatischen Belastungsstörung (PTBS), der Erkrankung, die die Hauptfigur des Romans Veit Kolbe, ersichtlich zeichnet.

Den Roman von Arno Geiger wirkt außerordentlich authentisch, die Verarbeitung von Dokumentarmaterial ist erkennbar. Kein Übertreiben, keine falsche Idylle bestimmt das Geschehen – obwohl auch eine optimistisch-beglückende Liebesgeschichte vorkommt. Veit Kolbe ist häufig erschöpft, kann sich in der ersten Zeit am Mondsee im österreichischen Salzkammergut kaum konzentrieren, leidet unter Schlaflosigkeit und peinigenden, traumatischen Erinnerungen an Kriegserlebnisse. Gründlich beschreibt er, was er erlebt und durchleidet. Illusionen vom Endsieg haben sich für ihn verflüchtigt. Sein Erleben des NS-Vernichtungskriegs führt zu Panikattacken. „Wie eine Sturzwelle kamen die Bilder und spülten mich in den kalten Schacht namens Krieg [...] ich war verdrahtet mit der Tödlichkeit des Moments; es schnürte mir die Luft ab". So beschreibt Geigers Figur diese Attacken, hier auf Seite 139 der Roman-Taschenbuchausgabe. Es sind sogenannte Flashbacks, ein Phänomen der PTBS. Die „Konfrontation mit Hinweisreizen" (so die Abteilung Psychologie der Universität Bielefeld) kann solche Panikattacken auslösen. Veit Kolbe meint in dieser Romanpassage, ein Geräusch habe den Anfall bewirkt, er erinnert sich an eine Kriegsszene, bei der viele Menschen im russischen Schitomir erschossen wurden.

Aber was genau ist PTBS? Kurz gefasst versteht man darunter eine psychische Erkrankung, bei der eine auslösende Situation, ein traumatisches Ereignis wieder durchlebt wird. Belastende Erinnerungen, Träume, Flashbacks sind Kennzeichen dafür. Bestimmte Auslöser von Traumata führen zu hoher Erregung, etwa zu Wutausbrüchen ohne Anlass, zu übermäßiger Wachsamkeit oder zu Schlafstörungen, wie dies die Abteilung Psychologie der Universität Bielefeld beschreibt. Veit Kolbes Kriegserleben seit 1939 führt zu einer Einordnung nach Landolt als Typ 2, als längerfristige PTBS. Erst seit den 1980er Jahren, mit den zahlreichen Rückkehrern der US-Army aus Vietnam, ist die PTBS als Erkrankung anerkannt. Einzeldiagnosen wie der sogenannte Granatenschock sind heute im PTBS-Krankheitsbild integriert, wie es die Autorin Karin Salvalaggio darstellt.
Der Historiker Carsten Kretschmann verweist in einem Vortrag über Soldaten der „Generation 1939" darauf, dass nach dem Zweiten Weltkrieg die Symptome der eingelieferten erkrankten Soldaten zwar eingehend von Ärzten und Psychologen beschrieben wurden, z. B. das Zittern oder unkontrollierte Gefühlsausbrüche. Es ging ihnen aber um die Abklärung möglicher Rentenansprüche bzw. deren Vermeidung statt um Hilfe und Heilung. Veit Kolbe und seine Generationsgenossen wurden mit der vielfach eingesetzten Droge Pervitin wachgehalten und in eine Art Euphorie versetzt. Laut Kretschmann, der in einer Veröffentlichung des Stuttgarter Schriftstellerhauses zitiert wird, gab die Wehrmacht

insgesamt 35 Millionen Dosen Pervitin aus, dessen Wirkung mit dem heutigen Crystal Meth vergleichbar ist.

Veit Kolbe ist von Pervitin abhängig; ihm gelingt häufig nur mit der Droge eine scheinbare Stressbewältigung mit der Folge von Abhängigkeit und weiteren Angstzuständen. Da Pervitin eine Art Wundermittel auch zur Stressbewältigung vor dem Zweiten Weltkrieg galt, über deren Nebenwirkungen und Suchtproblematik keine Aufklärung stattfand, konnte ein Soldat in der Lage Veit Kolbes das gesundheits-, ja lebensbedrohende Potential der Droge kaum erkennen.

Kann man aus Büchern für das Leben lernen? Das ist eine Fragestellung unseres Projekts. Lassen Sie uns ein Beispiel anschauen: Das Schicksal des Protagonisten Veit Kolbe im Roman „Drachenwand" hat z. B. den Historiker Carsten Kretschmann aus Stuttgart so inspiriert, dass er am Text entlang Thesen zur „Generation 1939" entwickelt hat. Historisch interessierte Leser dürfte der Roman unmittelbar erreichen. Gerade „die Kunst, aus Faktizität und Fiktion historische Wahrheit zu gewinnen", wie es der Romanrezensent Stefan Kister beschreibt, kann diesen Leserkreis nicht nur ansprechen, sondern sogar begeistern.

Aber mit dieser Generation 1939 sind wir – Stand heute – nicht zu vergleichen. Daher ist keine unmittelbare Verknüpfung der Leseerfahrung mit eigenen Lebensthemen anzunehmen. Anders wird dies vielleicht bei Menschen sein, die als Migranten etwa aus einem Bürgerkriegsland gekommen sind und in der Romanfigur Identifikationspotential entdecken, womöglich stark berührt werden. Dennoch geben die intensiven, auch längeren Beschreibungen aus der Sicht des vom Krieg gezeichneten Veit Kolbe einen Einblick in menschliches Leid. Die Autorin Karin Salvalaggio skizziert die Wirkungsmacht von Kunst (Film, Literatur) so: „Wir bekommen die Personen und Familien nicht zu Gesicht, deren Leben in Stücke gerissen wurden." Aber: „[Autoren wie Filmemacher] machen die Kriegsrückkehrer so lebendig, dass wir ihren Geschichten folgen und uns für ihre Zukunft engagieren." Wo konkretes Handeln aus einer filmisch-literarischen Erfahrung abgeleitet wird, treten „Literatur und Leben" tatsächlich in einen unmittelbaren Zusammenhang.

Wenn die Autorin Karin Salvalaggio sowohl literarische als auch filmische Beispiele dafür anführt, dass sich Empathie für Traumatisierte, für Soldaten und andere Kriegsopfer mit Hilfe der Fiktion weit eher einstellt als mit Statistiken oder nüchternen Fakten, dann stimme ich ihr zu. Sich in andere, deren Empfindungen und Leiden hineinzuversetzen, gehört zum menschlichen Dasein und sollte ein ausgeprägtes Gefühl sein. Dass dies nicht überwiegend über rationale Erkenntnis zu vermitteln ist, weiß wohl jeder aus eigener Erfahrung.

Welcher Zugang für diejenigen, die zu ihrem Glück nicht in vergleichbare Situationen geraten, der geeignetere ist, bleibt individuell verschieden. Dass der Roman „Drachenwand" mit seiner intensiven Einfühlung in die vom Krieg und von der Gewaltherrschaft verheerten Menschen eine Wirkung erzielen kann, ist unbestritten. Gerade das Verarbeiten von dokumentarischem Material – der Rezensent Stefan Kister spricht von Arno Geiger als „Visionär des Dokumentarischen" – verleiht dem Roman eine hohe Glaubwürdigkeit. Veit Kolbe bleibt mit den anderen Erzählstimmen des Romans wie Oscar Meyer, Kurt Ritler und Lore Neff, aber auch Figuren wie Nanni Schaller und dem „Brasilianer" im Lesergedächtnis. Das kann und muss Literatur also leisten!

Beispiele für Prüfungsaufgaben

Fokus: „unterwegs sein" – Lyrik von der Romantik bis zur Gegenwart

Grundkurs, Aufgabenart I A

Vergleichende Analyse literarischer Texte

Aufgabenstellung

1. Analysieren Sie das Gedicht „Deutschland, ein Kindermärchen" unter Berücksichtigung der Biografie der Autorin und des historischen Kontextes.

2. Erläutern Sie, auch mit Hilfe von M2, in welcher Weise Mascha Kaléko in ihren Bezügen auf Leben und Werk Heinrich Heines das Reisen als Motiv verwendet.

> **TIPP Die Aufgabenstellung verstehen**
>
> 1. Analysieren Sie: Der Operator bezieht sich hier nur auf M1.
> unter Berücksichtigung: Hier ist Ihr Hintergrundwissen gefragt. Tipp: Beachten Sie die biografischen Hinweise zur Autorin, vor allem zum Exil (historischer Kontext: Flucht infolge der Judenverfolgung im nationalsozialistischen Deutschland).
>
> 2. Erläutern Sie: Der Operator fordert eine differenzierte Darstellung eines Sachverhalts, hier: des Motivs Reisen in Anlehnung an Heine.
> in welcher Weise: Sowohl die inhaltlichen Anspielungen auf Heine als Dichter und Exilschriftsteller als auch die Anleihen bei der Form sind zu berücksichtigen, wobei der Akzent stets beim Motiv Reise liegen sollte, mit Unterschieden und Übereinstimmungen bei Kaléko und Heine.

Materialgrundlage

M1 Mascha Kaléko: Deutschland, ein Kindermärchen. In: Dies.: Werke. © dtv Verlagsgesellschaft, München 2012, S. 246–249 (gekürzt, abgedruckt 10 von 21 Strophen: 4 aus dem 1. Kapitel, je 3 aus den Kapiteln 2 und 3)
M2 Heinrich Heine: Deutschland. Ein Wintermärchen. Aus: http://gutenberg.spiegel.de/buch/deutschland-ein-wintermarchen-383/2 (aufgerufen 5.1.2019)

Über die Dichterin: Mascha Kaléko (1907–1975), deutsch-jüdische Autorin, wurde 1930 mit ersten Veröffentlichungen bekannt und als Großstadtlyrikerin und „junge Stimme Berlins" u. a. von Hermann Hesse und Thomas Mann gerühmt. 1933 war sie erfolgreich mit der Gedichtsammlung „Das lyrische Stenogrammheft", 1938 musste sie in die USA emigrieren, seit den 1950er-Jahren besuchte sie Deutschland gelegentlich.
Über den Dichter: Heinrich Heine (1797–1856) war einer der bedeutendsten deutschen Dichter, der seit 1831 im Pariser Exil lebte und dessen Schriften häufig in vielen Teilen

Deutschlands verboten waren. Auch wegen seiner jüdischen Abstammung wurde er geschmäht. Zu seinen Veröffentlichungen zählen das „Buch der Lieder" (1827) und „Deutschland. Ein Wintermärchen" (1844), sein satirisches Versepos in 27 Kapiteln mit mehr als 500 Strophen, im Vers volksliedhaft gehalten. In „Deutschland. Ein Wintermärchen" verarbeitet Heine Erfahrungen einer Reise im Spätherbst 1843, wobei kritische Spitzen am Zustand der Gesellschaft durchgängig eingeflochten sind. M2 zeigt als typisch die ersten Strophen des Wintermärchens.

M1 Deutschland, ein Kindermärchen (1956) *Mascha Kaléko*

Geschrieben auf einer Deutschland Reise im Heine-Jahr 1956

I
Nach siebzehn Jahren in „U. S. A."
Ergriff mich das Reisefieber.
Am letzten Abend des Jahres wars,
5   Da fuhr ich nach Deutschland hinüber.

Es winkten die Freunde noch lange am Pier.
Die einen besorgt und beklommen.
Doch andere wären, so schien es mir,
Am liebsten gleich mitgekommen. [...]

10   – O Deutschland, du meiner Jugend Land,
Wie werd ich dich wiederfinden?
Mir bangte ein wenig. Schon sah man New York
Und die Freiheits Statue schwinden ... [...]

Ich grüßte dies recht bedeutsame Jahr
15   Mit bestem französischem Weine.
Vor einem Jahrzehnt starb das ‚tausendste Jahr',
Und vor einem Jahrhundert – starb Heine!

II
Es hat wohl seitdem kein deutscher Poet
20   So frei von der Freiheit geschrieben.
Wo das Blümelein „Freiheit" im Treibhaus gedeiht,
Wird das Treiben ihm ausgetrieben ...

Er liebte die Heimat, die Liebe, das Leid,
Den Geist und die feine Nüance,
25   Und war nur ein Deutscher. Ein Deutscher, kein „Boche"[1].
– Es lebe „la petite différence"[2]! [...]

Aus Simsons³ Stamme, von Davids Geschlecht⁴,
Worob die Philister⁵ ihn höhnten;
Denn er spießte den spießigen Goliath
30   Auf haarfein geschliffene Pointen.

III
Wie Heinrich Heine zu seiner Zeit
War auch ich in der Fremde oft einsam.
(Auch dass mein Verleger in Hamburg sitzt,
35   Hab ich mit dem Autor gemeinsam.) [...]

Auch meine Lieder, sie waren einst
Im Munde des Volkes lebendig.
Doch wurden das Lied und der Sänger verbannt. –
Warn beide nicht „bodenständig".

40   Ich sang einst im preußischen Dichterwald,
Abteilung für Großstadtlerchen.
Es war einmal. – Ja, so beginnt
Wohl manches Kindermärchen. [...]

1   **Boche:** Abwertende Bezeichnung im Französischen für besonders markig und unsympathisch auftretende Deutsche.
2   **„la petite différence":** Der kleine Unterschied. Bezeichnung, die ursprünglich die Unterschiede unter den Geschlechtern meint und anzüglich-ironisch verkleinert.
3   **Simson:** laut Altem Testament an das Volk der Philister verratener Führer des Volkes Israel;
4   **Davids Geschlecht:** gemeint ist: jüdischer Abstammung;
5   **Philister:** Stehen heute noch und zu Lebzeiten Heines ausdrücklich als Synonym für engherzige Spießbürger.

M2 Deutschland. Ein Wintermärchen (1844)   *Heinrich Heine (1797 – 1856)*

I
Im traurigen Monat November war's,
Die Tage wurden trüber,
Der Wind riss von den Bäumen das Laub,
5   Da reist ich nach Deutschland hinüber.

Und als ich an die Grenze kam,
Da fühlt ich ein stärkeres Klopfen
In meiner Brust, ich glaube sogar
Die Augen begunnen zu tropfen.

10   Und als ich die deutsche Sprache vernahm,
Da ward mir seltsam zumute;
Ich meinte nicht anders, als ob das Herz
Recht angenehm verblute. [...]

Beispiellösung: Teilaufgabe 1

Einleitung (mit Thema)
Das in gekürzter Form vorliegende Gedicht der Schriftstellerin Mascha Kaléko mit dem Titel „Deutschland, ein Kindermärchen" wurde 1956 verfasst, im 100. Todesjahr Heinrich Heines, wobei die Autorin durchgängig Bezüge zwischen Heine und sich herstellt und ihre erste Reise nach Deutschland nach der Exilzeit zum Anlass nimmt, sich in Form und Inhalt vor ihrem Dichtervorbild zu verbeugen.
Das Kaléko-Gedicht stellt deutlich einen doppelten Bezug zu Heine und zur Exilerfahrung auf Grund der NS-Barbarei her. Verknüpfungen bildet sie über die gemeinsame Erfahrung, im Exil leben zu müssen, die eigene und Heines jüdische Herkunft, die schwierige Liebe zur (Sprach-)Heimat Deutschland und die erste Deutschlandreise nach einer Zeit von 13 bzw. 17 Lebensjahren in Frankreich bzw. in den USA.

Inhaltswiedergabe
Im Auszug liegen Strophen aus drei Kapiteln des Kaléko-Gedichts vor. Die abgedruckten vier Strophen aus dem ersten Kapitel beschreiben die Stimmung bei der Abreise mit dem Schiff aus New York, die zwischen Reisefieber und Beklommenheit gegenüber dem Reiseziel Deutschland wegen der jüngsten Geschichte der nationalsozialistischen Barbarei wechselt. Schon hier wird der in den drei abgedruckten Strophen des zweiten Kapitels ausgeführte Bezug auf Heinrich Heine und dessen hundertsten Todestag erwähnt. In den Strophen des zweiten Kapitels wird Heine als heimatliebender Mensch dargestellt, der aber mit seiner Fähigkeit, in Nuancen zu denken und zu schreiben, dem in Frankreich nicht grundlosen Klischee vom eher grobschlächtig auftretenden Deutschen keineswegs entsprach. Die im zweiten Kapitel auch angesprochene Verhöhnung Heines wegen seiner jüdischen Herkunft greifen die abgedruckten Strophen des dritten Kapitels auf; dort werden die Einsamkeit des Exils, das Publikationsverbot bzw. das Vernichten ihrer Werke in Deutschland aus politischen bzw. rassenideologischen Gründen ebenso eingeflochten wie die Selbstzuschreibung der Lyrikerin als „Großstadtlerche" (V. 41), als Dichterin der Metropole Berlin.

Textbeschreibung
Abgedruckt sind vier Strophen aus dem ersten Gedichtkapitel und je drei Strophen aus den Kapiteln 2 und 3. Häufig bilden zwei Verse einen Satz, aber auch Ellipsen oder die gesamte Strophe umfassende Sätze kommen vor, formal sind die Anklänge an Heinrich Heines „Wintermärchen" unverkennbar. Die liedhaft-schlichten Kreuzreime, zum Teil unrein und nur auf die Verse 2 und 4 der jeweils vier Verse umfassenden Strophen bezogen, zeigen diesen Anklang deutlich, ohne bloß nachahmend gestaltet zu sein. Der erste und dritte Vers jeder Strophe weisen je vier Hebungen auf und klingen männlich aus, der zweite und vierte je drei mit weiblicher Kadenz am Versende, wobei die Zahl der unbetonten Senkungen variiert.

Detailanalyse
Die Eingangsstrophe beschreibt mit dem Schlüsselbegriff „Reisefieber", das das lyrische Ich, hier kaum von der Autorin zu unterscheiden, „ergriff" (V. 3), eine Aufbruchsstimmung und Wiedersehensfreude, zumal im Eingangsvers die Nennung des Exillands sachlich als „USA" auf eine empathiefreie Beziehung dazu schließen lässt. Zwiespältiges, bezogen auf das

Reiseziel, spiegelt sich in der zweiten Strophe, wenn „die Freunde" (V. 6), eine offenbar klar definierte, auf enge Weggefährten schließen lassende Formulierung, sie einerseits tautologisch „besorgt und beklommen" (V. 7) verabschieden, hingegen andere aus der Gruppe eher Sehnsucht und den Wunsch mitzukommen als Gefühlsregung verraten.

Die eigenen Gefühle des lyrischen Ich werden in der nächsten zitierten Strophe ebenfalls als widersprüchlich deutlich. In eine Frage wird der Zustand Deutschlands und die Art der Wiederbegegnung gekleidet, die Anrede „du meiner Jugend Land" (V. 10) lässt auf frühere Vertrautheit, ja Heimatliebe schließen. Gleichzeitig ist ein Vorbehalt zu bemerken: Das Wiedersehen steht offenbar zwischen Befürchtung und Hoffnung. „Mir bangte ein wenig" (V. 12) bezieht sich im dritten Vers der Strophe sowohl auf die offene Frage als auch auf das allmähliche Verschwinden New Yorks, dessen Freiheitsstatue nicht nur als Ausgangspunkt der Schiffsreise zu verstehen ist, sondern als Symbol für Freiheit und demokratische Rechte sowie Schutz vor rassistisch motivierter Verfolgung. Die Freiheitsstatue bildet einen Gegensatz zu NS-Deutschland, welches Mascha Kaléko in den 1930er-Jahren verlassen musste. Den in der Unterzeile des Gedichttitels angesprochenen Bezug auf das Heine-Jubiläum 1956 nimmt die letzte Strophe im ersten Kapitel des Gedichts auf: Der Neujahrsgruß „mit bestem französischen Weine" (V. 15) spielt auf Heine und sein Exil in Frankreich an. Verknüpft werden aber zehn, hundert und tausend Jahre, indem das Ende der NS-Barbarei 1955 zehn Jahre zuvor, hier mit dem ironischen Zitieren des NS-Propagandaspruchs vom „tausendste[n] Jahr" als Synekdoche für das NS-Regime insgesamt, vor den Schlussvers mit dem Hinweis auf Heines 100. Todestag gesetzt ist. Letzten Endes, so kann diese Wendung gelesen werden, hat Heines Werk auch diese NS-Jahre als Dichtung von hohem Rang überlebt.

In den abgedruckten drei Strophen aus dem zweiten Kapitel geht es ausschließlich um Heinrich Heine, seine Freiheitsliebe, die Unterdrückung, die er erfuhr, sein Verhältnis zu Deutschland und seinen virtuosen Umgang mit der deutschen Sprache sowie die mit seiner jüdischen Herkunft und seiner demokratisch-kritischen Haltung verbundenen Schmähungen und Ausgrenzungen. Heines literaturhistorisch zur Epoche des Vormärz' zu zählende Lyrik, die Stellungnahmen gegen das Feudalsystem und für soziale und Freiheitsrechte akzentuieren die erste Strophe aus dem zweiten Kapitel – gleich zweimal wird der Begriff Freiheit genannt, einmal mit Anführungszeichen versehen und als Diminutiv „Blümelein" (V. 21), als zarte Pflanze, von der Restauration in Deutschland „ausgetrieben" (V. 22). In einer fünfteiligen Aufzählung betont die Folgestrophe Heines Zuwendung zur deutschen Heimat wie zur Liebe und alliterierend dem mit der Liebe verbundenen Leid, aber auch zu feinem, spöttisch-geistvollem Denken und Schreiben. Heine als Dichter im französischen Exil wird damit auch dem, erneut in Anführungszeichen, „Boche" (V. 25), dem Grobian, wie Deutsche in Frankreich holzschnittartig bezeichnet wurden, entgegengestellt.

Heines jüdische Herkunft, in der ersten Hälfte des 19. Jahrhunderts trotz zunehmender rechtlicher Gleichstellung ein gesellschaftlicher Makel, Anlass zu Ausgrenzung und Verhöhnung, nimmt die dritte Strophe des zweiten Kapitels im Kaléko-Gedicht auf. Mit Verweisen auf das Alte Testament – „aus Simsons Stamme, von Davids Geschlecht" (V. 27) – wird eine Brücke zwischen Herkunft und Verunglimpfung hergestellt; Philister verrieten Simson, Philister im Sinn von engherzigen, spießbürgerlich-autoritären Kräften in Deutschland rieben sich an Heine, dem brillanten, wortgewandt-ironischen jüdisch-deutschen Freiheitsdichter.

Die drei aus dem dritten Kapitel abgedruckten Strophen stellen Verbindungen des lyrischen

Ich, von Mascha Kaléko zu Heine her. Dazu gehören die Fremdheitserfahrung des Exils, die äußerliche Gemeinsamkeit, einen Verleger in Hamburg zu haben, als Seitenbemerkung durch Einklammern kenntlich gemacht, dann in der zweiten Strophe die Verbindung durch das Dichten, das Volksliedhafte und Eingängige in den Werken beider, mit der Erfahrung von Verbannung und Exil, der NS-Ideologie von ‚Blut und Boden' und Rassereinheit im Fall Mascha Kalékos geschuldet, bei Heine durchaus auch von Antisemitismus beeinflusst.

Mit klarer Selbsteinschätzung ihrer eigenen Bedeutung im Rückbezug auf Heine führt das lyrische Ich in der dritten abgedruckten Strophe dieses dritten Kapitels zu einer Art Resümee. Mascha Kaléko sieht sich im „preußischen Dichterwald" (V. 40), in Berlin als Hauptstadt Preußens und Deutschlands, wobei der Dichterwald für Unübersichtlichkeit deutscher Dichtung ebenso wie für Bäume, unterschiedliche Gewächse, die Vielfalt Deutschlands als Land der weiten Wälder, der Wald aber auch als romantische Anspielung gesehen werden kann. Mit der ironischen Wendung, sich der „Abteilung Großstadtlerchen" (V. 41) zuzuordnen, als gebe es eine Klassifizierung von Dichtung wie in bürokratischen Zusammenhängen, stellt sie sich selbst und ihre Lyrik in den Kontext neusachlicher Autorinnen und Autoren mit Bezug zur Metropole Berlin, nicht in die Reihe sehr bedeutender Dichter wie Goethe, Schiller oder Heine. Eine Art Resignation, das Grundmotiv der verlorenen Heimat aufnehmend, vermittelt die Wendung „Es war einmal" (V. 42) mit ihrem Bezug auf traditionelle Märchenanfänge. Der Verlust dieser (Märchen-)Heimat, die tiefe Trauer über Vergangenes, Verlorenes ist unverkennbar. Die Titelvariation bzw. -assoziation vom Kinder- statt Wintermärchen spielt auf die verlorene Kindheit (und Jugend, erste Erwachsenenjahre) in Deutschland an. Der mitzudenkende Winter steht bei Heine und Mascha Kaléko für das Kühle, Abweisende dieser Heimat.

Zusammenfassung und Einordnung der Ergebnisse

Mascha Kalékos „Deutschland. Ein Kindermärchen" stellt mit seiner Mischung aus Heine-Reverenz, melancholisch-kritischer Betrachtung von – früherer – Heimat und Exil, deutlichem Verweis auf jüdische Herkunft und auf vernichtetes bzw. bedrohtes jüdisches Leben im NS-Deutschland ein persönliches Schicksal im Kontext der jüngsten und über Heines Biographie der Geschichte des frühen 19. Jahrhunderts vor. Die Gestaltung vom Titel über den Untertitel bis zur Form der Strophen lässt stets das Heine-Vorbild direkt erkennen, als eine Art schöpferischer Nachfolge und durchgängiges Motiv.

Eine Zuordnung zur bewusst als Gebrauchslyrik verstandenen Dichtung etwa Erich Kästners, auch zur Neuen Sachlichkeit erscheint möglich.

Beispiellösung Teilaufgabe 2

Der als durchgängiges Motiv, nicht bloß als eine Art Aufhänger von Mascha Kaléko gewählte Bezug auf Heine als Person und als Dichter wird von der Formsprache ihres „Kindermärchens", aber auch vom Anlass, der Reise nach weit über zehn Jahren unfreiwilligem Exil nach Deutschland, getragen.

Vergleichsaspekt Motiv „Reise"

Wenn etwa in der Romantik, zu Lebzeiten Heinrich Heines, Reise zum Sehnsuchtstopos von Fernweh, Wanderschaft und Aufbruchssituation wurde und als idealisiert-utopische Ausweitung menschlicher Erfahrung in der Lyrik etwa Eichendorffs erscheint, ist Mascha Kalékos Gedicht konkret, an Erfahrung orientiert und am historisch-politischen Kontext. Die Rückkehr nach Deutschland ist vom realen Verlust der Heimat, der Wehmut über Verlorenes und der Erkenntnis beispielloser rassistischer Verfolgung geprägt. Heine als Zeitgenosse und zeitweilig der Romantik zuzurechnender Dichter ist von einer nur in Teilen oder Ansätzen vergleichbaren Erfahrung geprägt. Eine Verbindung bietet der Sprachraum, bei dem Heine mit der oberflächlich widersprüchlichen, ironisch-spöttischen Formulierung, dass er bzw. das lyrische Ich beim Wiederhören der deutschen Sprache „angenehm verblute" (V. 13), auf die Bedeutung der eigenen Muttersprache, der Sprache seiner Lyrik verweist, ohne die Distanz zum Deutschland während der historischen Zeit der Restauration beim Grenzübertritt aufzugeben.

Mascha Kalékos Gedicht zielt in der ihr eigenen lakonischen Sprache auf den pragmatischen Aspekt, mit einem Hamburger Verleger einem Lesepublikum in der Muttersprache zu begegnen, auf das Einreisen, vielleicht auch Leben und Veröffentlichen in Deutschland. Ein „stärkeres Klopfen" (V. 7), das in Heines Gedicht die Gefühlswelt des nach langer Zeit Zurückkehrenden beschreibt, wird in Mascha Kalékos Eingangsstrophe indirekt, über die zurückgebliebenen, offenbar ebenfalls Exilierten und deren Beklommenheit vermittelt; das lyrische Ich verbleibt zwischen Reisefieber und Bangigkeit. Dem ironischen Grundgestus zum Trotz wird eine starke Verbindung zur Heimat offensichtlich. Dabei sind Kalékos Einschätzungen von Reiseziel und jüngster NS-Vergangenheit ungeachtet der Anspielungstechnik in den abgedruckten Strophen deutlicher als die Heines.

Mit dem Reiseziel als Land des Märchens – auch eine Anspielung auf deutsche Romantik – wird in beiden Gedichten auf Erträumtes, positiv Stilisiertes, auch Irreales verwiesen, im Subtext auch auf das Trauma des Exils. Beide Reisen finden im Winter bzw. Spätherbst statt, Kälte ist nicht explizit genannt, bei Heine allerdings ist vom „traurigen Monat November" (V. 2) die Rede. Dieser biografische Umstand oder Zufall trägt jedenfalls zu einer melancholischen Grundstimmung bei. Beider Reise nach Jahren der Ausgrenzung, Unterdrückung, gar lebensbedrohlicher Verfolgung gilt auch der Freiheit im Allgemeinen, der Freiheit des Reisens im Besonderen.

Zusammenfassung

Mascha Kalékos Gedicht verarbeitet das Reisemotiv zwischen scharfsichtiger historisch-politischer Betrachtung, Trauer, Melancholie und Selbstironie konsequent als Heine-Reverenz und Daueranspielung auf sein Versepos „Deutschland. Ein Wintermärchen". Das Zwiespältige des Reisens in jenes Land, das Kaléko unter Lebensgefahr verließ und das Heine ins Exil zwang, wird auch vom volksliedhaft-eingängigen und spöttischen Gestus nicht aufgehoben, im resignativen Ton allenfalls gemildert.

Fokus: „unterwegs sein" – Lyrik vom Barock bis zur Gegenwart

Leistungskurs, Aufgabenart I B

Vergleichende Analyse von literarischen Texten

Aufgabenstellung

1 Analysieren Sie das Gedicht „Die zwei Gesellen" von Joseph von Eichendorff unter Berücksichtigung seiner Epochenzugehörigkeit.

2 Vergleichen Sie das Gedicht Eichendorffs mit dem Gedicht „hamburg – berlin" von Jan Wagner hinsichtlich der formalen und sprachlichen Gestaltung, der Motive Weg, Reise und Natur sowie der Verfasstheit des jeweiligen Sprechers.

> **TIPP** Die Aufgabenstellung verstehen
>
> **1** Analysieren Sie: Der Operator bezieht sich hier nur auf M1.
> unter Berücksichtigung: Hier ist Ihr Hintergrundwissen gefragt. Die Bezugsepoche für Eichendorff ist die Romantik. Das Vergleichsgedicht entstammt der Gegenwart und unterliegt damit anderen Produktions- und Rezeptionsbedingungen.
> **2** Vergleichen Sie: Der Operator fordert eine differenzierte Gegenüberstellung Ihrer Analyseergebnisse für beide Gedichte.
> hinsichtlich: Untersucht werden sollen die formale und die sprachliche Gestaltung, ausgewählte Motive und die Haltung des Sprechers.

Materialgrundlage

M1 Joseph von Eichendorff: Die zwei Gesellen. Aus: Carl-Otto Conrady (Hrsg.): Das große deutsche Gedichtbuch. Athenäum Verlag, Königstein 1985, S. 386
M2 Jan Wagner: hamburg – berlin. Aus: Ders.: Probebohrungen im Himmel. Berlin-Verlag, Berlin 2001, S. 49

Über den Dichter: Jan Wagner wurde 1971 in Hamburg geboren und lebt seit 1995 in Berlin. 2015 erhielt er den Preis der Leipziger Buchmesse, 2017 den Georg-Büchner-Preis, den bedeutendsten deutschen Literaturpreis.

M1 Die zwei Gesellen (1818)   *Joseph von Eichendorff (1788–1857)*

Es zogen zwei rüstge Gesellen
zum ersten Mal von Haus,
so jubelnd recht in die hellen,
klingenden, singenden Wellen
des vollen Frühlings hinaus.

Die strebten nach hohen Dingen,
die wollten, trotz Lust und Schmerz,
was Rechts in der Welt vollbringen,
und wem sie vorübergingen,
dem lachten Sinnen und Herz.

Der Erste, der fand ein Liebchen,
die Schwieger kauft' Hof und Haus;
der wiegte gar bald ein Bübchen
und sah aus heimlichem Stübchen
behaglich ins Feld hinaus.

Dem Zweiten sangen und logen
die tausend Stimmen im Grund,
verlockend' Sirenen, und zogen
ihn in der buhlenden Wogen
farbig klingenden Schlund.

Und wie er auftaucht' vom Schlunde,
da war er müde und alt,
sein Schifflein, das lag im Grunde,
so still war 's rings in die Runde,
und über die Wasser weht's kalt.

Es singen und klingen die Wellen
des Frühlings wohl über mir;
und seh ich so kecke Gesellen,
die Tränen im Auge mir schwellen,
ach Gott, führ uns liebreich zu dir!

M2 hamburg – berlin (2001) *Jan Wagner (1971)*

der zug hielt mitten auf der strecke. draußen hörte
man auf an der kurbel zu drehen: das land lag still
wie ein bild vorm dritten schlag des auktionators.
ein dorf mit dem rücken zum tag. in gruppen die bäume
5 mit dunklen kapuzen. rechteckige felder,
die karten eines riesigen solitairespiels[1].

in der ferne nahmen zwei windräder
eine probebohrung im himmel vor:
gott hielt den atem an.

1 **Solitaire:** Kartenspiel

Beispiellösung: Teilaufgabe 1

Einleitung
Das 1818 erstmals erschienene Gedicht Joseph von Eichendorffs mit dem Titel „Die zwei Gesellen" stammt aus der Epoche der Romantik. Eichendorff ist einer ihrer bedeutenden Vertreter. Das Gedicht handelt, ganz im zeitgenössischen Kontext, von zwei Wandergesellen, die auf die Walz gehen und bei gleicher Ausgangssituation hinsichtlich ihrer Lebensziele zwei unterschiedliche Lebenswege einschlagen, die repräsentativ für Lebensentwürfe der damaligen Zeit sind.

Thematik
Der Titel deutet schon an, dass es sich um junge Menschen handelt („Gesellen"), die sich verändern, vervollkommnen wollen. Damit lassen sich die zeittypischen Themen von Fernweh, Wanderschaft und die Aufbruchssituation in eine neue Lebensphase verbinden. Zentrales Motiv des Gedichts ist das Wandern bzw. Reisen, das auch als Topos für Selbstfindung, Entdeckungsfreude, Freiheit, für Lebenslust und Sehnsucht nach Neuem aufgefasst werden kann. Zudem beinhaltet das Bild gleichfalls das Risiko des Vorhabens sowie eines möglichen Scheiterns.

Inhaltswiedergabe
Inhaltlich hat das Gedicht vier Abschnitte: Strophe eins und zwei stellen die Ausgangssituation vor, die äußeren Bedingungen des freudigen Aufbruchs der Gesellen, darauffolgend werden die hohen Ziele erläutert, die sie im Leben anstreben. Strophe drei handelt vom persönlichen Glück des ersten der beiden Gesellen. Das Schicksal des Zweiten wird in den beiden folgenden Strophen verdeutlicht: Konträr zu dem Lebensweg des Ersten lässt er sich verführen, scheitert und vereinsamt. Die sechste Strophe bildet einen Rahmen mit der ersten Strophe: Der Frühling wird nochmals erwähnt sowie die „klingenden, singenden Wellen", jedoch hier mit vertauschten Attributen; durch den Tempuswechsel ins Präsens bildet diese

Strophe gleichsam einen Kommentar, eine resümierende und reflektierende Rückschau des lyrischen Ichs auf die Lebenswege der beiden Gesellen und endet mit einer Bitte an Gott.

Textbeschreibung
Das Gedicht besteht aus sechs Strophen mit ungewöhnlicher Versanzahl von je fünf Versen mit dem festem Reimschema abaab, wobei jede Strophe ein Satzgefüge und eine gedankliche Einheit beinhaltet. Das Metrum ist nicht durchgängig; wir finden einen Wechsel zwischen Jambus und Daktylus, wobei Letzterer das rhythmische Wandern, die Bewegung der beiden unterstreicht. Das Fließende der Bewegung wird ebenfalls durch die vielen Enjambements unterstützt. Das verwendete Tempus in den Strophen eins bis fünf ist das klassische Erzähltempus des Präteritums, was den Eindruck verstärkt, dass dem Leser eine repräsentative Geschichte in Form einer Lebensreise dargeboten wird. Auffällig ist der Gebrauch vieler akustischer Verben, was auf das Motiv der Musik verweist. Diese bedeutet für die Romantiker nicht nur die höchste aller Kunstformen, sondern ganz im Sinn einer Universalpoesie sollen in einem Werk möglichst alle Genres miteinander verknüpft werden. Neben dem recht einfachen, leicht verständlichen Wortschatz mit deutlicher Dominanz des Wortfeldes Wasser fällt weiterhin der Gebrauch vieler evaluativer, zum großen Teil positiv konnotierter Adjektive auf.

Inhaltliche Analyse
Das Bild des Aufbruchs im „vollen" Frühling (V. 5) vermittelt eine heitere, hoffnungsfrohe Stimmung: Die beiden Freunde sind jung und unerfahren, aber voller Lebendigkeit und Vorfreude: „jubelnd" (V. 3), da sie das erste Mal ihre Heimat und damit möglicherweise beengte Lebensverhältnisse verlassen können. Die Synästhesie der „hellen, klingenden singenden Wellen" (Binnenreim, V. 3 f.), die den Frühling personifizieren, erwecken den Eindruck purer Lebensfreude, die auf alle anderen abfärbt.
Die zweite Strophe wird genauer in der Fokussierung auf die beiden Gesellen und ihre Ziele: Voller Ehrgeiz und jugendlichem Idealismus ziehen sie in die Welt, wobei sie sich der möglichen Schwierigkeiten ihrer Reise durchaus bewusst sind: „trotz Lust und Schmerz" (V. 7). Die Anapher (V. 6/7) deutet an, dass hier noch weitere Pläne und Ziele aufgezählt werden könnten. Die Motivation, die Träume zu verwirklichen und im Leben voran zu kommen, „was Rechts […] vollbringen" (V. 8) überwiegt alle negativen Gefühle und ihr Selbstbewusstsein sowie ihre Lebensfreude strahlen weithin aus: „und wem sie vorübergingen, dem lachten Sinnen und Herz" (Personifizierung, V. 9 f.).
Die dritte Strophe konzentriert sich völlig auf den Lebensweg des ersten Gesellen: Dieser erscheint überschaubar und alltäglich, denn zur Darstellung wird nur eine, sprachlich sehr einfach gestaltete Strophe benötigt. Er wird sesshaft, gründet eine Familie und setzt sich „ins gemachte Nest" ohne große Eigeninitiative: „Die Schwieger kauft' Hof und Haus" (V. 12), verstärkt durch die Alliteration. Er zieht sich in eine (spieß-)bürgerliche Idylle zurück und blickt nur noch passiv von innen, aus der gemütlichen Stube, nach draußen in die Welt. Das hier angedeutete Fenster-Motiv, ein typisches Bild auch in der Malerei der Romantik, das normalerweise mit der Sehnsucht nach Veränderung einhergeht, wird konterkariert durch das Attribut der genügsamen Behaglichkeit (vgl. V. 15): Von der lebensfreudigen Aufbruchstimmung des Beginns bleibt lediglich die selbstbezogene

Zufriedenheit eines Philisters. Diesen Eindruck bestärken die drei Diminutive „Liebchen", „Bübchen" und „Stübchen", die ironisch den Lebensweg in die Enge und Begrenztheit des ersten Gesellen kommentieren.

Die beiden folgenden Strophen widmen sich dem Lebensweg des zweiten Gesellen: Dieser ist schwieriger, verworrener, weniger gradlinig und voraussagbar, was sich einmal daran zeigt, dass das lyrische Ich zwei Strophen benötigt, um ihn darzustellen, und zum anderen, im Vergleich mit der dritten Strophe, anhand der komplexeren Syntax beider Strophen. Das beginnt schon mit dem Hyperbaton am Anfang der vierten Strophe (V. 16 f.), wobei der Protagonist in Objektstellung: „dem Zweiten sangen" (V. 16), also passiv, vorgestellt wird. Mit ihm passiert etwas, dem er sich nicht entziehen kann: Die Hyperbel „tausend Stimmen" der aus der griechischen Mythologie bekannten Sirenen (auch hier wieder das Motiv der Musik) verführen ihn, wobei „Grund" (V. 17) und „Schlund" (V. 20) Signalwörter des Verderbens sind, bei Letzterem noch verstärkt durch die reizvolle Synästhesie des visuell-akustischen Ausdrucks „farbig klingenden" (V. 20). Die Welt mit ihren vielen unbekannten Facetten, in die er sich risikobewusst und hedonistisch stürzt, um alles auszukosten, überfordert den zweiten Gesellen, verschlingt ihn. Das oben bereits erwähnte musikalische Moment wird auch durch die Häufung der dunklen Vokale o und u, die sowohl Verlockung und Verführung als auch eine düstere Stimmung ausdrücken, verstärkt. Hier wird im Gegensatz zur ersten Strophe die Wassermetaphorik als dynamisch-gefährlich dargestellt. Eine genaue Zeitspanne dieser schwierigen Lebensphase wird nicht angegeben: Die fünfte Strophe beginnt mit dem Temporalsatz: „Und wie er auftaucht' vom Schlunde" (V. 21) und stellt lediglich fest, dass er „müde und alt" ist (V. 22), was auch bedeuten kann, dass ihn sein bisheriges Leben aller Energie und Kraft beraubt hat, sodass er vorzeitig gealtert ist. Er hat sein Lebensziel nicht erreicht, sein Idealismus ist verflogen, seine Existenz verspielt. Auch in dieser Strophe bedient sich das lyrische Ich der Wassermetaphorik sowie einer Akkumulation harter, dunkler Vokale o und a, um das völlige Scheitern des zweiten Gesellen darzustellen: Sein „Schifflein" (V. 23), d.h. sein Leben/Lebensziel, ist unrettbar zerstört, er selbst einsam, ohne soziale Bindungen: „so still war's rings in die Runde" (V. 24). Er kann in der bürgerlichen Welt nicht mehr Fuß fassen, der kalte Wind über dem Wasser (vgl. V. 25) lässt an den Hauch des Todes denken.

Die letzte Strophe knüpft an die fröhliche Stimmung der ersten beiden Strophen an durch Wiederaufnahme der positiv konnotierten Bilder (vgl. V. 26 f.). Das Präsens drückt deren Zeitlosigkeit aus und erweitert damit die Perspektive der Aufbruchsituation im Frühling als allgemeingültiges Bild für den Beginn der wichtigen Lebensphase der Entscheidung für ein Lebenskonzept. Zum ersten Mal spricht sich das lyrische Ich hier persönlich aus: „und seh ich [...]" (V. 28). Das Bild der schwellenden Tränen (vgl. V. 29) greift erneut die Wassermetaphorik auf, deren Ambivalenz im Verlauf der Analyse schon mehrfach angesprochen wurde: Das Weinen kann sowohl als Freude über die lebensbejahende Fröhlichkeit des Aufbruchs, vielleicht auch als Wehmut beim Rückblick auf die eigene Aufbruchsituation und Sehnsucht danach gedeutet werden, als auch als Mitleid mit dem möglichen Scheitern. Aus der Retrospektive bezüglich des geschilderten Lebensweges beider Gesellen kann es anzeigen, dass das lyrische Ich für beide Trauer empfindet, da keiner der Lebensentwürfe überzeugt. Auf Seiten des lyrischen Ichs liegt keine eindeutige Wertung für einen der beiden Lebenswege vor, implizit klingt der „goldene Mittelweg" als Kompromisslösung an, wobei der zweite eher dem Ideal der Romantiker entspricht: Sie definiert die Suche nach sich selbst und die Bildung der eigenen Persönlichkeit durch unterschiedliche Erfahrungen und das Kennenlernen der Vielfalt des Lebens als Bereicherung.

Die abschließende Bitte, beginnend mit der resignativ klingenden Interjektion „ach" (V. 30) und den Leser durch das Personalpronomen „uns" (V. 30) mit einschließend ist auch mehrsinnig deutbar: Gott möge helfen, den richtigen Lebensweg zu finden oder das Vertrauen in Gott lässt immer den Weg finden, der in ein christlich orientiertes Leben und damit ein richtiges mündet, was der Biografie Eichendorffs, der sehr religiös geprägt war, am nächsten kommt.

Zusammenfassung der Ergebnisse
Keines der vorgestellten Lebenskonzepte überzeugt. Wer viel riskiert, kann viel verlieren, aber jemand, der sich nicht bewegt, verpasst möglicherweise das „wahre" Leben. Die zentralen Motive der Epoche, die Einfachheit in der sprachlich-formalen Gestaltung der Strophen (der Rückbesinnung auf die Volkspoesie geschuldet) sowie die idealtypische Gegenüberstellung des Philisters und des (progressiven) Romantikers weisen dieses Gedicht als prototypisches für die Romantik aus.

Beispiellösung: Teilaufgabe 2

Das 2001 erschienene Gedicht von Jan Wagner „hamburg – berlin" erschien in demselben Jahr in dem Band „Probebohrungen im Himmel". Wie das Gedicht Eichendorffs thematisiert es eine scheinbar alltägliche (Bahn-)Reise, die gleichfalls als Etappe/Station auf der Lebensreise des lyrischen Sprechers gesehen werden kann. Im Folgenden wird auf die in der Aufgabenstellung erwähnten Vergleichsaspekte Form/Sprache, Weg/Reise, Natur, Disposition des lyrischen Sprechers eingegangen.

Textbeschreibung
Das Gedicht ist konsequent in Kleinschreibung gehalten. Der Bindestrich im Titel, der den Satz auf ein Minimum an Informationen reduziert, evoziert ein Innehalten irgendwo auf der Strecke an einem nicht genannten oder nicht existierenden Ort. Es besteht aus drei kurzen Strophen mit je drei Versen mit unterschiedlicher Silbenanzahl, wobei die dritte Strophe auffällig kürzer ist als die beiden anderen, der Schlussvers der kürzeste, pointierteste. Es ist weder ein Reimschema noch ein durchgängiges Metrum auszumachen, jedoch ist das Gedicht durchaus rhythmisch gestaltet: Der vierte und der letzte Vers sind Daktylen, die eine gewisse Beschwingtheit, Bewegung in die sonst sehr reglosen Bilder bringen, deren Statik durch Verben wie „anhalten" (vgl. V. 1), „liegen" (vgl. V. 2), „aufhören" (vgl. V. 1 f.) unterstrichen wird. Die Sätze sind vorwiegend parataktisch, auch elliptisch. In der zweiten Strophe gibt es kein Verb, der fließende Rhythmus wird durch Enjambements gestützt. Die Wortwahl ist einfach, verständlich; als auffälliges rhetorisches Mittel sind der Vergleich bzw. der verkürzte Vergleich zu erwähnen, die Personifizierungen sowie lautmalerische Eindrücke durch die alliterative Häufung des Buchstabens „l" in der ersten Strophe. Wie im Gedicht Eichendorffs wird hier durchgehend das Erzähltempus des Präteritums verwendet. Es ist ein Zeichen für eine rückblickende Perspektive des lyrischen Sprechers, der an keiner Stelle persönlich wird, sondern eine kontemplative Distanz zum Dargestellten wahrt. Der

Titel der Gedichtanthologie, der dieses Gedicht entstammt, wird in Vers acht erwähnt und bekommt dadurch eine besondere Bedeutung.

Motiv: Weg/Reise
Das Gedicht beginnt abrupt mit der lakonischen Feststellung „der zug hielt mitten auf der strecke", wodurch der Bezug zum Titel hergestellt wird, vermutlich ist der ICE zwischen den beiden Metropolen gemeint. Ein nachvollziehbarer Grund für den plötzlichen Halt wird nicht genannt, die Metaphorik des „An-der-Kurbel-Drehens" (vgl. V. 2) kann sich auf das für Schnellzugstrecken ungewöhnliche Bild des Schrankenwärters beziehen, der durch das Herunterdrehen der Schranken jenseits der Bahngleise den Autoverkehr anhält oder auf eine altertümliche Filmvorführung, wobei das Geräusch des Knisterns und Rauschens der Filmrollen plötzlich aufhört und Stille entsteht (vgl. V. 2). Der Doppelpunkt vor dem Satz „das land lag still" betont noch einmal das völlige Einfrieren des „Standbildes", das sich ergibt, wenn man jede Bewegung eindämmt. Der anschließende Vergleich mit einer Kunstauktion unterstreicht das Bildhafte, Genremäßige dieses Moments: Die Spannung, die in der Reglosigkeit scheinbar endlos währt, wird gesteigert wie auf einer Auktion, da der dritte Schlag der entscheidende ist, danach kann nicht mehr geboten werden, das Ergebnis, wer den Zuschlag bekommt, steht fest.
Die zweite Strophe zeigt das Ergebnis in sprachlicher Reduktion: Das Dorf kehrt sich, personifiziert, vom Betrachter ab, ggfs. vom Licht/der Sonne: „ein dorf mit dem rücken zum tag" (V. 4) bleibt für sich, in sich zurückgezogen, ebenso die Bäume, die „mit dunklen Kapuzen" (V. 5) versehen sind, deren Laubkronen sich verdunkeln und abweisend wirken. Die Assonanzen der folgenden Wörter (vgl. V. 5/6) unterstreichen die inhaltliche Aussage der Aufgeräumtheit und Gleichförmigkeit der Landschaft („rechteckige felder", V. 5), die mit einem Kartenspiel (vgl. V. 6) verglichen werden. Die Spielkarten lassen an die vielen Wahlmöglichkeiten denken, die man auf einer Reise/auf seinem Lebensweg dargeboten bekommt. Während in der zweiten Strophe jede Bewegung zum Erliegen gekommen ist, sind in der dritten Strophe wieder zwei Verben vorhanden, von denen das eine dynamisch, das andere aber wieder statisch ist, eine Verlangsamung bis zum Stillstand anzeigt, was die oben beschriebene Ambivalenz der Reisebewegung aufnimmt. Durch das Hyperbaton (vgl. V. 7) werden sowohl die Ferne als auch das moderne Bild des Windrades betont. Nicht nur die Bewegungslosigkeit wird durchbrochen, sondern auch die Stille, denn Windräder erzeugen sehr viel Lärm. Der Wortschatz wird sehr technisch, die Personifikation (vgl. V. 7/8) verstärkt die scheinbare Widersinnigkeit der Aussage: Eine Bohrung ist eine vertikale Bewegung, in der Regel nach unten in die Erde, hier seltsamerweise „im", auch nicht: in den Himmel (vgl. V. 8), aber die Drehung der Windradrotoren ist eine horizontale Bewegung, die sich in die Weite ausdehnt. Der Kontrast der dunklen Vokale im Begriff der „probebohrung" mit dem hellen Vokal im Wort „Himmel" unterstreicht die Absurdität des Bildes, lässt die Technik mit dem Gottesgedanken kollidieren. Möglicherweise hält Gott deswegen „den atem an" (V. 9), da er selbst die Unvereinbarkeit der Technikbegeisterung und Naturbeherrschung des Menschen mit seinem Schöpfungsplan sieht.

Motiv: Natur
Im Gedicht werden alltägliche Bilder eines durchschnittlichen Reisetages benutzt, keine mythischen Landschafts- bzw. Naturbeschreibungen, wie es die Romantiker mit ihrem Wunsch nach Poetisierung der Welt getan hätten. Hier jedoch erscheint die Natur abweisend, gefährdet, nicht verführerisch oder gefährlich und bietet dem Menschen auch nicht mehr die Rückzugsmöglichkeit vergangener Zeiten. Selbst die Stille scheint aufgeladen, elektrisiert vor Spannung und nicht erholsam, beruhigend. Die Technik bemannt sich der Natur und wirkt bedrohlich, lässt keine Einheit von Mensch und Natur mehr zu.

Lyrischer Sprecher
Wenn man die Koordinaten im Titel dieses Gedichts mit den Lebensdaten des Autors vergleicht, kann man die Bahnreise als Ausgangs- und vorläufigen Endpunkt der „Lebensreise" des Autors sehen, der in Hamburg geboren wurde und momentan in Berlin lebt. Der lyrische Sprecher scheint sich im fahrenden Zug zu befinden, denn er registriert „draußen" (V. 1) eine Aktion, in der Distanz zu sich selbst, auch nur akustisch und nicht mit allen Sinnen, ganz anders als es die häufigen Synästhesien im Eichendorff-Gedicht der Romantik andeuten. Das Anhalten des sonst schnell und gleichmäßig dahin rasenden Zuges scheint plötzlich und unfreiwillig zu sein, als halte man sein Leben an. Die Landschaft, die sonst im Fluge vorbeirast wie Bilder eines Films, friert ein in ein unzugängliches, bedrohliches Bild. Der Sprecher sieht alles nur vermittelt wie im Film, denn auch in der dritten Strophe bleibt die Entfernung von der sich ihm bietenden Aktion gewahrt: „in der ferne" (V. 7). Der Mensch scheint verloren in diesem Szenario, die Ferne zu Gott ist fast unüberbrückbar. Sieht man in den Windrädern, die im Himmel bohren, eine Analogie zum biblischen Bild des Turmbaus zu Babel, weiß man, dass dieser kein gutes Ende für den Menschen genommen hat, man denke allein an die folgende Sprachverwirrung. Die Welt scheint auch für den Sprecher einen Moment lang stehen geblieben zu sein, einen Moment, der ihm wie Gott die Möglichkeit gibt, inne zu halten und nachzudenken, um ggfs. sein bisheriges Leben zu korrigieren.

Vergleich mit Eichendorff
Während der Mensch sich trotz seines Scheiterns bei Eichendorff ganz selbstverständlich im tröstlichen Bewusstsein befinden kann, Teil von Gottes Schöpfungsplan zu sein, vertrauensvoll aufgehoben in Gottes Hand, ist diese transzendente Gewissheit dem Menschen im 21. Jahrhundert offenbar verloren gegangen. Seine durch die Überhöhung des technischen Fortschritts einhergehende Naturzerstörung, durch zunehmende Beschleunigung in seinem Leben zu beklagende metaphysische Sinnleere zwingt ihn dazu, den Atem anzuhalten, einmal im rasenden Zug seiner Lebenszeit mit den vielen Veränderungen inne zu halten und nachzudenken, sich ggfs. auf die Suche nach dem abhanden gekommenen Sinnbezug in seinem Leben zu machen.

Original-Prüfungsaufgaben

NRW. Abiturprüfung 2020
Deutsch, Grundkurs*

Aufgabenstellung

1. Analysieren Sie den Ausschnitt aus Karl-Heinz Götterts Studie „Alles außer Hochdeutsch" im Hinblick auf den Zusammenhang zwischen Chatkommunikation und Dialekten. Berücksichtigen Sie dabei auch die Darstellungsweise des Textes.
(34 Punkte)

2. Stellen Sie überblicksartig Merkmale und Funktionen von Dialekten anhand ausgewählter Verwendungszusammenhänge dar. Prüfen Sie ausgehend von Götterts Überlegungen abwägend, inwieweit Kommunikation in elektronischen Medien für einen lebendigen Umgang mit Dialekten geeignet ist, und nehmen Sie dazu abschließend Stellung.
(38 Punkte)

Materialgrundlage

Karl-Heinz Göttert: Alles außer Hochdeutsch. Ein Streifzug durch unsere Dialekte. Ullstein, Berlin 2011, S. 303–306
Anmerkung zum Autor: Karl-Heinz Göttert (*1943) ist Germanist und war bis 2009 Professor für Ältere Deutsche Literatur an der Universität zu Köln.

Zugelassene Hilfsmittel
- Wörterbuch zur deutschen Rechtschreibung

Alles außer Hochdeutsch. Ein Streifzug durch unsere Dialekte (Textauszug)[1] *Karl-Heinz Göttert*

Internetsprache und Chatkommunikation

Die neueste und für viele bizarrste Entwicklung der Sprache führt zu den modernen elektronischen Medien: zu Internet und Chat. Dabei lässt sich durchaus eine Parallele zum Rotwelsch[2] erkennen: Was (gewollte) Unverständlichkeit betrifft, kann es diese Form des Kommunizierens durchaus mit der alten Gaunersprache aufnehmen. Dies zeigt die Verwendung von Kürzeln wie *lol* für *laughing out loud* („laut am Lachen"), *afk* für *away from keyboard* („nicht am Computer"), *cus* für *see you soon* („auf Wiedersehen"), *omfsm* für „oh mein fliegendes spaghetti monster", *HDF* für „Halt die Fresse". Weiter gibt es verzerrte Schreibweisen wie *mOwl* für „Maul" oder *sHiCe* für „Scheiße", auch Wortschöpfungen wie *yiggen* für die Empfehlung von

---

* Quelle (ohne Lösungen): Qualitäts- und UnterstützungsAgentur – Landesinstitut für Schule, Soest 2020

Links oder *qypen* für die Bewertung von Ratgeberseiten. Schließlich kommen ungrammatische Konstruktionen wie **knuddel** oder **ganzdollknuddel** hinzu, die zur Identifizierung gerne zwischen sogenannte Asterisken (Sternchen) gesetzt werden. All dies dient dem Schutz gegen unerwünschtes Mitmachen genauso wie der Signalisierung von Insidertum.

Aber die Beispiele machen es unübersehbar: Diese Sprache ist Hochdeutsch oder Englisch. Dialekt scheint hier endgültig ausmanövriert, überflüssig. Wer unvorbereitet und unerfahren den folgenden Beitrag eines Chatters liest, wird wohl frustriert das Suchen nach irgendeiner Form von Deutsch aufgeben: *OMFG wer benutzt den so ein Shice ist ja voll Lol* („Oh my fucking god, wer benutzt denn so einen Scheiß, ist ja voll laughing out loud"). Aber die Forschung hat gezeigt: Gerade hier findet eine interessante Sprachentwicklung statt, weil etwas wiedergekehrt ist, was eigentlich nicht zu erwarten war: Mündlichkeit.

Um es präziser zu sagen: Chatter schreiben zwar, verkehren mit ihren Partnern aber annähernd in Echtzeit, was bedeutet: Sie „sprechen" miteinander beim Schreiben. Schon deshalb nimmt die Kommunikation alle Zeichen der Mündlichkeit an. Während die Medien seit Johannes Gutenberg die Mündlichkeit immer mehr durch die Schriftlichkeit zurückdrängten, taucht sie plötzlich mitten in der Schriftlichkeit wieder auf. Was den Uneingeweihten überrascht und vielleicht auch schockiert, ist so gesehen die schiere Mündlichkeit mit ihrer Nachlässigkeit und Ungrammatikalität (während wir all dies in wirklicher Mündlichkeit ständig tolerieren).

Selbst beim Dialekt haben wir uns daran gewöhnt, dass Wörter und Sätze seltsam aussehen, nicht aber wenn wirklich Mündliches schriftlich daherkommt. Natürlich ist auch dies längst und in allen Einzelheiten erforscht. Sehen wir uns eine Untersuchung etwas genauer an, die sich auf einen kleinen Mannheimer Chat-Kanal mit Teilnehmern bezieht, protokolliert im Jahre 2003.

Man muss zunächst zwischen drei Typen von Teilnehmern unterscheiden: zwischen Organisatoren („Operatoren"), Stammchattern und Gelegenheitschattern („Newbies"). Sieht man die einzelnen Beiträge durch, so gibt es einen deutlichen, ja extremen Unterschied. Ein Mannheimer Dialektmerkmal wie das *sch* für *s* etwa in *bisch du* kommt bei Operatoren in 93 Prozent der Ops („Beiträge") vor, bei Stammchattern in 7 Prozent, bei Gelegenheitschattern überhaupt nicht. Dialekt fungiert demnach wie ein Statussignal. Ein *ned* statt „nicht" erweist sich sogar als ausgesprochen chattypisch, sofern es nicht nur von Mannheimern benutzt wird, sondern auch in anderen Dialektregionen vorkommt, wie umgekehrt das niederdeutsche *moin moin* als Begrüßung bis München reicht. Überall, wo Entspannung, Entkrampfung gefragt sind, scheint der Dialekt bzw. Stilmix eine Hilfe zu sein. Als Beispiel sei eine kleine Interaktion unter den Operatoren <TiPuPo> und <CapriCorN> auf der einen Seite sowie der Gelegenheitschatterin <MissBee> auf der anderen zitiert:

01<MissBee> hihi
02<MissBee> was ist denn mit jj passiert?
03<CapriCorN> jj?
04<CapriCorN> Miss Bee_der is nach ffm gezogen von dem hoert man nich mehr viel
05<MissBee> oki, ich gebs ja zu, war schon ewig nicht mehr hier …
06<MissBee> na ja, was soll ich denn erzählen, damit ihr mich erkennt?
07<TiPuPo> MissBee_ na alles

08 <MissBee> teufelti und tanzmaus waren mal meine kampfgefhrten ...
09 <TiPuPo> kampfgefhrten hm
10 <CapriCorN> ih tanzmaus *schuettel*
11 <MissBee> gibt's die mdels denn noch?
12 <CapriCorN> BissBee_ ja TeufelWEG gibt's noch
13 <CapriCorN> MissBee_ und um die anner isses ned schad

Was genau lässt sich hier ablesen? Das Gespräch zwischen den Operatoren und der Gelegenheitschatterin dümpelt überwiegend hochdeutsch dahin, nur die Operatoren lassen kleine Zeichen von Dialekt durchblicken (wie das *is* und *nich* in Zeile 04), die Gelegenheitschatterin kann oder will nicht mitmachen. Aber dann kommt die Zeile 13, in der einer der Operatoren das Ausbleiben früherer Mitglieder kommentiert: Jetzt ist wirklich Wichtiges berührt, und prompt signalisiert der Dialekt Emotionalität.

Dabei ist das Schreiben im Dialekt zweifellos ungewohnt und auch schwieriger als im Standard. Aber die Chatter nehmen diese Schwierigkeit in Kauf, weil das Moment der Mündlichkeit im Dialekt offenbar eine Art Glaubwürdigkeitsbeweis enthält. Dies lässt sich anhand von Material aus Schweizer Chats untermauern. Dabei konnte gezeigt werden, dass Chatter in Zürich, Bern sowie im Wallis und in Graubünden ihre Beiträge nicht nur überwiegend in Dialekt verfassen (zwischen 80 und 90 Prozent), sondern dabei großen Wert auf eine möglichst genaue Wiedergabe des Ortsdialekts legen. Anders als in Deutschland geht damit eine Befreiung von der sonst üblichen Zweisprachigkeit einher (Dialekt für Mündlichkeit, Hochdeutsch für Schriftlichkeit). Vor allem aber scheint keine neue Norm für die Wiedergabe der (unterschiedlichen) Dialekte zu entstehen, sondern ganz im Gegenteil jeder regionale Dialekt zu seinem eigenen Recht zu kommen.

Damit lässt sich die Situation in Deutschland nicht vergleichen. Aber die Überraschung ist auch hier da: Ausgerechnet das modernste elektronische Medium überhaupt bietet über die Mündlichkeit dem Dialekt (neuen) Raum. [...]

1 **Die Studie** des Literaturwissenschaftlers Karl-Heinz Göttert widmet sich dem Thema „Dialekte". Im vorliegenden Auszug behandelt der Autor den Zusammenhang zwischen Dialekten einerseits und dem Phänomen der Chatkommunikation andererseits.
2 **Rotwelsch:** Beim Rotwelsch handelt es sich um einen Sammelbegriff für seit dem späten Mittelalter auftretende und auf dem Deutschen basierende Soziolekte gesellschaftlicher Randgruppen (Bettler, fahrendes Volk etc.).

TIPP Die Aufgabenstellung verstehen

Es handelt sich hier um Aufgabentyp IIA, Erörterung eines Sachtextes.

Die Aufgabenstellung ist deutlich zweigeteilt in einen Analyseteil und einen weiterführenden Schreibauftrag, der hinsichtlich der zu erreichenden Punktzahl nahezu genauso gewichtet wird wie die Analyse des vorliegenden Textes.
Der Operator „Analysieren Sie" bezieht sich auf den Sachtext. Die Textart wird hier „Studie" genannt, etwas allgemein und nicht genau definiert. Die Analyse soll sowohl einen inhaltlichen Schwerpunkt setzen, nämlich den Zusammenhang von Dialekten und Chatten, als auch die Machart des Textes berücksichtigen.

Der weiterführende Schreibauftrag ist dreiteilig: Der erste Teil: „Stellen Sie überblicksartig Merkmale und Funktionen von Dialekten dar" fordert den Wissensbestand aus dem Unterricht ein. Die nachfolgende Aufgabe: „Prüfen Sie ..." verlangt, einen Sachverhalt auf seine Angemessenheit hin zu überprüfen, und im abschließenden Teil wird auf Grundlage der eigenen Untersuchungsergebnisse abschließend eine kritische und begründete persönliche Stellungnahme erwartet.

Beispiellösung: Teilaufgabe 1

Bei dem vorliegenden Sachtext handelt es sich um einen Textauszug aus der Studie „Alles außer Hochdeutsch. Ein Streifzug durch unsere Dialekte" des Kölner Literaturwissenschaftlers Karl-Heinz Göttert aus dem Jahr 2011. Dargestellt werden aktuelle Tendenzen des Sprachwandels, die auf die Chatsprache zurückgehen, u. a. die Verwendung von Dialekt in der elektronischen Kommunikation.

Einführend werden die Besonderheiten der Chatkommunikation im Vergleich zum Soziolekt des Rotwelsch aufzeigt. Ein Charakteristikum der Kommunikation mit Messengerdiensten sind Abkürzungen englischer oder deutscher Wörter und Redewendungen, wie z.B. „lol", „afk" oder „HDF". Weiterhin gibt es „verzerrte Schreibweisen" (Z. 16 f.) wie „sHiCe", Neologismen wie „yiggen" und „ungrammatische Konstruktionen" (Z. 21 f.) wie *knuddel*. Deutsch und Englisch werden miteinander gemischt. Beim Chatten verläuft die Kommunikation fast in Echtzeit. Folgerichtig herrscht der mündliche Sprachgebrauch vor, der v. a. durch Toleranz gegenüber (vgl. Z. 43 ff.) „Nachlässigkeit und Ungrammatikalität" (Z. 58) gekennzeichnet ist. Gerade die Wiederkehr der Mündlichkeit eröffnet dem Dialekt neue Möglichkeiten innerhalb der Chatsprache. Dies zeigen auch ältere Untersuchungen aus dem Jahr 2003 zu Mannheimer Chats (Z. 77 – 90). Etliche Dialektmerkmale, wie z.B. das norddeutsche „moin", treten innerhalb der Chatsprache überregional auf und signalisieren Zugehörigkeit zu einer Gruppe sowie Authentizität und Emotionalität. (vgl. Z. 92 ff.) Der Verfasser der Studie folgert, dass die konzeptionelle Mündlichkeit das Bindeglied sei, das dem Dialekt ein neues Anwendungsfeld eröffne.

Auffallend ist an der Darstellungsweise des Textes, dass der Fachwissenschaftler Göttert bei seinem Publikum weder linguistische Vorkenntnisse noch eine differenzierte Fachterminologie voraussetzt. Die Struktur des Textes ist gut nachvollziehbar. Lesende werden durch rhetorische Fragen sowie durch Bemerkungen gelenkt, die das Mitdenken beim Lesen erleichtern, z.B. „Um es präziser zu sagen" (Z. 45), „Was genau lässt sich hier ablesen?" (Z. 116). Eine Vielzahl von Beispielen, teils auch direkt aus dem alltäglichen Erfahrungsbereich stammend, Erläuterungen und Redundanzen erleichtern das Nachvollziehen der Argumentation. Der Verweis auf Studien, Daten und Beispiele entbehrt jedoch infolge mangelnder Angabe von genauen Quellen und Fußnoten wissenschaftlicher Exaktheit, was den Text als populärwissenschaftlich ausweist.

Trotz der inzwischen durch die Globalisierung vorherrschenden Internationalität der Netzkommunikation erlebt der regional gebundene Dialekt in der Chatkommunikation eine unerwartete Renaissance, ermöglicht durch den Charakter der konzeptionellen Mündlichkeit in der Chatsprache.

Beispiellösung: Teilaufgabe 2

Zuerst soll geklärt werden, was man unter einem Dialekt versteht und welche kommunikativen Funktionen er erfüllt. Dialekte sind originär mündliche Sprachvarietäten, die sich regional unterscheiden Dialekte sind historisch älter als die sogenannte Hoch- oder Standardsprache, die erst Ende des 19. Jahrhunderts festgelegt wurde. Dialekte existieren neben der Standardsprache fort. Sie unterscheiden sich von dieser in ihrer Grammatik, ihrer Syntax, ihrer Lexik und in ihrer Phonetik. Seit Beginn des 20. Jahrhunderts, vorangetrieben durch die sich international vernetzenden Wissenschaften und v. a. durch die Verbreitung der Massenmedien, setzen sich überall der normierte schriftsprachliche Gebrauch der Standardsprache und deren standardisierte Aussprache durch. Die noch existierenden Regiolekte und Dialekte geraten dadurch zunehmend unter Druck und ihre Anwender werden oft als inkompetente Sprecher des Deutschen abgewertet und stigmatisiert. Die Zahl der Dialektsprecher nimmt rapide ab und häufig überleben nur noch einzelne Wörter und Redewendungen als feststehende Ausdrücke oder in ihrer Lautung.

Die überwiegende Verwendung dialektaler Sprache findet sich vorwiegend, mit regionalen Unterschieden, im mündlichen Gebrauch. Dialekt dient der Identifikation mit der Heimat und damit gleichzeitig der Abgrenzung nach außen. Er vermittelt in besonderer Weise Emotionalität, Nähe, Vertrautheit und Verbundenheit. So kann man beobachten, dass Menschen, die in ihrem beruflichen Kontext Standardsprache sprechen (müssen), im privaten Umfeld in ihren Dialekt zurückfallen.

Verschriftlicht wird der Dialekt lediglich in der Heimat- bzw. Dialekt-Literatur. Er ist Gegenstand sprachpflegerischer Aktivitäten der Heimatvereine, lokaler Radiosendungen, regionaler Theatergruppen, Zeitungen und Lieder, um seine Besonderheit zu erhalten und seine Gemeinschaft stiftende Identität zu bewahren.

Die konzeptionelle Mündlichkeit der Chatsprache erweist sich einerseits als geeignet für die Verwendung von dialektaler Sprache und Dialektpflege, sodass als antiquiert empfundene und vom Aussterben bedrohte Mundarten gerade im modernsten Medium eine überregionale Renaissance erleben. Das Internet mit seinen unzähligen Blogs und Chaträumen bietet den unterschiedlichsten Interessen ein Forum, somit auch der Verwendung und Pflege von identifikationsstiftenden dialektalen Ausdrücken.

Im Chat, d. h. in dessen Verschriftlichung, können andererseits wichtige und zur regionalen Differenzierung wesentliche Merkmale wie Aussprache, Lautung und Satzmelodie nicht vermittelt werden. Von daher ist es zu bezweifeln, ob die Kompetenz eines Dialektsprechers letztlich durch die schriftliche Kommunikation im Chat wirklich gefördert- bzw. erweitert werden kann. Als Ausdruck von Emotionalität sind die global verständlichen und ständig an neue Ereignisse angepassten Emojis sowie die globale Verwendung von Anglizismen sicherlich internationaler. Zudem überzeugt das Beispiel aus dem Mannheimer Chat nicht hinreichend, weil zum einen eine wissenschaftlich fundierte Quellenlage fehlt, zum anderen die Befunde schon fast zehn Jahre alt sind. Bei der Schnelllebigkeit von Tendenzen und Moden im Netz kann es durchaus sein, dass mittlerweile lokal eine rege Verwendung dialektaler Sprache in Chats und Blogs stattfindet, da das Internet jeden „Hype" dankbar aufgreift. Genauso gut lässt es sich denken, dass der Gebrauch dialektaler Wendungen nur bei Interessierten sowie Traditions- und Sprachpflegern ein Nischendasein fristet oder Nostalgikern Raum bietet, sich zu vernetzen und auszutauschen.

NRW. Abiturprüfung 2020
Deutsch, Leistungskurs*

Aufgabenstellung

1 Analysieren Sie Joseph von Eichendorffs Gedicht. *(36 Punkte)*

2 Analysieren Sie Durs Grünbeins Gedicht. Vergleichen Sie es mit Eichendorffs Gedicht. Berücksichtigen Sie dabei die Bedeutung des Reisens für das lyrische Ich, die Gestaltung des Reisemotivs und den jeweiligen historischen Hintergrund. *(36 Punkte)*

Materialgrundlage

M1 Joseph von Eichendorff: Rückkehr. In: Ders.: Werke in vier Bänden. Bd. I. Hrsg. v. Wolfdietrich Rasch. München: Hanser 1981, S. 46 (Erstveröffentlichung 1834)
M2 Durs Grünbein: Kosmopolit. In: Ders.: Nach den Satiren. Gedichte. Frankfurt a. M.: Suhrkamp 1999, S. 85

Zugelassene Hilfsmittel
– Wörterbuch zur deutschen Rechtschreibung

M1 Rückkehr (1834)   *Joseph von Eichendorff (1788–1857)*

Wer steht hier draußen? – Macht auf geschwind!
Schon funkelt das Feld wie geschliffen,
Es ist der lustige Morgenwind,
Der kommt durch den Wald gepfiffen.

5 Ein Wandervöglein, die Wolken und ich
Wir reisten um die Wette,
Und jedes dacht: Nun spute dich,
Wir treffen sie noch im Bette!

Da sind wir nun, jetzt alle heraus,
10 Die drin noch Küsse tauschen!
Wir brechen sonst mit der Tür ins Haus:
Klang, Duft und Waldesrauschen.

---

*Quelle (ohne Lösungen): Qualitäts- und UnterstützungsAgentur – Landesinstitut für Schule, Soest 2020

Ich komme aus Italien fern
Und will euch alles berichten,
Vom Berg Vesuv und Romas Stern
Die alten Wundergeschichten.

Da singt eine Fei[1] auf blauem Meer,
Die Myrten[2] trunken lauschen –
Mir aber gefällt doch nichts so sehr
Als das deutsche Waldesrauschen!

1 **Fei:** Fee
2 **Myrte:** im Mittelmeerraum verbreitete Pflanze mit duftenden Blüten, die in symbolhafter und mythischer Verwendung

M2 Kosmopolit (1999) *Durs Grünbein (*1962)*

Von meiner weitesten Reise zurück, anderntags
Wird mir klar, ich verstehe vom Reisen nichts.
Im Flugzeug eingesperrt, stundenlang unbeweglich,
Unter mir Wolken, die aussehn wie Wüsten,
Wüsten, die aussehn wie Meere, und Meere,
Den Schneewehen gleich, durch die man streift
Beim Erwachen aus der Narkose, sehe ich ein,
Was es heißt, über die Längengrade zu irren.

Dem Körper ist Zeit gestohlen, den Augen Ruhe.
Das genaue Wort verliert seinen Ort. Der Schwindel
Fliegt auf mit dem Tausch von Jenseits und Hier
In verschiedenen Religionen, mehreren Sprachen.
Überall sind die Rollfelder gleich grau und gleich
Hell die Krankenzimmer. Dort im Transitraum,
Wo Leerzeit umsonst bei Bewusstsein hält,
Wird ein Sprichwort wahr aus den Bars von Atlantis[1].

Reisen ist ein Vorgeschmack auf die Hölle.

1 **Atlantis:** ein mythisches, versunkenes Inselreich

Beispiellösung: Teilaufgabe 1

Joseph von Eichendorffs 1834 erstmals erschienenes Gedicht „Rückkehr" ist als typische Reiselyrik in die Romantik einzuordnen, wobei die konkreten Bezüge zu einer Italienreise ebenso wie die besondere Freude über die Rückkehr in die Heimat als wesentliche Inhalte ins Auge fallen.

Der äußere, regelmäßige Aufbau mit fünf Liedstrophen, die jeweils vier Verse enthalten, kann als typisch sowohl für Eichendorff als auch für den nicht nur ihm eigenen volksliedhaften Charakter vieler romantischer Gedichte gelten. Durchgängige Kreuzreime mit stetigem Wechsel von männlichen und weiblichen Kadenzen passen ebenso in dieses Bild wie das regelmäßige Alternieren vier- und dreihebiger Verse. Der Tenor des Gedichts ist schwungvoll und dynamisch. Selbst das beschriebene frühmorgendliche Wandern führt nicht in seelische Abgründe oder Stimmungstrübungen.

Schon die erste Strophe mit der Auftaktfrage: „Wer steht hier draußen?" kennzeichnet einen offenbar in blendender Stimmung Heimkehrenden, der seine Ankunft anzeigt. Dieser Rückkehrer stellt sich vor, als sei er ein durch den Wald pfeifender, ausdrücklich „lustiger" Morgenwind. Er fordert direkt nach der eher rhetorischen, sich ankündigenden Eingangsfrage gleich im ersten Vers schnellen Einlass: „Macht auf geschwind!" Das nun beschriebene Morgengeschehen beginnt mit einer Beschreibung eines Feldes, das „funkelt" – wohl eine Assoziation zu morgendlichem Tau. Feld und Wald in der ersten Strophe verweisen auf eine ländlich-idyllische Umgebung, die der Heimkehrer bei Tagesanbruch erreicht.
Das lyrische Ich, ein von der – im 19. Jahrhundert äußerst beliebten – Italienreise Rückkehrender, vergleicht sein schnelles Reisen in der zweiten Strophe mit einem „Wandervöglein" und Wolken. Damit wird nicht nur das Zügige dieser Rückreise verbildlicht, sondern auch eine Art Wettrennen zwischen Tier, Mensch und Naturerscheinung vorgestellt. Diesen dreien wird der Gedanke zugeschrieben, sich beeilen zu müssen, um die Daheimgebliebenen noch vor dem Aufstehen zu erreichen. Mit dem Appell „Nun spute dich" (V. 7) wird eine Art Selbstauftrag erteilt.
Die dritte Strophe richtet sich an die Daheimgebliebenen und sieht den Heimkehrer bei seiner Ankunft. Damit wird die Aufforderung zur Eile in Strophe zwei, eine Art Selbstgespräch, nun zur direkten Ansprache an die, die im Haus leben. Sie werden aufgefordert, aus dem Haus zu treten. Geradezu überschwänglich fordert das lyrische Ich, von der Intimität, vom „Küsse tauschen" (V. 10), zu lassen, sonst droht der Heimkehrer schelmisch, „mit der Tür ins Haus [zu] brechen" (V. 11). Wer da einbricht, wird mit der Klimax „Klang, Duft und Waldesrauschen" (V. 12) umschrieben. Ob das lyrische Ich sich mit Sinneseindrücken und Naturerleben vergleicht oder ob hier eine Art bildliche Heim- oder Einkehr gemeint ist, bleibt offen.

In der vierten Strophe aber sind sowohl eine konkrete Reise als auch ein von seinem Italienerlebnis berichtender Sprecher zu erkennen. Italien, das Sehnsuchtsziel der Romantiker und ihrer Zeitgenossen – beispielsweise Goethe –, wird nicht nur als „fern" (V. 13), also weit entfernt, beschrieben, sondern auch mit zwei markanten Punkten, dem Vesuv und Rom, verdeutlicht. Beides, der „Berg Vesuv" und „Romas Stern" (V. 15), das Leuchten der als ewige Stadt verklärten Metropole, wird zusammengeführt und zugleich in Frage gestellt als „die alten Wundergeschichten" (V. 16). Zwar ist Alter, vor allem das Mittelalter, aus Sicht der Romantiker ein verklärter Sehnsuchtsort, aber mehrfach erzählte, gar „alte" Wundergeschichten sind auch als überkommen oder veraltet und wenig aktuell zu verstehen. Diese Lesart wird durch die Wiederaufnahme positiver Italieneindrücke in der fünften Strophe allerdings nicht bestätigt. Der Gesang einer Fee „auf blauem Meer" (V. 17), der die duftenden Myrten „trunken lauschen" (V. 18), nimmt das landschaftlich und klimatisch besonders reizvolle Italien poetisch-schwärmerisch in den Blick. Die Myrte (vgl. V. 18), symbolisch für immergrüne Liebe und konkret für die Vegetation des Mittelmeerraums, steht für den bewundernden, überwältigten Betrachter dieses romantischen Sehnsuchtsziels. Kontrastiert wird diese zweiversige Italienhymne in der Schlussstrophe aber mit den letzten beiden Versen des Gedichts, die ein klares Bekenntnis zur Heimat enthalten. Der Sprecher im Gedicht erklärt, nichts „aber" (V. 19) gefalle ihm so sehr wie „das deutsche Waldesrauschen" (V. 20). Damit wird die Beschreibung der Italienreise nicht entwertet, aber eine deutliche lyrische Stellungnahme formuliert zugunsten der nun wieder erreichten Heimat, dem Ziel der im Gedichttitel benannten „Rückkehr".

Besonders auffällig ist das lyrische Ich, der Sprecher in diesem Gedicht. Innerhalb der Verse ist kein einheitliches Sprechen auszumachen. Zunächst wird mit der direkten Frage, wer „hier draußen" (V. 1) stehe, eine Person präsentiert, die ohne Selbstvorstellung auf schnellen Einlass dringt und fordert: „Macht auf geschwind" (V. 1). In den ersten beiden Strophen wechselt dieses Sprechen zwischen einem, der sich als „lustige[r] Morgenwind" (V. 3) vorstellt und der dann zum Teil eines „wir" (V. 6, 8, 11) wird, einer Reisegruppe mit Wolken und „Wandervöglein" (V. 5). In der Folgestrophe werden die Hausbewohner im gleichen heiteren Ton bedroht von der Reisegruppe, die sich nun als Dreiklang von „Klang, Duft und Waldesrauschen" beschreibt. Besser zu bestimmen, klar als erlebendes lyrisches Ich erkennbar, zeigt sich der Sprecher im Gedicht in den letzten beiden Strophen. Hier ist der von Italien schwärmende Rückkehrer schließlich auch der, der seine Heimat, das „Waldesrauschen" (V. 20), über das Reiseerlebnis stellt. Das Naturerleben, das Gefühl, mit der Natur, dem Wald, der heimatlichen Idylle eins zu sein, wird trotz des sich spielerisch wandelnden lyrischen Ich eindeutig herausgestellt.

Wird zunächst im Gedicht schelmisch-drohend die Rückkehr am frühen Morgen mit starken Bildern ausgemalt (vgl. Strophe 1 – 3), steigert sich der Reisebericht mit den eher klischeehaften Elementen der Bewunderung italienischer Landschaft und Kultur bis in die Schlusswendung, eine Art Pointe. Darin wird trotz der Hymne auf Italien die heimatliche deutsche Landschaft unbedingt an die erste Stelle gesetzt. Die Ankunftssituation am Morgen ist mit gängigen Bildern dargestellt. Vom „lustige[n] Morgenwind" (V. 3) ist die Rede, von Wolken, Vögeln, Feld und Wald, auch Klang und Duft. Diese eher allgemeinen Eindrücke werden durch den Einlass fordernden Rückkehrer, sein Poltern und das lärmig-launige Drohen an die Bewohner konkreter bis hin zur vorgestellten Situation, die Menschen im Haus seien noch im Bett „Küsse tauschen[d] (V. 14)". Dagegen sind die sechs Verse zur Reise eher ein Zitieren der üblichen Italienstereotypen. In der Schlusswendung zur deutschen Heimat wird gegen das märchenhaft schöne Meer und die Landschaft Italiens mit dem wieder aufgenommenen Begriff vom Waldesrauschen stellvertretend für die Natur hierzulande ein zentrales Motiv der Romantik herausgestellt. „Waldesrauschen" als abschließendes Wort in der dritten Strophe am Ende der Rückkehrer-Idylle und am Ende des gesamten Gedichts verbindet den Rückkehr- mit dem Reiseteil des Gedichts und verstärkt die Liebeserklärung an die Heimat. Neben der Bildlichkeit für das sinnliche Naturerleben mit „Klang, Duft" (V. 12) und mehrfach dem Wald sind die ausdrucksstarken Wendungen wie „funkelt", „gepfiffen" (beide V. 2) oder „trunken" (V. 18) für dieses Gedicht prägend. Außerdem sind die Wechsel im Satzbau bemerkenswert. Im ersten Vers findet die Frage einen Imperativsatz als Antwort. Die kräftig fordernden Sätze des Rückkehrers sind weitere Imperative, von Aussagesätzen begleitet, die einen munteren Wechsel begründen. Damit wird der forsch-heitere Ton des gesamten Gedichts getragen.

Das launige Lob der Heimat, die unbedingte Verbindung zu dieser Heimat und der deutschen Natur kann der Romantik mit ihrer Betonung des Motivs der Verbundenheit mit der idealisierten Umwelt außerhalb der Städte eindeutig zugeordnet werden. Ebenso typisch romantisch ist das Sehnsuchtsmotiv, verbunden mit der Reise des Wanderers, seinen vielfältigen Eindrücken, häufig mit Italien als Ziel und der Wiederkehr verquickt. Für Eichendorffs „Rückkehr" sind der optimistische Grundton, der Überschwang des Heimkehrers und die Kontrastierung von Italien und Deutschland besonders kennzeichnend.

Beispiellösung: Teilaufgabe 2

> **TIPP zum Punktesammeln**
>
> Bei einem Vergleich wird keine genaue Analyse des zweiten Gedichts erwartet, sondern nur eine Gegenüberstellung einzelner, bereits für das erste Gedicht analysierter Aspekte.

Dem typischen Reisegedicht der Romantik ist hier Durs Grünbeins lyrische Auseinandersetzung mit moderner Reiseerfahrung „Kosmopolit" aus dem Jahr 1999 gegenübergestellt. Nach einer Analyse dieses Gegenwartsgedichts werden beide Werke mit Blick auf das zentrale Motiv Reisen, das lyrische Ich und die jeweiligen Kontexte der Entstehungszeiten verglichen.

In Durs Grünbeins Gedicht stellt der Sprecher im Gedicht sich gleich als „ich" (V. 2) vor. Dieses „Ich", kaum verhüllt identisch mit dem Autor, kommt am Tag nach seiner „weitesten Reise" (V. 1) zu einer sehr negativen Einschätzung des Erlebten. Dabei sind nicht Eindrücke am fremden Ort maßgeblich, sondern ganz überwiegend die Flugreise, auf der der Sprecher im Gedicht „stundenlang unbeweglich" (V. 3) eine Art traumatische Erfahrung durchmacht.

In zwei Strophen mit je acht Versen sowie einem für sich stehenden, abschließenden Schlussvers wird zunächst das Subjektive der Flugerfahrung betont: „Ich verstehe vom Reisen nichts" (V. 2). Zwar in poetischer Sprache, etwa mit einer Inversion, die „anderntags" an das Ende des ersten Verses rückt, aber ohne Reim oder regelmäßiges Metrum ist das Gedicht als ein Text der Moderne erkennbar. Prägnant ist die im gesamten Gedicht kritisch-wertende Darstellung der Flugreise. Das lyrische Ich sieht sich „im Flugzeug eingesperrt" (V. 3). Das Fliegen über den Wolken erinnert ihn an Wüsten, die „aussehn wie Meere" (V. 5). Beide Vergleiche sind durch Wortwiederholung verstärkt. Diese negativen Konnotationen werden zugespitzt, indem sie „Schneewehen gleich" (V. 6) gesetzt werden, durch die „beim Erwachen

aus der Narkose" (V. 7) gestreift werde. Narkose verbindet man mit Operation, körperlichem Leid. Diese Assoziationen gipfeln am Ende der ersten Strophe in einer Art Einsicht, nun einzusehen, was es heiße, „über Längengrade zu irren" (V. 8). Damit ist ein Sich-Verlieren oder ein umfassendes Verloren-Sein des lyrischen Ich beschrieben.
Die zweite Strophe nimmt dieses Gefühl erlebter Enge und Ohnmacht auf. Die eigene Sinneserfahrung von gestohlener Ruhe der Augen und gestohlener Körperzeit, wohl zu verstehen als gestohlene Lebenszeit, wird ausgeweitet auf dem lyrischen Ich besonders Wichtiges: „Das genaue Wort verliert seinen Ort." (V. 10) Die allgemein sonst als Vorteile des Reisens in entfernte Länder angesehenen Erfahrungen mit anderen Religionen und Sprachen sind als „Schwindel" (V. 10) benannt. Das meint nicht mehr nur das Körpergefühl, sondern den Sinn dieser Flugreisen allgemein. Die beschreibende Wortwiederholung und Alliteration der Flugfelder und Krankenzimmer als „gleich grau und gleich hell" (V. 13) lässt Abscheu erkennen. Das Motiv von der gestohlenen Zeit wird wieder aufgenommen mit der „Leerzeit" (V. 15) im „Transitraum" (V. 14). Das Bewusstsein des lyrischen Ich, wohl auszudehnen auf Flugreisende insgesamt, werde „umsonst" (V. 15) wachgehalten.
Die beiden letzten Verse der zweiten Strophe bilden den Auftakt zum Schlussvers, der allein die dritte Strophe bildet. Ein Sprichwort wird angekündigt, angeblich „aus den Bars von Atlantis" (V. 16), jenem mythischen Inselreich in sagenhafter Zeit. Gerade dort den heute weltweit üblichen Treffpunkt „Bar" zu verorten, kann nur ironisch gelesen werden, was auch auf das bitter-sarkastische angebliche Sprichwort zutrifft: „Reisen ist ein Vorgeschmack auf die Hölle." (V. 17)

Zum Titel „Kosmopolit" steht der Inhalt von Grünbeins Gedicht in scharfem Kontrast. Ein Weltbürger im Wortsinn, überall zu Hause, kann der Fluggast kaum sein. Ihm ist die Enge im Rumpf der Maschine zuwider. Das lyrische Ich empfindet auch die Flughäfen als einander ähnlich und monoton. Die gewählten Vergleiche erscheinen drastisch. Sie wirken übertrieben und damit kritisch-ironisch wie der zweifache Hinweis auf Krankenhausumstände wie Narkose für den Zustand beim Fliegen und Krankenzimmer als Bild für Transitträume. Meer und Wüste, in ihrer Dopplung das Einförmige und Stumpfsinnige betonend, führen zu Schneewehen als Metapher des inneren Zustands dieses Flugpassagiers.
Der Satzbau ist vor allem im sich über die Verse drei bis acht erstreckenden zweiten Satz des Gedichts komplex. Der Charakter eines Gedankengedichts, einer Aufzählung von Eindrücken und bitterbösen Einschätzungen, zieht sich aber insgesamt durch den „Kosmopolit"-Text. Keiner der angeblichen oder tatsächlichen Vorteile des Reisens bleibt vor den Reflexionen des lyrischen Ich bestehen. Verschiedene Religionen und Sprachen sind mit dem Verlust des „genaue[n] Wort[s]" (V. 10) bezahlt. Kein ernsthaftes Verständnis des „Jenseits" erscheint möglich. Körper und Geist leiden nur unter der „weitesten Reise" (V. 1) und dem „Irren über Längengrade" (V. 8). Statt erhellenden kulturellen Erfahrungen sind den zugespitzten Gedanken und Bildern des lyrischen Ich nur negative Reiseerfahrungen zu entnehmen.
Das Reisen, das die Gegenwart prägt, wird vom lyrischen Ich geradezu verdammt, wie das erdichtete Sprichwort der Schlusssentenz verdeutlicht. Als „Vorgeschmack auf die Hölle" wird gerade die längere Reise mit dem Flugzeug mit fast religiöser Inbrunst abgeurteilt. Die bis 2020 stark zunehmenden Flugreisen als Element der Globalisierung finden in diesem Gedicht keinerlei Zuspruch oder Rechtfertigung. Dass damit modernes, extensives Reisen

insgesamt gemeint ist, kann angenommen werden. „Kosmopolit" stellt kein Diskursangebot dar, sondern die generalisierende Abrechnung und Abwertung des Gegenwartsphänomens „Fernreise".

Beim Vergleich der konkreteren Reiseerfahrung in Durs Grünbeins Gedicht „Kosmopolit" mit der Eichendorff'schen „Rückkehr"-Idylle der Romantik kann man beim Leitmotiv „Reise" nur Gegensätzliches feststellen. Das Italienerlebnis des Heimkehrenden ist von klischeehaft-positiven Eindrücken bestimmt. Diese Eindrücke gipfeln in der schließlich beschworenen Heimatliebe. Dagegen steht die sarkastisch-drastisch beschriebene Flugreiseerfahrung bei Grünbein. Das lyrische Ich, der Flugreisende, fühlt sich eingezwängt, gequält und verwirrt, ohne jeden Ertrag dieses als Tortur erlebten Langstreckenfluges.
Bei Eichendorff sind die Verse zu Italien mit ihren positiven Natur- und Kulturerfahrungen klischeehaft, aber hymnisch und angenehm stimmungsvoll. Dazu passt die gute Laune des morgendlichen Rückkehrers, der beim Eintreten in das heimatliche Haus vor Energie kaum an sich halten kann. Fremde und Heimat begeistern das lyrische Ich. Eindeutig desillusionierend wirken dagegen die Erfahrungen modernen Reisens im „Kosmopolit". Die reflektierende Auseinandersetzung mit dem, was die Flugreise mit Körper und Geist des lyrischen Ich anstellt und wie sie beiden zusetzt, kann als eindeutige Abkehr von zumindest dieser modernen, aktuellen Art des Reisens gelesen werden.
Die Form trägt den jeweiligen Inhalt beider Gedichte. Bei Eichendorff verweist die liedhafte Gestaltung, bei der Reim und Metrum durchgehalten sind, auf das für die deutsche Romantik und den Autor typische Dichten. Die Bilder sind der Reise- und Naturlyrik seiner Zeit entnommen. Es fehlen konkrete Orte und Umstände. Der Eindruck eines in sich ruhenden, mit der Welt und seinem Leben sehr zufriedenen, heiteren, überschwänglichen Wanderers bleibt im Gedicht durchgängig gewahrt. Dagegen passt zur kritischen Darstellung der weiten Flugreise bei Grünbein die poetisch-komplexe Versgestaltung mit ineinandergreifenden Gedanken und Bildern.
Gemeinsam ist beiden Gedichten die Zuspitzung in der letzten Strophe bzw. im Abschlussvers. Bringt Eichendorff das Lob der Heimat, die dem durchaus geschätzten Italien vorzuziehen sei, über den Naturbegriff vom Waldesrauschen auf den Punkt, steht bei Grünbein das allein stehende, erfundene Sprichwort vom „Vorgeschmack der Hölle" als Gesamturteil zur Sinnlosigkeit modernen Flugreisens am Gedichtende.

Der historische Hintergrund dieser in ihrer Entstehung 165 Jahre auseinanderliegenden Gedichte bietet wenig Vergleichbares. Die krass gezeichnete Entfremdungserfahrung im „Kosmopolit" ist als Kritik eines Phänomens der Globalisierung zu deuten. Eichendorffs Natur- und Reiseidylle kann als typisch romantische Flucht vor der beginnenden Industrialisierung und Verstädterung gelesen werden und geht einher mit der Epoche der Restauration. Das Gegenwartsgedicht Grünbeins befasst sich kritisch-konkret und mit eindeutig negativer Tendenz mit dem Reisen über weite Strecken mit dem Flugzeug. Eichendorffs „Rückkehr" idealisiert dagegen das Wandern, das Erleben von Natur und Kultur. Die ungetrübte Heimatliebe bildet den Schluss- und Höhepunkt.

Beispiel für eine mündliche Prüfung (z. B. 4. Abiturfach)

1. Prüfungsteil

Inhaltliche Fokusthemen: „unterwegs sein" – Lyrik von der Romantik bis zur Gegenwart und „Nathan der Weise"

Aufgabenstellung

1. Analysieren Sie das Gedicht „Begegnung" von Joseph von Eichendorff unter Berücksichtigung von Epochenmerkmalen.

Materialgrundlage

Joseph von Eichendorff: Begegnung. Aus: Schulz, Hartwig (Hrsg.): Sämtliche Gedichte. Versepen. Deutscher Klassiker Verlag, Frankfurt/Main 2006, S. 131

Begegnung (1837)   *Joseph von Eichendorff (1788–1857)*

Ich wandert in der Frühlingszeit,
Fern auf den Bergen gingen
Mit Geigenspiel und Singen
Viel lust'ge Hochzeitsleut,
5   Das war ein Jauchzen und Klingen!
Es blühte rings in Tal und Höhn,
Ich konnt vor Lust nicht weitergehn.

Am Dorfe dann auf grüner Au[1]
Begannen sie den Reigen,
10   Und durch den Schall der Geigen
Lacht' laut die junge Frau,
Ihr Stimmlein klang so eigen,
Ich wusste nicht, wie mir geschehn –
Da wandt sie sich in wildem Drehn.

15   Es war mein Lieb! 's ist lange her,
Sie blickt' so ohne Scheue,
Verloren ist die Treue,
Sie kannte mich nicht mehr –
Da jauchzt und geigt's aufs Neue,
20   Ich aber wandt mich fort ins Feld[2],
Nun wandr ich bis ans End der Welt!

1 **Au:** Niederung, flaches Gelände an fließendem Wasser mit Wiesen
2 **Feld:** hier zu verstehen als weitläufige Landschaft

Sie haben 30 Minuten Zeit, sich auf die mündliche Prüfung vorzubereiten (vgl. S. 16).

Folgende **Stichwörter** könnten Sie notieren:
Einleitung, erste Vorstellung
- Autor: J. v. Eichendorff
- Genre: Liebes- und Naturgedicht
- Entstehung/Veröffentlichung: 1837
- Epochenzuordnung: Romantik

knappe Inhaltswiedergabe
- Situation: Wanderung im Frühling
- Ereignisse: Begegnung mit einer fröhlichen Hochzeitsgesellschaft, Tanzen der Gesellschaft am Dorfrand, Braut mit laut-enthusiastischer Freude
- Lyrisches Ich: erkennt Braut als einstige Geliebte, kein Wiedererkennen ihrerseits, verlässt den fröhlichen Ortes in einer Art (Welt-)Flucht

Lyrisches Ich
- durchgängige Ich-Botschaften
- Perspektive des zufälligen Zuschauers, Wanderers
- Gefühlswelt zwischen Erleben von Lebensfreude und Wiedererkennen der früheren Geliebten als Braut eines anderen
- Schmerz und Weltflucht

Detailanalyse: formale Textbeschreibung
- drei Strophen mit je sieben Versen
- komplexeres Reimschema *a b b a b c c* trotz eher volksliedhaften Anklängen
- Verse vierhebig und dreihebig, überwiegend durch Jamben geprägt
- regelmäßiger Bau mit kleineren Brechungen z. B. in V. 5, 1. Strophe
- mehr Senkungen beim Beschreiben der Hochstimmung und Ausgelassenheit der Hochzeitsgesellschaft
- Aneinanderreihung von Hauptsätzen (Fachbegriff „asyndetische Reihung", vgl. Epochenmerkmale, S. 126 ff., und „rhetorische Mittel", S. 204)

Detailanalyse mit Inhaltsbezügen und Deutungen
- <u>Strophe 1</u> mit zahlreichen positiven Beschreibungen wie „Frühlingszeit" (V. 1), „es blühte" (V. 6) als Aufbruch nach den kalten Wintertagen und „Jauchzen und Klingen" (V. 5) für das Ungezwungene, Spontane der Hochzeitsgesellschaft
- Schlussvers der Eingangsstrophe als Selbstaussage, sich mit der Natur und den Menschen glücklich und einverständig zu fühlen – „ich konnt' vor Lust nicht weitergeh'n" (V. 7)
- erste Strophe insgesamt als Feier der Natur und des Menschen als lebensfreudiger Teil in ihr
- <u>Strophe 2</u> mit genauerer Betrachtung der nun in der Flussebene feiernden Gesellschaft
- Gruppentanz zur Musik von Geigen als Hinweis auf Ausgelassenheit; Herausstechen der Stimme der Braut anhand ihres lauten Lachens
- offenbar charakteristische Stimme, die das lyrische Ich deutlich berührt (V. 13: „Ich wusste nicht, wie mir gescheh'n")

- Spannungsaufbau durch den Schlussvers, in dem das Tanzen der Braut „in wildem Dreh'n" (V. 14) benannt, aber noch keine Auflösung bekannt wird
- zweite Strophe insgesamt als Übergang von der jubilierenden Stimmung zu Gedichtbeginn in eine Detailbetrachtung der Feiernden mit ungewissen Elementen in der Gefühlswelt des Wandernden, des lyrischen Ich
- <u>Strophe 3</u> mit Aufklärung, dass die Braut eine frühere Geliebte des Wanderers ist
- kein Wiedererkennen(-Wollen) auf Seiten der Braut; lyrisches Ich merkt an: „Verloren ist die Treue" (V. 17)
- erneutes Aufleben von Hochzeitsmusik und -gesellschaft als Signal für Abkehr, Abwendung, fast Flucht des Wanderers
- Ich-Botschaft in den beiden Schlussversen besonders prägnant – Versbeginn „Ich aber ..." (V. 20); Abwendung von Hochzeitsgesellschaft, Lebensfreude „bis an's End der Welt!" (V. 21)
- dritte Strophe als Erfahrung von enttäuschter Liebe, Untreue; Weltflucht und -schmerz nun dominantes Gefühl

Zusammenfassung
- Gedicht der durchlebten, sich stark verändernden Gefühle eines Wanderers
- zunächst Lebensfreude in der Wanderung, im Naturerleben und beim Betrachten der ausgelassenen Hochzeitsgesellschaft
- schließlich aufkommendes Erkennen der Braut frühere Geliebte; damit ein die Welt Flüchtender, einsam Suchender in seinem Schmerz

INFO zur literaturgeschichtlichen Einordnung

Bei der **Romantik als Epoche** sollte eine deutliche Unterscheidung von allgemeinem Sprachgebrauch und literaturgeschichtlichem Begriff präsent sein (vgl. S. 125). Vor allem ist eine Gleichsetzung von klischeehafter Liebesschwärmerei und den differenzierteren Motivsträngen etwa in der Lyrik der Romantik zu vermeiden.

Epochenmerkmale und Gedichtbezüge/Bezug auf Analyseschwerpunkt:
- typische Motive der Romantik: idealisierte Natur, Naturerleben, Wanderschaft, schmerzliche, unglückliche Liebe, Melancholie des Einzelnen, Unbestimmtheit von Zeit und Ort; Züge des Märchenhaften hier eher in der überbordend-lustigen Tanz- und Hochzeitsgesellschaft
- Anklänge an das Volkslied; typische, von den Autorinnen und Autoren der Romantik gewollte Nähe zum Einfachen, Ursprünglichen, auch von den Apostrophen wie bei „wandert'" oder „Viel' lust'ge Wandersleut'" getragen, einer gewollt-künstlichen Schlichtheit
- dennoch komplexer und in der offenbarten Gefühlswelt mehrdeutiger als in der Romantik populäre Lieder/Volkslieder („Des Knaben Wunderhorn"; Sammlung von Volksliedtexten in der Frühromantik von Achim von Arnim und Clemens Brentano)
- vergleichbar z. B. mit dem bekannten Gedicht „Sehnsucht" von Eichendorff (Wanderschaft, Gedanke an oder Flucht in die Fremde)

> **INFO**
>
> Erwartet wird in der mündlichen Abiturprüfung **Standardsprache**, mindestens gehobene Umgangssprache. Eine häufige Verwendung der Umschreibung mit „würde" ist zwar grammatisch nicht falsch, gilt aber als stilistisch unschön.

2. Prüfungsteil

Im zweiten Teil der Prüfung ist ein **Gespräch zum gesamten Themenspektrum aus der Qualifikationsphase möglich** (vgl. S. 16, „Die mündliche Abiturprüfung").
Als Beispiel aus dem Inhaltsfeld Texte der Abiturvorgaben 2021 wird das Drama „Nathan der Weise" von G. E. Lessing herangezogen.

Das weitere Prüfungsgespräch könnte so verlaufen:

Überleitung: gedankliche Verknüpfung der beiden Prüfungsteile, z. B. anhand von Lebensdaten und literaturgeschichtlicher Einordnung Lessings (1729 – 1781, Aufklärung) sowie von Eichendorffs (1788 – 1857, Romantik)

Frage nach der **literarhistorischen Einordnung** von „Nathan der Weise":
- Hauptwerk der deutschen Aufklärung, Gedanken Immanuel Kants und der französischen Aufklärung (v. a. Diderot)
- bürgerliches Drama in klassischer Form von fünf Akten, Blankverse in Anlehnung an englische Vorbilder

Fragen zu Inhalten des „dramatischen Gedichts", etwa zur zitierten historischen Konstellation, zur Figurenkonstellation oder Ringparabel:
- Jerusalem in der Zeit des dritten Kreuzzuges Ende des 12. Jahrhunderts in einer Art Waffenstillstand
- politische Herrschaft des muslimischen Sultans Saladin bei religiöser Machtausübung durch den christlich-fanatischen Patriarchen („Tut nichts! Der Jude wird verbrannt".)
- Nathan, reicher und gelehrter jüdischer Kaufmann, eine Art Verwirklichung und Sprachrohr der religiösen Toleranz, wie Lessing sie propagiert; Adoptivvater von Recha, in die sich der von Saladin begnadigte christliche Tempelherr verliebt
- verwickelte Verwandtschaftsverhältnisse, bei denen sich am Ende Recha und der Tempelherr, vermeintliche Jüdin und vermeintlicher Christ, als Kinder von Assad, dem gefallenen Bruder Saladins, herausstellen
- **Ringparabel** mit Ausgangspunkt der Fangfrage Saladins an Nathan zu den drei monotheistischen Religionen; drei vererbte Ringe eines Vaters an seine Söhne als Hinweis auf die natürliche Religion, die gleiche Wahrheit im Ursprung; Parabel als Weiterentwicklung einer Boccaccio-Erzählung

Fragen nach dem **„Fragmentenstreit"** (Goeze – Lessing) als stofflichem Hintergrund:
- Hamburger Hauptpastor Goeze als Gegner von Lessings Anschauungen religiöser Toleranz (u. a. „Streitgespräche"); Erwirken einer Zensur gegen Lessing in religiösen Fragen und „Nathan" als eine Art literarischer Reaktion darauf
- Deismus[1] als Lessings Glaubensansatz und Vorstellung

1 Deismus: Auffassung, der zufolge Religion/Theologie durch Vernunft, nicht durch göttliche Offenbarung zu begründen ist

(Mögliche) Transferfrage zur **Bedeutung des „Nathan" heute**:
- Selbstverständnis in dem universellen Ideal einer die religiösen und nationalen Unterschiede aufhebenden Weltfamilie aktuell vor dem Hintergrund von aufstrebendem Nationalismus und religiösem Fanatismus in zahlreichen Weltgegenden
- „Nathan"-Aufführungsverbot im NS-Staat (als menschenverachtende Gegenaufklärung)

(Mögliche) Konfrontation mit einem **Auszug aus der Sekundärliteratur**, z. B.:
„Der Literaturwissenschaftler Wilfried Barner hat sich mit der Rezeption von Lessings Werk auseinandergesetzt, auch mit der Rezeption Lessings durch Eichendorff. Barner zitiert, dass Eichendorff Lessing für einen „Irregeleiteten" hielt. Eichendorff als streng gläubiger Katholik sehe in Lessing jemanden, der entgegen dem Absoluten, dem Glauben, zu sehr der Weiterentwicklung des Grundprinzips der Humanität, der Emanzipation des Subjekts, des Menschen, zum Durchbruch verholfen habe. Wie sehen Sie Eichendorffs Blick auf Lessing?"
- Absolutheitsanspruch des Glaubens bei Eichendorff als Ablehnung des Lessing'schen Aufklärungs- und Toleranzgedankens
- kritische Sicht auf Aufklärung und (Selbst-)Überschätzung des autonomen Subjekts, des mündigen Menschen

Basiswissen

Grundlegende Arbeitstechniken

Arbeitsschritte zur Lösung von Abituraufgaben

Arbeitsschritte	Handlungen
Zeit einteilen und effektiv nutzen	– Auswahlzeit nutzen – Zeitkontingent für Texterschließung festhalten – Zeitkontingent für die schriftliche Bewältigung der Teilaufgaben festlegen – Zeitkontingent für die Überarbeitung einplanen
Aufgabenvorschläge lesen, verstehen und auswählen	– Aufgabenvorschläge gründlich lesen – inhaltlichen und methodischen Schwerpunkt klären – eigenes fachliches Vorwissen abrufen – Operatoren und das damit geforderte methodische Vorgehen klären – sich für einen Aufgabenvorschlag entscheiden

Text bzw. Texte mit Blick auf die Aufgabenstellung analysieren	– Lesestrategien nutzen:
	  • 5-Schritt-Lesemethode
	  • Fragen an den Text stellen
	– Schreibstrategien verwenden
	– Interpretationsverfahren berücksichtigen
	– Textanalyse entzerren:
	  • Vorwissen festhalten
	  • äußere Textmerkmale kennzeichnen
	  • Interpretationshypothese aufstellen
	  • Inhalt erschließen
	  • Argumentationsweg bzw. Gedankenführung herausstellen
	  • sprachliche Mittel und ihre Funktion für die inhaltliche Aussage erarbeiten
	– Erschließungsergebnisse schriftlich festhalten

Klausur schreiben	– Gliederung oder Schreibplan aufstellen – einzelne Gliederungspunkte ausformulieren

Klausur überarbeiten	– Text überarbeiten in Hinsicht auf …
	  • die inhaltlichen Vorgaben der Aufgabenstellung
	  • die Logik der Gedankenführung
	  • die formale Richtigkeit (Textsorte erfasst?)
	  • die sprachliche Korrektheit

Texte erschließen

Mit Interpretationsverfahren arbeiten

Für fiktionale Texte – seien sie lyrisch, episch oder dramatisch – gilt grundsätzlich, dass deren Analyse oder Deutung (Interpretation) keine Allgemeingültigkeit beanspruchen kann. Vielmehr ist es nötig, sich der jeweiligen Lesart des Ansatzes, der die Deutung leitet, bewusst zu sein.
Grundsätzlich unterscheidet man zwei Interpretationsansätze:
- die *werkimmanente* (auch textimmanente) und
- die *werkübergreifende* (auch textexterne) Interpretation.

Interpretationsverfahren im Überblick

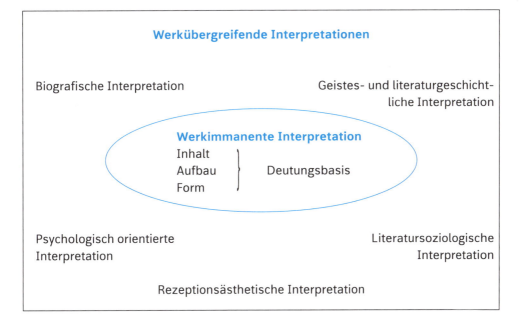

Die werkimmanente Interpretation

Die werkimmanente oder auch textimmanente Interpretation lässt alles Wissen um historische Bedingtheit, soziale Kontexte oder biografische Bezüge außer Acht und sieht den Text als Kunstwerk geradezu autonom. Ohne über den Text hinausgehende Information werden hier möglichst umfassend Inhalt und Form untersucht und interpretiert. Dabei geht es um direkte Aussagen, Verschlüsseltes, bewusst nicht Formuliertes, aber Gemeintes, um den Text in Aufbau und Gestaltung.
Der Schweizer Germanist Emil Staiger prägte diese Richtung des Interpretierens. Sie war in den fünfziger und sechziger Jahren des 20. Jahrhunderts in der Germanistik und im Deutschunterricht dominant.
Dass das Bedingungsgeflecht, in dem ein literarischer Text entstanden ist – und rezipiert wird –, bei dessen Deutung mitzudenken ist, gehört heute zum selbstverständlichen

Denken im Zusammenhang mit Interpretationen. Die werkimmanente Betrachtung ist daher inzwischen eher Ausgangspunkt oder Vorarbeit für die Deutung.

Werkübergreifende Interpretationen

- Eine *biografisch orientierte Interpretation* untersucht den Text vor allem mithilfe der Lebensgeschichte einer Autorin bzw. eines Autors und deren Selbstaussagen. Ausgangspunkt ist die These, dass sich im Kunstwerk persönliche Erfahrungen in vielfältiger Weise spiegeln.

- Leitender Aspekt einer *psychologisch orientierten Interpretation* ist die Vorstellung, dass eine Autorin/ein Autor oft auch unbewusst die Verarbeitung der eigenen psychischen Situation im Kunstwerk leistet. Modelle der Psychoanalyse, beginnend mit Sigmund Freud (1856–1939), können nach dieser Auffassung zur Entschlüsselung dienen. Wissen über die Biografie ist dafür unerlässlich.

- Eine *geistes- und literaturgeschichtliche Interpretation* versteht den Text als Produkt seiner Zeit, der Strömungen in Philosophie, Kunst, Naturwissenschaften sowie Politik und Gesellschaft. Die jeweilige literarische Epoche (→ Sturm und Drang, → Naturalismus, → Expressionismus etc.) wird zum Einordnungsrahmen der Untersuchung.

- Bei einer *literatursoziologisch angelegten Interpretation* steht das Verhältnis von literarischem Werk und Gesellschaft im Mittelpunkt. Die Frage, ob und wie der Text die politischen und sozialen Konflikte seiner Entstehungszeit aufgreift, ist zentral. Darüber hinaus wird nach dem Zusammenhang von Textproduktion und Textwirkung gefragt. Als dialektisch-materialistischen Ansatz bezeichnet man die literatursoziologische Interpretation, wenn bestimmte Grundannahmen des Marxismus (z. B. das Geschichtsbild: Die Geschichte als Geschichte von Klassenkämpfen) als erkenntnisleitend angenommen werden.

- Bei einer *rezeptionsästhetischen Interpretation* liegt der Schwerpunkt auf der Frage, wie der jeweilige Leser oder das Lesepublikum den Text verstanden bzw. rezipiert hat. Ausgangspunkt ist die Überlegung, dass jeder Leser den Text unterschiedlich auffasst und daher keine „gültige" Interpretation möglich ist. Die Wirkung eines Textes auf den Leser ist abhängig von dessen Herkunft, seinem Alter usw. und ermöglicht daher eine jeweils neue Sicht des Werks.

Als geeignetes Vorgehen für eine Interpretation wird heute in der Regel die **kritisch-hermeneutische Methode** angesehen, die die genannten Ansätze vereinigt und von einem sich sukzessiv entwickelnden Deutungsfortschritt ausgeht. Dabei soll sich der Erkenntnisprozess von einem ersten, noch wenig reflektierten Vorverständnis bis hin zu einer Kontexte unterschiedlichster Art einbeziehenden Interpretation entwickeln (Hermeneutischer Zirkel).

> **TIPP** Fragen an den Text stellen
>
> – Wer hat den Text wann und zu welchem Zweck verfasst?
> – An wen wendet sich der Text?
> – Worum geht es in dem Text?
> – In welchem thematischen Zusammenhang steht der Text?
> – Welches sind – bezogen auf das Thema – die zentralen Aussagen des Textes?
> – Welche Position vertritt die Autorin oder der Autor?
> – Wie ist der Text gedanklich aufgebaut?
> – Mit welchen sprachlichen und formalen Mitteln wird die Aussageabsicht deutlich gemacht?
> – Wie beurteile ich den Text vor dem Hintergrund meiner fachlichen Kenntnisse zu diesem Thema?

Es ist hilfreich, die Fragen auf einzelne Blätter zu notieren und die Antworten stichwortartig zu formulieren. Auf diese Weise erhalten Sie ein Schreibgerüst, auf dessen Basis Sie den Klausurtext verfassen können.

Ergebnisse der Texterschließung festhalten

Die Ergebnisse der Texterschließung sollten für die weitere Verarbeitung schriftlich festgehalten werden. Dazu bieten sich folgende Verfahren an:

> – <u>Stichpunkte</u> zu den einzelnen Arbeitsschritten der gewählten Lesemethode festhalten.
> – Erschließungsergebnisse in einer <u>Mindmap</u> zusammenstellen.
> – Ein <u>Schaubild</u> anfertigen, das den gedanklichen Aufbau eines Textes zeigt.
> – Die Erschließungsergebnisse in ein <u>Fluss- oder Strukturdiagramm</u> umsetzen (insbesondere für die Erschließung argumentativer Texte geeignet).
> – <u>Schlüsselwörter</u> (Wörter, die die zentralen Textaussagen enthalten, d. h. den Text aufschließen) herausschreiben und mit Pfeilen und Symbolen logisch miteinander verbinden.

Diese unterschiedlichen Verfahren sollten im Vorfeld der Prüfung erprobt werden. So können Sie feststellen, welche Verfahren für welche Textsorten besonders geeignet sind und mit welchen Verfahren Sie selbst am besten zurechtkommen.

Typische Schwierigkeiten bei der Texterschließung

Schwierigkeit	Tipps
Ich kann die zentralen Aussagen eines Textes nicht herausarbeiten.	– inhaltlichen Schwerpunkt der Aufgabenstellung klären – Thema formulieren – Text mit Blick auf das Thema lesen – Schlüsselwörter, d. h. immer wieder auftretende Begriffe oder Wörter, die zu einem Wortfeld gehören, markieren – zu jedem Textabschnitt einen Satz formulieren
Ich habe Probleme im Umgang mit schwierigen Textstellen.	– unbekannte Wörter mithilfe eines Wörterbuchs klären – unbekannte Wörter oder schwer zu verstehende Formulierungen aus dem Kontext heraus klären – den Satzbau ändern, Nebensätze in Hauptsätze auflösen, Satzverbindungen herstellen – die Textstelle mit eigenen Worten umschreiben – Fragen an den Text stellen
Ich kann den Aufbau eines Textes nicht erkennen.	– Thema und zentrale These des Textes klären (Hinweise enthalten oft Titel, Untertitel, erster und letzter Abschnitt eines Textes) – These, Argumente, Beispiele mit unterschiedlichen Farben oder Symbolen kenntlich machen – Konnektoren (Satzverbindungen) heraussuchen wie z. B. *dennoch, trotzdem, im Unterschied dazu, obwohl* … und Bezüge zwischen den Aussagen markieren – Überschriften für Absätze formulieren und mit entsprechenden Satzverbindungen logisch verknüpfen – Textgerüst in Form eines Schaubildes aufzeichnen
Ich gebe den Textinhalt immer nur wieder und analysiere den Text nicht.	– Texterschließung entzerren, nacheinander folgende Fragen beantworten: *Was steht im Text?* *Was bedeutet die Aussage für den gesamten Text bzw. das Thema?* – Textstellen mit eigenen Worten umschreiben, nicht nur Zitate aus dem Text aneinanderreihen
Ich kann keine eigene Position zu einem Text entwickeln.	– sich das eigene Vorwissen vor der Lektüre des Textes klarmachen (thematisches Wissen, Kenntnisse zu Textsorte oder Autor), Cluster oder Mindmap anlegen – Bezugspunkte aus dem Text notieren, auf die ich konkret eingehen will; Vortext in Ich-Form schreiben: *Der Autor schreibt …, ich meine …*

Texte schreiben

Schreibstrategien verwenden

Das Schreiben der schriftlichen Abiturarbeit kann durch die Berücksichtigung folgender Schreibstrategien erleichtert werden:

Die 5-Schritt-Schreibmethode

1. Schritt	**Den Schreibprozess organisieren** Vor Arbeitsbeginn wird überlegt: – Wie viel Arbeitszeit steht mir insgesamt zur Verfügung? – Wie viel Zeit setze ich für die einzelnen Arbeitsschritte an?
2. Schritt	**Den Schreibprozess vorbereiten** – Die Aufgabenstellung wird geklärt. – Der Text wird mithilfe geeigneter Lesestrategien erschlossen. – Eine Arbeitshypothese wird formuliert, z. B. *Der Text handelt von … In dem Text geht es um … Der Autor vertritt die Position …* – Eigene Ideen zu Text, Thema, Unterthemen etc. werden notiert.
3. Schritt	**Arbeitsergebnisse strukturieren** – Die Ergebnisse der Texterschließung werden nach Oberthemen sortiert. – Die einzelnen Unterthemen werden in eine logische Abfolge gebracht, z. B. in Form einer linearen Gliederung bzw. einer Mindmap. – Die eigenen Ideen aus Schritt 2 werden zugeordnet.
4. Schritt	**Die Klausur schreiben** – Die Klausur wird auf der Basis der Vorarbeiten geschrieben. Dabei entspricht jeder Gliederungspunkt einem Abschnitt. – Eine Teilaufgabe der Klausur sollte in einem Zug ohne Unterbrechung verfasst werden, damit der Gedankengang nicht gestört wird.
5. Schritt	**Die Klausur überarbeiten** Die Klausur wird überarbeitet im Hinblick – auf das verwendete → Textmuster und dessen Merkmale, – den sachlogischen Aufbau, – die schlüssige Verknüpfung der einzelnen Teile, – die Korrektheit von Rechtschreibung, Zeichensetzung und Grammatik.

Typische Schwierigkeiten beim Schreiben

Schwierigkeit	Tipps
Ich weiß häufig nicht, wie ich mit der „eigentlichen" Klausur anfangen soll.	– Einleitungssatz bzw. -sätze mit Blick auf die bekannten Textmuster vorbereiten – den möglichen Verlauf der Arbeit in einem Schaubild skizzieren (Begriffsnetz, Flussdiagramm etc.) – einen Gliederungspunkt, bei dem ich mich sicher fühle, als ersten ausformulieren
Ich gebe immer nur den Text wieder, ohne ihn zu analysieren; oft verbinde ich einfach nur Zitate miteinander.	– die Textanalyse mittels Fragen staffeln, z. B. *Was sagt der Autor?* (Informationen entnehmen) *Welche Aussageabsicht hat der Autor?* (Intentionen erkennen) *Welcher Zusammenhang besteht zwischen Inhalt und Form?* (reflektieren) *Welche Position vertrete ich?* (bewerten) – sich von der Textvorlage lösen, eigene Formulierungen finden – Zitate so knapp wie möglich halten
Meine Klausuren werden häufig sehr lang; ich werde kaum mit der Aufgabe fertig.	– das Konzept in wenigen Sätzen skelettartig entwerfen, in welchen die Grundgedanken der Klausur enthalten sind – die Sätze im Sinne von Überschriften für die einzelnen Textabschnitte nutzen – den Text im Hinblick auf Wiederholungen kontrollieren
Ich weiß manchmal gar nicht, was ich zu einem Gliederungspunkt alles schreiben soll. Häufig fällt mir nur ein Satz ein.	– zu einem Gliederungspunkt, der zu knapp ausgefallen ist, ein Cluster anlegen – die Perspektive wechseln: *Was müsste ein Adressat wissen, um meine Gedanken möglichst präzise zu verstehen?* – den Klausurtext mit Beispielen veranschaulichen
Mir fällt es schwer, meine Gedanken so miteinander zu verbinden, dass der logische Aufbau der Klausur deutlich wird.	– den Klausurtext in Sinnabschnitte gliedern – sich logische Zusammenhänge klar machen und entsprechende Satzverknüpfungen verwenden, z. B. *im Hinblick auf, darüber hinaus, im Gegensatz zu, anders als ...*
Ich weiß nicht, was eine knappe Zusammenfassung sein soll.	– knapp auf Hauptthese(n) bzw. zentralen Interpretationsansatz eingehen – die eigene Position nochmals verknappt formulieren

Textmuster berücksichtigen

Grundsätzlich gilt: Die in den Klausuren geforderten Textmuster werden im *Präsens* geschrieben. Die Wiedergabe der Äußerungen anderer erfolgt in der indirekten Rede, d. h. im *Konjunktiv I*. Umgangssprachliche Formulierungen werden vermieden.

Textmuster 1: Textanalyse
Eine Textanalyse arbeitet die zentralen Aussagen eines Textes zu einem bestimmten Sachverhalt heraus, beschreibt die einzelnen Bestandteile eines Textes und zeigt deren Vernetzung auf.
Eine Textanalyse umfasst – unabhängig davon ob ein fiktionaler Text oder ein Sachtext der Arbeit zugrunde liegt – grundsätzlich folgende Bestandteile:

Einleitung
- Die äußeren Textmerkmale werden genannt: Autor, Titel des Textes, Textsorte, Entstehungszeit und -ort, Adressaten des Textes.
- Ein Textauszug wird in einen größeren Gesamtzusammenhang eingeordnet.
- Das Thema des Textes wird formuliert.
- Der Inhalt des Textes wird knapp zusammengefasst.

Hauptteil
- Die Untersuchungsergebnisse werden mit Bezug auf die Gliederungspunkte dargelegt. Der Zusammenhang von inhaltlichen Aussagen, Textaufbau und sprachlicher Gestaltung wird berücksichtigt.
- Die Arbeitsergebnisse werden mit Fachkenntnissen und Allgemeinwissen verknüpft.
- Die Gliederungspunkte werden durch Sinnabschnitte gekennzeichnet.
  Die Abschnitte werden durch Überleitungen miteinander verknüpft, z. B. *in diesem Zusammenhang, darüber hinaus, einschränkend, dementsprechend …*
- Zwischenergebnisse werden kenntlich gemacht, z. B. *zusammenfassend kann man sagen, hier lässt sich festhalten …*
- Die Arbeitsergebnisse werden mittels Zitaten und Textbelegen abgesichert.

Schluss
- Die zentralen Arbeitsergebnisse werden mit Blick auf den inhaltlichen Schwerpunkt der Aufgabenstellung bzw. die in der Einleitung formulierte Interpretationshypothese oder die Hauptthese(n) zusammengefasst.
- Der Text bzw. die Darstellung des Themas wird in einer knappen eigenen Stellungnahme bewertet.
- → *Hinweis: Zusätzlich müssen jeweils* **textsortenspezifische Besonderheiten** *in den Blick genommen werden.*

Hinweise zur weiterführenden Schreibaufgabe
- Der Untersuchungsaspekt des weiterführenden Schreibauftrags wird in der Einleitung zur Aufgabe genannt.
- Eine Verknüpfung zwischen den Ergebnissen aus Teilaufgabe 1 und den Anforderungen des weiterführenden Schreibauftrags (Teilaufgabe 2) wird hergestellt.
- Textübergreifende fachliche Kenntnisse werden dargelegt.
- → *Hinweis: Die Textanalyse ist gegenüber der weiterführenden Schreibaufgabe immer die deutlich umfangreichere Teilaufgabe.*

Textmuster 2: Stellungnahme

Bei der weiterführenden Schreibaufgabe im Anschluss an eine Textanalyse wird häufig eine Stellungnahme verlangt.

Unter einer Stellungnahme versteht man die **Bewertung** eines Sachverhalts, einer Problemstellung **auf der Grundlage fachlicher Kenntnisse**. In einer Stellungnahme sollen Sie sich dementsprechend mit einer Position, einer Fragestellung oder einem Problem argumentativ auseinandersetzen, für das Sie sich vorher entsprechende Kenntnisse erarbeit haben (vgl. Ergebnisse der Textanalyse als Teilaufgabe 1 einer Klausur). In der Stellungnahme soll so auf der Basis von Fachkenntnissen ein **in sich schlüssiges Sachurteil** gefällt werden.

Eine Stellungnahme umfasst folgende Teile:
- Die **Position**, der Gedanke, die Fragestellung, zu der man Stellung nimmt, wird einleitend erwähnt.
- Die eigene Position zum Thema wird in Form einer **These** (Behauptung) formuliert. Diese kann zustimmend, ablehnend oder relativierend sein.
- Die These wird durch **Argumente** (Begründungen) gestützt. Die Argumente werden durch **Beispiele/Belege** veranschaulicht. Argumente und Beispiele zeigen umfassende Fachkenntnisse des Schreibers zu dem angesprochenen Thema. Dabei werden die jeweiligen Argumente gewichtet.
- Mögliche **Gegenargumente** werden in die Stellungnahme einbezogen und soweit möglich **entkräftet**.
- Die eigene zustimmende oder ablehnende **Position** zum Thema wird abschließend **bekräftigt**.

Textmuster 3: Argumentative Entfaltung eines fachspezifischen Sachverhalts im Anschluss an eine Textvorlage

In einer textgebundenen Erörterung steht die sachlich fundierte Auseinandersetzung mit dem in der Textvorlage angesprochenen Thema, mit der Position des Autors und seiner Argumentation im Mittelpunkt. Entscheidend ist, dass die Argumentation in sich schlüssig ist, nicht, welche Position vertreten wird.

Einleitung
- Die übergeordnete Problemstellung wird dargelegt.
- Die äußeren Textmerkmale werden genannt: Autor, Titel des Textes, Textsorte, Entstehungszeit und -ort, Adressaten.
- Das Thema des Textes sowie die Position des Autors werden formuliert.

Hauptteil 1: Analyse des Textvorlage
- Die zentralen Gedanken des Textes werden kurz wiedergegeben und erläutert.
- Die Argumentationsstruktur wird erarbeitet.

Hauptteil 2: Auseinandersetzung mit der Argumentation des Textes
- These(n) und Argumente der Textvorlage werden überprüft, d.h. erläutert, ergänzt, infrage gestellt etc., Gegenargumente werden aufgezeigt und entsprechend gewichtet.
- Ein eigener, sachlich begründeter Standpunkt zu der im Text vertretenen Position wird entwickelt (in Form einer Pro-und-Kontra-Diskussion).
- Der gedankliche Ansatz des Sachtextes, die Position des Verfassers wird in Bezug zu anderen Positionen gesetzt. Dabei greift man auf im Unterricht zu diesem Thema erworbene Kenntnisse (z. B. andere wissenschaftliche oder populärwissenschaftliche Positionen zu der aufgeworfenen Fragestellung) sowie eigenes Hintergrundwissen zurück.

Schluss
- Die Ergebnisse der Erörterung werden in einem abschließenden Urteil zusammengefasst.
- Schlussfolgerungen, die das Thema weiterführen, werden aufgezeigt.

Textmuster 4: Textvergleich

Einem Textvergleich können
- zwei fiktionale Texte (Auszüge aus epischen oder dramatischen Texten; Gedichte),
- zwei Sachtexte oder auch
- ein Sachtext und ein fiktionaler Text

zugrunde liegen. In einer vergleichenden Analyse werden inhaltliche und sprachlich-formale Gemeinsamkeiten und Unterschiede herausgearbeitet. Dafür ist es notwendig, Vergleichspunkte zu finden. Vergleichspunkte sind übergeordnete Kategorien, auf die sich inhaltliche und formale Aspekte beider Texte beziehen lassen.

Einleitung
- Angabe der äußeren Textmerkmale beider Texte (Autoren, Textsorte, Titel, Entstehungszeit und -ort, evtl. Adressaten), z. B. *Bei den vorliegenden Gedichten/Romanauszügen ... handelt es sich um ...*
- Formulierung einer zentralen Vergleichshypothese, die im Hauptteil im Hinblick auf untergeordnete Vergleichspunkte ausdifferenziert wird, z. B. *In beiden Sachtexten geht es um das Thema ...*

Hauptteil
Grundsätzlich sind zwei Vorgehensweisen bei einem Textvergleich möglich:

Linearer Textvergleich	Aspektorientierter Textvergleich
– Textanalyse Text 1 (→ Textmuster S. 117 f.) – Textanalyse Text 2 – abschließender Textvergleich unter ausgewählten inhaltlichen und sprachlich-formalen Vergleichspunkten – zusätzliche Sachkenntnisse einbeziehen	– Vergleichspunkte mit Blick auf den zentralen Vergleichsaspekt entwickeln und als Gliederungspunkte für die Klausur nutzen – Analyseergebnisse im Hinblick auf die Vergleichspunkte bezogen auf beide Texte formulieren – zusätzliche Sachkenntnisse einbeziehen

Schluss
knappe Zusammenfassung der zentralen Vergleichsergebnisse mit Blick auf die in der Einleitung formulierte Vergleichshypothese

Sowohl bei dem linearen als auch dem aspektorientierten Textvergleich ist es wichtig, immer die Beobachtungen zur Form auch auf den Inhalt zu beziehen, also die Wirkung formaler oder sprachlicher Gestaltungsmittel darzustellen.

> **TIPP** Formulierungshilfen für den Vergleich
>
> – anders als, im Unterschied zu, wohingegen, demgegenüber, dagegen ...
> – genauso, übereinstimmend mit, ähnlich, beiden Texten gemeinsam ist ...

Mit Zitaten und Textbelegen arbeiten

Zitate und Textbelege haben die Funktion, die eigenen Aussagen durch Verweise auf den Ausgangstext abzusichern und nachvollziehbar zu machen.

Regeln für die Arbeit mit wörtlichen Zitaten
- Eine Textstelle, d.h. eine Formulierung, ein Satz oder auch mehrere Sätze, wird wortwörtlich aus einer Vorlage übernommen; das gilt auch für Besonderheiten der Rechtschreibung und Zeichensetzung (z. B. Textvorlagen in alter Rechtschreibung).
- Zitate werden durch Anführungszeichen deutlich gemacht.
- Auslassungen in einem Zitat – unabhängig davon, ob es sich um ein einzelnes Wort, eine Formulierung oder mehrere Sätze handelt – werden durch eckige Klammern mit drei Punkten gekennzeichnet: […]. Ein Zitat darf nicht soweit gekürzt werden, dass die Aussage verfälscht wird.
- Zitate, die man in den eigenen Text einpasst, müssen in einigen Fällen inhaltlich (z. B. durch ein erklärendes Wort) oder grammatisch (z. B. durch eine Veränderung des Kasus) dem eigenen Satzbau angepasst werden. Die Eingriffe kennzeichnet man durch die Verwendung eckiger Klammern, z. B. „Er wirft ihm [Danton] vor, dass […]."
- Zitate in Zitaten kennzeichnet man mit einfachen Anführungszeichen, z. B. „wenn Törless die besondere Wirklichkeit immer wieder mit dem Wort ‚es' zu fassen sucht."
- Zitate werden mit einem Hinweis auf den Fundort beendet. Dies geschieht in Form von Seiten-, Zeilen- oder Versangaben, z. B. „Er [Törless] hatte jetzt einen ganz neuen Respekt vor der Mathematik" (S. 75, Z. 3).

Regeln für die Arbeit mit sinngemäßen Zitaten
Für die **Wiedergabe von Aussagen Dritter** verwendet man:
- eine **einleitende Formulierung**, z. B. *Nach Meinung von …*, bzw. einen entsprechenden Einleitungssatz, z. B. *Der Autor hebt hervor, dass …* Durch die einleitende Formulierung wird auch das eigene Textverständnis deutlich.
- **indirekte Rede (Konjunktiv I)**, z. B. *Der Gebrauch von Anglizismen habe in Frankreich nicht in gleichem Ausmaß zugenommen.*

> **TIPP**
> - **Zitate** sollten **sparsam** verwendet werden.
> - Jedes Zitat muss eine Funktion haben, d. h. die eigenen Aussagen absichern.

Sinngemäße Zitate werden wie wörtliche Zitate mit einem Verweis auf die Textstelle in Form von Seiten-, Zeilen- oder Versangaben beendet.

Texte überarbeiten

Klausurtexte überarbeiten

Klausurtexte sollten im Hinblick auf inhaltliche und formale Anforderungen überarbeitet werden. Die Überarbeitung sollte in zwei Schritten erfolgen:

> **Checkliste zur inhaltlichen Überarbeitung**
> Habe ich die Vorgaben der Aufgabenstellung entsprechend berücksichtigt?
> - inhaltliche Vorgaben: Texte, Thema, weiterführende Schreibaufgabe
> - methodische Anweisungen: Operatoren (→ S. 9f.)
>
> Hat meine Arbeit einen roten Faden?
> - klare Gliederung
> - präzise Zuordnung der Ergebnisse zu den einzelnen Gliederungspunkten
> - keine Ausführungen, die nicht zum Thema gehören
>
> Ist meine Arbeit widerspruchsfrei?
> - sachliche Richtigkeit
> - schlüssige Argumentation
>
> Habe ich mein fachliches Vorwissen eingebracht und logisch mit den neu gewonnenen Untersuchungsergebnissen verknüpft?
> - allgemeine Kenntnisse zum Thema
> - (literarische) Fachkenntnisse zu Thema, Epoche, Autor, Vergleichstexten

> **Checkliste zur formalen Überarbeitung**
> Entspricht meine Arbeit den Vorgaben der vorgegebenen Textsorte (Textanalyse, Textvergleich, Texterörterung, Stellungnahme etc.)?
> - Einleitung, Hauptteil, Schluss
> - Einteilung in Abschnitte, die aufeinander Bezug nehmen
> - logische Verknüpfungen zwischen den einzelnen Abschnitten durch verbindende Wörter oder Formulierungen
>
> Entspricht meine Arbeit den sprachlichen und formalen Erwartungen an eine Abiturklausur?
> - präzise Wortwahl
> - Verwendung von Fachvokabular
> - verständlicher, abwechslungsreicher Satzbau
> - Vermeidung von Umgangssprache
> - korrektes Arbeiten mit Zitaten und Textbelegen
> - sprachliche Korrektheit in Bezug auf Grammatik, Rechtschreibung und Zeichensetzung

Die Ausarbeitung einer persönlichen Checkliste zur Textüberarbeitung hilft Ihnen, den Blick gezielt auf Ihre individuellen Problemfelder zu lenken.

Fehlerquellen ausschalten

> **TIPP zum Punktesammeln**
>
> Wie im Kapitel *Informationen und Tipps zur Prüfung* erläutert (→ S. 7 ff.), wird die Darstellungsleistung in der schriftlichen Prüfung gesondert bewertet. Auf den folgenden Seiten werden Tipps und Hinweise gegeben, wie häufige Fehlerquellen ausgeschaltet werden können, um Abstriche bei der Bewertung zu vermeiden. Erfahrungsgemäß treten Fehler vor allem in diesen Bereichen auf: Schreibweise von *das* und *dass*, Zeichensetzung, indirekte Rede, Zitieren und Angeben von Textstellen. **Überprüfen Sie Ihre Klausuren der letzten Halbjahre** daraufhin, ob es (diese oder andere) Fehlertypen gibt, die gehäuft vorkommen.

Schreibweise von *das* und *dass*

Bei *das* handelt es sich entweder um
- den **bestimmten Artikel** *das*: *das Haus, das Auto, das Erfolgsrezept* oder
- das **Relativpronomen** *das*. Es leitet einen Nebensatz ein: *Das Buch, das ich lese, ist spannend*. Es kann zur Probe durch *welcher, welches, welches* ersetzt werden.

Man schreibt *dass*, wenn es sich um eine **Konjunktion** handelt, die Teilsätze miteinander verbindet. Das ist sehr häufig nach Verben des Sagens, Meinens, Glaubens und Denkens der Fall: *Am Ende glaubt die Hauptfigur, dass sie richtig gehandelt hat.*
Die Nichtbeachtung dieser Regel führt zu doppelten Fehlern, weil *dass* nicht richtig geschrieben wird und das erforderliche Komma vor der Konjunktion fehlt.
Ich denke, dass das Buch, das auf dem Tisch liegt, spannend ist.
   Konjunktion Artikel Relativpronomen

Zeichensetzung
Infinitivgruppen

In den folgenden drei Fällen müssen bei Infinitivgruppen Kommas gesetzt werden:
- Die Infinitivgruppe wird mit *um, ohne, anstatt* oder *als* eingeleitet:
  Der Erzähler schildert die Ereignisse, ohne sie zu kommentieren.
- Die Infinitivgruppe hängt von einem Substantiv ab:
  Karl Moor gibt den Befehl, endlich aufzubrechen.
- Die Infinitivgruppe wird durch ein hinweisendes Wort angekündigt:
  Karl Moor denkt daran, seine Geliebte noch einmal zu treffen.

Satzreihen und Satzgefüge
- Bei **Satzreihen**, die aus zwei oder mehreren Hauptsätzen bestehen und durch Konjunktionen wie *und, oder, beziehungsweise/bzw., entweder – oder, nicht – noch* oder durch *weder – noch* verbunden sind, **kann man ein Komma setzen**. Bei längeren Sätzen sollten der besseren Lesbarkeit wegen Kommas gesetzt werden.

- **Satzgefüge**, die mindestens aus einem Hauptsatz und mindestens einem Nebensatz bestehen, werden **durch Kommas abgetrennt**. Die meisten Fehler werden gemacht, wenn ein **Nebensatz** in einen Hauptsatz eingeschoben ist, da dieser dann durch zwei Kommas abgetrennt werden muss: *Der Leser, der unmittelbar ins Geschehen einbezogen wird, kann die Gefühle gut nachvollziehen.*

Indirekte Fragesätze

Häufig wird das Komma vor indirekten Fragesätzen vergessen.
Alle Anwesenden fragten sich, warum es zu dem Konflikt kommen musste.
Sie wussten nicht, wie diese Auseinandersetzung zu vermeiden war.

Indirekte Rede

Zur Kennzeichnung der Übernahme dessen, was ein anderer wörtlich gesagt hat, verwendet man die indirekte Rede: *Der Verfasser der Rezension stellt heraus, dass ihm der Film nicht gefalle, weil er von der literarischen Vorlage zu weit entfernt sei.*
- Die indirekte Rede wird mit Formen des Konjunktivs I (Präsensstamm) gebildet: *er komme, sie gehe.*
- Wenn dabei eine Übereinstimmung mit der Indikativform vorliegt, werden Formen des Konjunktivs II (Präteritumstamm) verwendet: *er käme, sie ginge.*
- Sollte es dabei immer noch zu Übereinstimmungen mit den Indikativformen kommen, ist auf die Umschreibung mit der Ersatzform „würde" auszuweichen: *er würde fragen.*

Eine häufige Verwendung der Umschreibung mit *würde* ist zwar grammatikalisch nicht falsch, gilt aber als stilistisch unschön und kann zu gewissen Abwertungen im Bereich der Darstellungsleistung führen.

Zitieren und Angeben von Textstellen

Ein offizielles Bewertungskriterium für die Beurteilung der Darstellungsleistung lautet: „Der Prüfling belegt Aussagen durch angemessenes und korrektes Zitieren". „Angemessenes Zitieren" bedeutet, dass nicht zu viel, aber auch nicht zu wenig zitiert wird und die ausgewählten Zitate funktional sind, d. h. die eigenen Aussagen belegen. Demgegenüber meint „korrektes Zitieren", dass allgemeingültige Regeln bei der formalen Gestaltung der Zitate beachtet werden.

Tipps zum angemessenen Zitieren
- Zitate müssen einen deutlichen Bezug zum eigenen Text haben. Vor allem erklärende, deutende bzw. beurteilende und bewertende Aussagen in den Anforderungsbereichen II und III (→ S. 9 ff.) erfordern eine gründliche Textarbeit.
- Zitate sollten nicht zu lang sein, sondern auf die wirklich notwendigen Textpassagen konzentriert werden. Das Abschreiben von längeren Textstellen stellt keine eigene Leistung dar und ist meistens funktionslos.
- Zitate sollten nicht wiederholen, was bereits mit eigenen Worten gesagt wurde. Also nicht: *Innerlich sehr erregt ruft Karl Moor, dass er der Hauptmann der Räuberbande sein will: „So wahr meine Seele lebt, ich bin euer Hauptmann!"*

Literaturgeschichte im Überblick

Was ist Literaturgeschichte?

Angesichts der Vielfalt literarisch-historischer Erscheinungen – angefangen von Daten zur Geschichte bis hin zu philosophischen Strömungen und Einflüssen oder bedeutenden Autorinnen und Autoren – kann hier nur jeweils eine Übersicht dargeboten werden. Wiederholungs- oder Nacharbeitsbedarf besteht dann, wenn Begriffe nicht inhaltlich gefüllt werden können, Fakten unbekannt erscheinen oder Zusammenhänge zwischen Elementen der Übersichten nicht hergestellt werden können.

Literarische Werke, ihre gegenseitigen Einflüsse und Vernetzungen, sind in ihrer Gesamtheit unüberschaubar. Um dieser Unübersichtlichkeit zu begegnen, wird mit Hilfe der **Epochenbegriffe** versucht, literarische Werke, aus der jeweiligen Gegenwart begriffen, ein- und zuzuordnen. Mit dieser zeitlichen Unterteilung verbunden ist ein Verstehen in historischen, gerade auch geistesgeschichtlichen Zusammenhängen; ein Verständnis, das den jeweiligen Text in seinen Kontext einbettet, soll dadurch erleichtert werden. Das Verfahren der Epochengliederung hat sich als das wirkungsmächtigste Konzept erwiesen, die Literatur chronologisch zu ordnen, ihre Geschichte bis in die Gegenwart hinein als überschaubar zu erfassen.
Der Epochenbegriff bezeichnet den Raum zwischen zwei Einschnitten, die häufig an historischen Daten orientiert gewählt sind. So wird die Literatur von 1830–1848 „Vormärz" genannt – mit der Julirevolution in Frankreich 1830 als einer Art Startschuss, mit der Märzrevolution 1848 in Deutschland als Abschluss.
Solche Epochenbegriffe können zwar der realen Fülle und Vielschichtigkeit der Literatur im entsprechenden Zeitraum nicht gerecht werden, sind aber als Beschreibungen üblich und in gewisser Weise notwendig. Über den Charakter als Konstruktion, also über die Notwendigkeit, Epochenbegriffe auf ihr Herkommen, ihren Gebrauch und ihre Leistung bzw. ihre Grenzen zu befragen, sollte sich der Nutzer dieser Begriffe klar sein. Beispielsweise müssen zum Thema passende Gedichte der deutsch-jüdischen Autorin Nelly Sachs zur Exilliteratur gezählt werden, auch wenn sie erst nach 1945 entstanden sind. Auch die mit jedem Epochenbegriff verbundene Schwierigkeit einer Zuordnung, ohne dass das literarische Werk „in eine Schublade" gerät, muss sich derjenige, der einen Epochenbegriff benutzt, bewusst machen.

Grenzziehungen und Benennungen sind zwar durchaus unterschiedlich, gelegentlich kontrovers. Aber aus den üblichen Einteilungen lässt sich die auf den Folgeseiten im Überblick dargestellte Epochenübersicht entnehmen.

Epochenübersicht

Zeit	Epoche	Ergänzende kulturgeschichtliche Begriffe
um 750 – 1600	Alt-, Mittel-, Frühneuhochdeutsche Literatur	Renaissance, Humanismus
um 1600 – 1720	Barock	
	Von der Aufklärung bis zum Vormärz	
um 1720 – 1800	Aufklärung	
um 1740 – ca. 1785	Sturm und Drang / Empfindsamkeit	
um 1786 – 1805	Klassik	Weimarer Klassik
um 1795 – 1840	Romantik	
um 1830 – 1848	Vormärz / Junges Deutschland	Biedermeier
	Vom Realismus bis zur Exilliteratur	
um 1850 – 1890	Realismus	
um 1880 – 1900	Naturalismus	
um 1905 – 1925	Expressionismus	Symbolismus, Impressionismus, Décadence, Fin-de-Siècle, Jugendstil
um 1920 – 1933	Neue Sachlichkeit – Literatur der Weimarer Republik	
1933 – 1945	Exilliteratur	
	Literatur nach 1945	
um 1945 – 1960	Nachkriegsliteratur	Kahlschlagliteratur, Literatur der Stunde null, Trümmerliteratur
ab 1960	Gegenwartsliteratur	

Vom Barock über die Aufklärung bis zum Scheitern der bürgerlichen Revolution in Deutschland (1600–1848)

Die Auflösung der religiösen Einheit des Mittelalters durch die Reformation sowie sich verschärfende soziale und politische Konflikte entluden sich schließlich im **Dreißigjährigen Krieg (1618–1648)**. Ungefähr ein Drittel der Bevölkerung fiel ihm zum Opfer, er hinterließ verwüstete Landstriche und zerstörte Städte. Der Wiederaufbau förderte in den Fürstentümern die Entwicklung zum **Absolutismus**. Starke mentale sowie soziale Widersprüche prägen die Epoche des Barock: Auf der einen Seite finden sich aufgrund des erlittenen Leids Weltangst und Jenseitsorientierung, auf der anderen Seite Diesseitszugewandtheit, Sinnenlust und Lebensgier. Die Antithetik der Schlagworte „memento mori" (gedenke des Todes) und „carpe diem" (nutze den Tag) kennzeichnen das Lebensgefühl und damit auch die Literatur des **Barock**.

Um 1800 wird das literarische Selbstverständnis von Stilrichtungen, mentalen Konzepten und philosophischen Neuausrichtungen wie → *Aufklärung,* → *Sturm und Drang,* → *Empfindsamkeit,* → *Klassik* und → *Romantik* geprägt, die sich als Reflexe auf eine Welt im beschleunigten Wandel und Umbruch deuten lassen. Zentrales Ereignis mit weitreichenden Wirkungen war die **Französische Revolution 1789** mit ihrer Leitidee der Befreiung, verbunden mit der Emanzipation der Bürger. Das gedankliche Rüstzeug für diese Bewegung ist in den Ideen der Aufklärung seit 1720 zu finden.

Der Lebensentwurf und die Weltsicht des Bürgertums setzte sich in Mitteleuropa, auch in Deutschland, zunehmend durch: Der Standesdünkel des Adels mit den durch die Herkunft ererbten Privilegien war dem Verständnis vom Bürger mit Blick auf Entfaltung der Persönlichkeit, auf Vorrang der eigenen Leistung und Tugend allein schon in moralischer Hinsicht nicht gewachsen. Ob im streng **rationalen Denken der** *Aufklärung* oder im **Geniekult des** *Sturm und Drang,* ob in der allseitig **gebildeten Persönlichkeit der** *Klassik* oder im **übersteigerten Ich der** *Romantik* – in allen literarischen Strömungen sind der Einzelne und sein Wert, sein Engagement und letztlich seine Autonomie bedeutsamer als alle gesellschaftlichen Schranken.

Damit gehen unterschiedliche politische Entwicklungen einher: Ist in Frankreich gleich dreimal (1789, 1830 und 1848) eine revolutionäre Bewegung von Erfolg gekrönt, bleiben in Deutschland demokratische, auch nationale Hoffnungen nach den Befreiungskriegen 1813–1815 und im gesamten Zeitraum bis zur bürgerlichen Revolution 1848/49 und danach unerfüllt. Die Revolution in Deutschland fand allenfalls auf dem Papier (von Schriftstellern) statt. Die Autoren des *Vormärz* waren Opfer der restaurativ-autoritären Strukturen im von Österreich-Ungarn und Preußen geprägten Deutschland.

Das Überlappen der Epochen, die Gleichzeitigkeit stark divergierender Phänomene, ist ein Kennzeichen des Umbruchs um 1800. Lassen sich *Aufklärung* einerseits und *Sturm und Drang* bzw. *Empfindsamkeit* andererseits noch als Gegensätze und Ergänzung verstehen, sind *Klassik* und *Romantik* sowie *Romantik* und *Vormärz* kaum mehr in eine solche Beschreibung zu integrieren. Zuordnungen – etwa die Heinrich von Kleists zu *Klassik* oder *Romantik* – sind in unterschiedlicher Weise möglich; ein Autor wie Heinrich Heine zwischen *Romantik* und *Jungem Deutschland* verkörpert in seiner Person und seinem breiten literarischen Profil die Tendenzen seiner Zeit gleich mehrfach.

Barock (um 1600 – 1720)

Epochenbegriff
Zunächst als Stilbegriff für Bildende Kunst und Musik benutzt und später auf die Literatur übertragen, wird „Barock" im 20. Jahrhundert zum Epochenbegriff. Geprägt ist die Epoche von scharfen Gegensätzen und einem dualistischen Weltbild.

Geschichte und Gesellschaft
1517 Luthers Thesen an der Schlosskirche in Wittenberg, Beginn der Reformation, Folgen: zunehmende Interessenkonflikte zwischen katholischen und protestantischen Staaten (Klammer des mittelalterlichen „Heiligen Römischen Reichs deutscher Nation" wirkt nur noch formell)

1618–1648 Dreißigjähriger Krieg, Folgen: Verwüstung weiter Teile Mitteleuropas, Verlust von mind. einem Drittel der Bevölkerung, anschließend soziale, ökonomische und kulturelle Rückständigkeit

1643–1715 Frankreich: Ludwig XIV., frz. Absolutismus; in Deutschland:
- Flickenteppich deutscher Fürstentümer und Kleinstaaten, Residenzstädte sind Zentren der Künste und Wissenschaft
- Orientierung am Absolutismus, Festigung der mittelalterlichen Ständegesellschaft mit Bürger und Bauern als drittem Stand (nach Adel und Geistlichkeit)
- Merkantilismus (Frühkapitalismus) bietet Entwicklungschancen für das Gewerbe und Handel treibende Bürgertum
- Bildungsträger: Männer aus Adel und gehobenem Bürgertum, städtisches Bevölkerung zunehmend Kulturträger; keine Bildung für breite Bevölkerungsschichten

Welt- und Menschenbild
- Ordo-Gedanke des Mittelalters trägt noch: irdische Ordnung als Spiegel der göttlichen Heilsordnung (Einheit von Gott und Welt)
- scharfe Kontraste/Dualismus: Leben und Tod, Zeit und Ewigkeit, Diesseitsfreude und Jenseitssehnsucht, Weltgenuss und religiöse Ekstase
- philosophische Systeme des Rationalismus und Empirismus sowie der beginnenden Aufklärung ↔ Hang zur mystischen Innerlichkeit im religiös-philosophischen Bereich

Gattungen, Autor/-innen, Werke
Prägend: Sonett und Ode in der Lyrik, Kennzeichen: Strenge der Form, Emblem als eigene Kunstform, Regelpoetik von Martin Opitz (1597–1639)
Geistliche und weltliche Sonette:
Simon Dach (1605–1659), Paul Fleming (1609–1640), Andreas Gryphius (1616–1664), Catharina R. von Greiffenberg (1633–1694), Christian Hofmann v. Hofmannswaldau (1617–1697), Paul Gerhardt (1607–1676)
Schelmenroman: H. J. C. v. Grimmelshausen (1621/22–1676) *Der abenteuerliche Simplicissimus*

Literarisches Leben – Themen und Motive der Literatur
- allgemein: Widersprüchlichkeit der Zeit, ihre Spannungen und Gegensätze: Lebenslust ↔ Todesangst, absolutistische Prachtentfaltung ↔ menschliches Elend, höfische Repräsentationskultur ↔ Erstarken des bürgerlichen Standesbewusstseins
- Sprachgesellschaften zur Stärkung des Deutschen als Nationalsprache
- *vanitas – memento mori – carpe diem* als Motive in der Lyrik
- Emblem (Bild) als eigene Kunstform: beliebte Zusammensetzung aus Bild und Text, (Pictura), meistens allegorisch, häufig Motiv aus Natur, Kunst oder biblischer Geschichte bzw. Mythologie; zugehöriger Titel (Inscriptio = Motto) sowie den Sinn erläuternde Unterschrift (Subscriptio), häufig als Epigramm

Aufklärung (um 1720 – 1800)

Epochenbegriff
Als besonderer Einschnitt wird aus Sicht von Zeitgenossen wie im Rückblick die Epoche der *Aufklärung* angesehen. Der Begriff – im Englischen und Französischen noch deutlicher als „age of enlightenment" bzw. „siècle de lumière" bezeichnet – steht für das Bild vom Licht, das der Gebrauch der Vernunft in die Menschheit bringe. Bei Immanuel Kant ist vom „Ausgang [des Menschen] aus seiner selbst verschuldeten Unmündigkeit" die Rede. Bürgerlich-philosophisches Aufbegehren gegen die Autorität von Adel und Kirche, Kritik am absoluten Wahrheitsanspruch der Religion und an der absoluten Monarchie spiegelten sich in der Literatur in neuen Genres wie dem bürgerlichen Trauerspiel wider.

Geschichte und Gesellschaft
1740 – 1786 Friedrich der Große
1755 Erdbeben von Lissabon
1756 – 1763 Siebenjähriger Krieg
1768 Erfindung der Dampfmaschine
1775 Letzter Hexenprozess in Deutschland
1776 USA: Unabhängigkeitserklärung
1789 Französische Revolution

- Bürgertum als ökonomisch bedeutendste Schicht (Manufakturwesen)
- Aufgeklärter Absolutismus (Fürst als erster Diener des Staates)

Welt- und Menschenbild
- Siegeszug der Naturwissenschaften und des naturwissenschaftlich geprägten Denkens
- Begründung der neuzeitlichen Philosophie durch R. Descartes (1596 – 1650): „Ich denke, also bin ich." (Rationalismus)
- Wegbereiter der Aufklärung v. a. I. Newton, F. Bacon, B. Spinoza, J. Locke (Empirismus), in Deutschland G. W. Leibniz
- Immanuel Kant (1724 – 1804) *Beantwortung der Frage: Was ist Aufklärung?*
- Fortschrittsglaube, Weisheit und Tugend als Kernbegriffe
- Menschenbild einer angeborenen Humanität, Toleranzgedanke

Literarisches Leben – Themen und Motive der Literatur
- Universallexika, z. B. *Enzyklopädie* von Diderot und d'Alembert mit 35 Bänden als Darstellung des Wissens einer Zeit
- deutlich erweitertes Lesepublikum; erheblich größerer Markt für Zeitschriften und andere Publikationen
- Aufgabe von Dichtung ist „prodesse et delectare" (nützen und erfreuen) im Gegensatz zu höfischer Dekoration
- Bürgerliches Trauerspiel in Abgrenzung von der Ständeklausel des Barock; Akzent als Familiendrama; Mitleiden des Zuschauers als Ziel

Gattungen, Autor/-innen, Werke
J. Ch. Gottsched (1700 – 1766) *Versuch einer Critischen Dichtkunst vor die Deutschen*
G. E. Lessing (1729 – 1781) *Minna von Barnhelm, Emilia Galotti, Nathan der Weise, Hamburgische Dramaturgie, Fabeln*

Ch. M. Wieland (1733 – 1813)
Die Abderiten
G. Ch. Lichtenberg (1742 – 1799)
Aphorismen
Ch. F. D. Schubart (1739 – 1791)
Deutsche Chronik
M. Claudius (1740 – 1815)
Gedichte, Kurzprosa

Sturm und Drang / Empfindsamkeit (um 1740 – 1785)

Epochenbegriff
Als eine europäische Gegenbewegung zur von der *Aufklärung* betonten Rationalität bildete sich die *Empfindsamkeit* heraus, die „Herz" und „empfindsam" zu Modewörtern werden ließ und Seele wie Sensibilität in den Mittelpunkt rückte.
Eng damit verknüpft entwickelt sich – benannt nach dem Titel eines Dramas von Friedrich Maximilian Klinger (1752 – 1831) – die literarisch-revolutionäre Bewegung des *Sturm und Drang*. Junge Literaten feiern dabei den natürlichen, unverbildeten Menschen in seiner Individualität. Besonders hervorgehoben wird das Gefühlvolle und Schöpferische, zugespitzt im Begriff des „Genies". Freiheit von Bevormundung und unbegründeter Autorität knüpfen an Gedankengut der Aufklärung an.

Geschichte und Gesellschaft
→ Aufklärung

1774 Erscheinen des *Werther* von J. W. Goethe

Literarisches Leben – Themen und Motive der Literatur
- Gefühlsintensität mit metaphorischen Wendungen wie „Meer der Empfindungen", „Sturm der Begeisterung" oder „Mutter Natur"
- Suche nach der natürlichen Form der Sprache, dem spontan Gesprochenen (z. B. Ausrufe, unvollständige Sätze im Drama)
- Vorstellung vom dichterischen Genie als Orientierung an der Bibel, Homer oder Shakespeare als idealisierte Beispiele für Weltliteratur
- „Wertherfieber": Goethes Briefroman als Schlüsseltext der Epoche mit großer gesellschaftlicher Wirkung
- Genres wie *Tagebuch*, *Autobiografie* und *Briefroman* als Träger der Gefühlskultur
- Freiheitsdrang und Aufbegehren gegen Willkür ohne direkte politische Richtung in den Dramen von Schiller und Goethe
- Abkehr von Begrenzungen und formalen Regeln

Welt- und Menschenbild
- Einfluss des *Pietismus* (lat. *pietas* Frömmigkeit); Bewegung einer Erneuerung des Protestantismus, die dem Dogmatismus einer erstarrten Kirche entgegengesetzt auf eine alternative Frömmigkeit setzte
- Kultur der Affekte, Suche nach einer volksnahen, sinnenkräftigen und bildreichen Sprache
- Dichter als Schöpfer in Anlehnung an J. J. Rousseaus Aufforderung „Zurück zur Natur"
- Dichter des *Sturm und Drang* stark geprägt vom Pantheismus, der Vorstellung eines Weltganzen, in dem Mensch, Natur und All verbunden sind

Gattungen, Autor-/innen, Werke
F. G. Klopstock (1724 – 1803) *Der Messias*
J. G. Herder (1744 – 1803) *Stimmen der Völker in Liedern*
J. M. R. Lenz (1751 – 1792) *Der Hofmeister, Die Soldaten*
J. W. Goethe (1749 – 1832) *Götz von Berlichingen, Die Leiden des jungen Werthers*, Gedichte (u. a. *Prometheus, Willkommen und Abschied, Mailied*)
F. Schiller (1759 – 1805) *Die Räuber, Kabale und Liebe*

Klassik (um 1786 – 1805)

Epochenbegriff
Ein „classicus" (ein Bevorzugter) war bei den Römern ein Bürger erster Klasse. Davon abgeleitet meint *Klassik* einerseits die Blütezeit in der Dichtung oder in den Künsten allgemein eines Volkes oder einer Nation, anderseits bei der *deutschen Klassik* eine Orientierung am Vorbild der Antike, für die Klassiker der Inbegriff der Vollkommenheit. Während als *englische Klassik* die Zeit Shakespeares gilt, ist *Klassik in der deutschen Literatur* mit Goethe und Schiller verbunden, vor allem mit ihrem gemeinsamen Wirken in Weimar. Nach dieser Einteilung ist Schillers Todesjahr 1805 als Ende der Epoche gesetzt, in anderen Versionen Goethes Todesjahr 1832. Auch Hölderlin, Kleist und Jean Paul werden in einigen Darstellungen zu den Autoren der Klassik gezählt.

Geschichte und Gesellschaft
1793 Französische Revolutionstruppen im Rheinland, Gründung deutscher Jakobinerklubs
1799 Staatsstreich Napoleon Bonapartes
1803 Reichsdeputationshauptschluss; Neuordnung in Deutschland unter französischem Einfluss
1804 Code civil; Schaffen modernen Rechts durch Napoleon Bonaparte

Literarisches Leben – Themen und Motive der Literatur
- Freundschaft von Goethe und Schiller (1794 – 1805): *Xenien*
- Weimar als kulturelles Zentrum mit europäischer Ausstrahlung: *Weimarer Klassik*
- Ausgleich und Harmonie in der künstlerischen Gestaltung nach antikem Vorbild
- leitende Vorstellung eines organischen Wachstums, das dichterisch zu gestalten sei, verknüpft mit Vernunft, Selbstzucht und sittlicher Läuterung
- Konzept der ästhetischen Erziehung zur Veredelung des individuellen Charakters
- Monatsschrift *Die Horen*, herausgegeben von Schiller, als Programmschrift der deutschen Klassik

Welt- und Menschenbild
- Antikeverklärung als „edle Einfalt und stille Größe" (Kunsthistoriker J. J. Winckelmann)
- Streben nach Vorbildhaftem, Normsetzendem, überzeitlich Gültigem; Empfänglichkeit für „alles Gute, Schöne, Große, Wahre" (Goethes *Maximen und Reflexionen*)
- Ideal der Humanität in Anlehnung an Leitgedanken der Aufklärung, reflektiert durch Erfahrung mit der Französischen Revolution und der Schreckensherrschaft 1792–1794
- Abkehr vom Subjektivismus des *Sturm und Drang*

Gattungen, Autor/-innen, Werke
J. W. Goethe (1749 – 1832) *Egmont, Iphigenie auf Tauris, Hermann und Dorothea, Faust I und II; Wilhelm Meisters Lehrjahre, Dichtung und Wahrheit;* Gedichte
F. Schiller (1759 – 1805) *Don Carlos, Maria Stuart, Wallenstein-Trilogie, Die Jungfrau von Orleans*; Gedichte/Balladen: *Die Bürgschaft, Der Ring des Polykrates*
J. Paul (1763 – 1825) *Titan, Flegeljahre*
F. Hölderlin (1770 – 1843) *Hyperion*
H. v. Kleist (1777 – 1811) *Michael Kohlhaas; Prinz Friedrich von Homburg; Der zerbrochene Krug*

Romantik (um 1795 – 1840)

Epochenbegriff
Die Epochenbezeichnung *Romantik* lässt zwar Bezüge zum heutigen Verständnis des Begriffs erkennen, darf aber nicht mit dem Klischee von Romantik – etwa aus der Werbung – verwechselt werden. Eine Betonung des Gefühls ist durchaus Kennzeichen der *Romantik*, dabei geht es den Romantikern um Intensivierung des Lebens, um das Wunderbare und Geheimnisvolle – bis hin zum Dunklen, Geheimnisvollen und Abseitigen. Es besteht eine Sehnsucht nach Entgrenzung und unerreichbarer Ferne, auch eine Idealisierung von Vergangenem, z. B. des Mittelalters. Dabei wird die angestrebte Intensivierung durch ein Poetisieren der Welt erreicht. Statt Auseinandersetzung mit der Wirklichkeit, z. B. der beginnenden Industrialisierung, ist eine Verklärung von Natur zur Idylle kennzeichnend.

Geschichte und Gesellschaft
→ Klassik
1804 – 1814 Napoleon I.
1806 Ende des Hl. Römischen Reiches deutscher Nation
1806 Schlacht von Jena und Auerstedt: vernichtende Niederlage Preußens
1807 – 1814 Preußische Reformen
1813 „Völkerschlacht" bei Leipzig
1813 – 1815 Befreiungskriege
→ Vormärz / Junges Deutschland

Welt- und Menschenbild
- Philosophie des deutschen Idealismus, bes. geprägt von J. G. Fichte (1762 – 1814)
- intensiv gelebtes Christentum bei einigen Romantikern, auch Einbeziehen der Schriften von F. Schleiermacher (1768 – 1834) *Über die Religion, Reden an die Gebildeten unter ihren Verächtern*

Literarisches Leben – Themen und Motive der Literatur
- Interesse an Geschichte, Sprache, Poesie und Mythologie des deutschen Volkes (Mittelalter, *Nibelungenlied*)
- Lebens- und literarische Haltung mit Konzentration auf das Private (Lebensglück in der Familie) und einem Hang zum Resignativen
- Unterschiedliche Zentren: Frühromantiker um die Gebrüder Schlegel (romantische Ironie); Heidelberger Romantik um A. v. Arnim und C. Brentano; schwäbische Romantiker: G. Schwab, W. Hauff, L. Uhland
- Lyriker der Befreiungskriege, u. a. Th. Körner und E. M. Arndt, mit nationalistischen Tönen
- Vorliebe für Volkslieder (Sammlung *Des Knaben Wunderhorn* von C. Brentano und A. v. Arnim), Märchen (J. und W. Grimm) und fantastische Erzählungen

Gattungen, Autor/-innen, Werke
A. W. Schlegel (1767 – 1845) *Vorlesungen*
Rahel Varnhagen van Ense (1771 – 1833) Briefe, Tagebücher
Novalis (1772 – 1801) *Heinrich von Ofterdingen*
F. Schlegel (1772 – 1829) *Lucinde*
L. Tieck (1773 – 1853) *Der blonde Eckbert*
E. T. A. Hoffmann (1776 – 1822) *Lebensansichten des Katers Murr*
C. Brentano (1778 – 1842) Gedichte u. a. *Der Spinnerin Nachtlied*
J. v. Eichendorff (1788 – 1857) *Aus dem Leben eines Taugenichts*
H. Heine (1797 – 1856) *Das Buch der Lieder*
W. Hauff (1802 – 1827) Märchen; *Das kalte Herz*

Vormärz / Junges Deutschland (um 1830 – 1848)

Epochenbegriff
Als *Vormärz* wird die Zeit nach der Julirevolution in Frankreich 1830 bis zur Märzrevolution in Deutschland 1848 bezeichnet. Gemeint sind Autor(inn)en, die im Gegensatz zu den Romantikern – aber durchaus auch in Überschneidungen – in ihren Werken politisch Position bezogen und damit häufig das Risiko von Verhaftung oder Exil in Kauf nahmen. Einige Schriftsteller bildeten als das *Junge Deutschland* eine Oppositionsgruppe, darunter Ludwig Börne und Heinrich Heine. *Biedermeier* meint hingegen die gleichzeitig zu beobachtende literarische Strömung eines Rückzugs, einer Akzeptanz des Bestehenden in der Nachfolge der *Romantik*.

Geschichte und Gesellschaft
1814/15 Wiener Kongress, politische Restauration mit Gründung des Deutschen Bundes und der „Heiligen Allianz"
1817 Wartburgfest
1819 Karlsbader Beschlüsse, Verfolgung sog. Demagogen
1830 Julirevolution in Frankreich und revolutionäre Bewegungen in Europa
1832 Hambacher Fest
1835 Erste Eisenbahn in Deutschland
1837 Professorenprotest der „Göttinger Sieben"
1844 Schlesischer Weberaufstand
1848 „Märzrevolution" in Berlin und Wien; erste deutsche Nationalversammlung in der Frankfurter Paulskirche
1849 Ablehnung der Verfassung durch den preußischen König; Scheitern der demokratischen Bewegung

Literarisches Leben – Themen und Motive der Literatur
– satirische Feuilletons, Flugschriften und Kampflieder von literarischem Rang; Ironie als Waffe gegen Zensur
– erste sozialkritische Dramen mit naturalistischen Zügen (G. Büchner *Woyzeck*)

Welt- und Menschenbild
– Parteinahme für demokratische, soziale Bewegungen und für die nationale Einheit Deutschlands
– Selbstverständnis als Vorreiter gesellschaftlicher Emanzipation
– Abgrenzung von Weimarer Klassik und Romantik (H. Heine: „Ende der Kunstperiode")
– Aufwertung journalistischer Formen und journalistischer Tätigkeit von Schriftstellern

Gattungen, Autor/-innen, Werke
H. Heine (1797 – 1856) journalistische Texte, Reisebilder, Gedichte, Verserzählung: *Deutschland. Ein Wintermärchen*
G. Herwegh (1817 – 1875) Gedichte
F. Freiligrath (1810 – 1876) Gedichte
L. Börne (1786 – 1837) Politische Schriften
G. Weerth (1822 – 1856) Gedichte
G. Büchner (1813 – 1837) *Dantons Tod, Woyzeck; Leonce und Lena; Lenz; Der Hessische Landbote*

Biedermeier
A. v. Droste-Hülshoff (1797 – 1848) *Die Judenbuche*
E. Mörike (1804 – 1875) Gedichte
A. Stifter (1805 – 1868) *Der Nachsommer*

Vom Realismus bis zur Exilliteratur

Literarische Moderne (um 1880 – 1925)

Das Nebeneinander bzw. die Gleichzeitigkeit unterschiedlichster, z. T. widersprüchlichster literarischer Strömungen, Stile (Stilpluralismus), Tendenzen, Entwürfe, Programme (Polarität), basierend auf der Orientierungslosigkeit in einer durch gesellschaftliche, ideologische, normative und ästhetische Brüche gekennzeichneten Welt prägt die Zeit um 1900. Laut Thomas Mann weist dies auf den „Willensausdruck dieser sehr reich bewegten Zeit, in der viele Strömungen […] sich überkreuzten und ineinander übergingen" hin. Man spricht auch von der „Gleichzeitigkeit des Ungleichzeitigen": Der Widerspruch, z. B. zwischen dem sich als autonom verstehenden **Individualkunstwerk** und der entstehenden **Massenkultur** (Trivialliteratur), gilt als Grundmuster der „Literarischen Moderne". Die **propagierte „Modernität"** ist das gemeinsame Bindeglied dieser heterogenen und disparaten Richtungen und Stile, weshalb die Zeit vor dem Ersten Weltkrieg heute nicht als das Ende des 19. Jahrhunderts, sondern als der Beginn des 20. Jahrhunderts gesehen wird.

Den anerkannten literarischen Strömungen des Naturalismus, Impressionismus und Expressionismus werden andere Stilrichtungen, die aus der bildenden Kunst oder aus dem französischen Kulturraum übernommen wurden, an die Seite gestellt: *Symbolismus, Ästhetizismus, Décadence, Fin de Siècle, Neuklassik, Neuromantik, Jugendstil, Dadaismus* und v. a. m. Allen gemeinsam ist ein verändertes, z. T. **neues Verhältnis zur Sprache**, deren Leistungsfähigkeit als Mittel der Kommunikation als problematisch erlebt wurde (Sprachkrise als Bewusstseins- und Wahrnehmungskrise). Wichtigstes Dokument dieser Sprachskepsis ist Hugo von Hofmannsthals fiktiver Brief des Lord Chandos (*Ein Brief*, 1901). Zu den bedeutendsten Autoren der Zeit zählen neben Hugo von Hofmannsthal Stefan George, Franz Kafka, Thomas und Heinrich Mann, Robert Musil und Rainer Maria Rilke.

Anhand der oben skizzierten Auffächerung der Literatur der Jahrhundertwende mit ihren unterschiedlichen Strömungen und Tendenzen, den teils aus der bildenden Kunst, aus der Architektur, der Geschichte übernommenen Bezeichnungen lässt sich das grundsätzliche Problem der Einteilung der Literatur in Epochen, die vermeintlich streng voneinander getrennt sind, sehr gut demonstrieren. Die Epoche des Expressionismus lässt sich ohne den Zusammenhang mit den Stilrichtungen des Impressionismus und des Symbolismus z. B. gar nicht erklären. Fast alle Dichter der Sammelbewegung sind junge Intellektuelle, die sich kritisch mit Problemen der modernen Zivilisation auseinandersetzen, aber auch mit erstarrten Konventionen und verlogenen Moralvorstellungen sowie Stillstand in Sprache und Form. Das Pathos des **Spätexpressionismus** bzw. dessen gefühlsbetontes, irrationales Moment ist wiederum eine wichtige Ursache für die Hinwendung einer neuen literarischen Bewegung zu eher tatsachenorientierter Literatur, die mehr an inhaltlichen als an formalen Fragen interessiert ist. Die **Neue Sachlichkeit** wird dabei stark durch die funktionale Ästhetik der Bauhausarchitektur beeinflusst.

Realismus (um 1850 – 1890)

Epochenbegriff
Man unterscheidet zwischen a) typologischem Realismusbegriff (Realismus als epochenübergreifendes Darstellungsmerkmal) und b) literaturgeschichtlichem Epochenbegriff *Realismus*. Der Epochenbegriff *Realismus* bezeichnet die europäische Literaturepoche zwischen Romantik und Naturalismus. Wirklichkeitsnähe, Lebensechtheit, Widerspiegelung der Alltagswelt sind gefordert, außerdem Beispielhaftigkeit, Verdichtung, Verklärung („poetischer Realismus") im Sinne eines poetischen Mehrwerts, der das gewöhnliche Bild der Erscheinungen übersteigt. Die Wirklichkeit soll durch Auswahl und Konzentration auf Details entstehen, die Distanzierung des Autors wird gefordert.

Geschichte und Gesellschaft
1848/49 Gescheiterte Revolution
ab 1864 Aufstieg Preußens
1870 / 71 Deutsch-französischer Krieg, Proklamation des preußischen Königs Wilhelm I. zum Deutschen Kaiser in Versailles, Einigung des Reichs, Bismarck Reichskanzler („Gründerzeit")
1878 „Sozialistengesetze": Unterdrückung sozialdemokratischer Gruppierungen
1888 – 1918 Wilhelm II. deutscher Kaiser („Wilhelminisches Zeitalter"); Beginn des deutschen Imperialismus

- zunehmende Industrialisierung; rasante Technikentwicklung, beschleunigte Lebensverhältnisse; Urbanisierung, Proletarisierung der Arbeiterschicht, soziale Probleme (Klassengegensätze)
- Tendenzen weiblicher Emanzipation: Frauen im Erwerbsleben, zunehmendes Infragestellen traditioneller Rollenbilder

Literarisches Leben – Themen und Motive der Literatur
- großer Einfluss frz. und russ. Epik auf den deutschen Roman (G. Flaubert *Madame Bovary*; L. Tolstoi *Anna Karenina, Krieg und Frieden*)
- Auseinandersetzung von Individuum und Gesellschaft
- soziale und politische Fragen der Zeit, Eheprobleme: kritische Reflexion in Bildungsromanen

Welt- und Menschenbild
- große Veränderungen, aufkommende Naturwissenschaften bewirken sowohl Fortschrittsglauben als auch Orientierungslosigkeit durch Verlust von traditionellen Werten und Normen
- materialistische, diesseits orientierte Grundhaltung, Bedeutungsverlust der Religion
- in Teilen des Bildungsbürgertums trotz wirtschaftlicher Prosperität eher resignative Grundstimmung; konservative Wertehaltung, Gebundenheit an soziale Schicht
- Adel und Offizierskorps bestimmen weitgehend das gesellschaftliche Leben, Vorbildfunktion alles Militärischen: Untertanenmentalität, Pflichterfüllung gegenüber dem Staat

Gattungen, Autor/-innen, Werke
bevorzugte Gattung: Epik
F. Hebbel (1813 – 1863) *Maria Magdalena* (Drama)
Th. Storm (1817 – 1888) *Pole Poppenspäler, Der Schimmelreiter, Immensee*
Th. Fontane (1819 – 1898) *Irrungen, Wirrungen, Frau Jenny Treibel, Effi Briest*
G. Keller (1819 – 1890) *Die Leute von Seldwyla; Der grüne Heinrich*
C. F. Meyer (1825 – 1889) *Das Amulett, Der Schuss von der Kanzel*
A. Stifter (1805 – 1868) *Nachsommer, Bunte Steine*
Gustav Freytag (1816 – 1895) *Soll und Haben*

Naturalismus (um 1880 – 1900)

Epochenbegriff
Der Naturalismus gilt als europäische Strömung; Vorbilder für die deutsche Literatur sind die gesellschaftskritischen Romane des Franzosen É. Zola, die skandinavische Literatur von H. Ibsen, A. Strindberg, die russische von F. Dostojewski, M. Gorki. Das Programm des Realismus wird eingeengt auf a) die Darstellung des Elends von Kleinbürgertum und Proletariat, b) die Kritik an der Doppelmoral und Gleichgültigkeit des Bürgertums hinsichtlich ungelöster sozialer Probleme der Industriegesellschaft. Von Arno Holz wird die Formel *Kunst = Natur – x* entwickelt; x soll möglichst klein sein, d. h. das Kunstwerk gilt als umso vollkommener, je mehr es sich der Natur (= die sozialen Verhältnisse) annähert. Das bedeutet eine möglichst objektive Darstellung der Wirklichkeit, Absehen von der subjektiven Meinung und Deutung der Künstler. Neue Darstellungsmittel werden eingesetzt wie Dialekt und Umgangssprache, Verzicht auf gebundene Sprache (gilt als unnatürlich), *Sekundenstil* (Deckungsgleichheit von erzählter Zeit und Erzählzeit).

Geschichte und Gesellschaft
um 1890 erste Regierungsjahre Wilhelms II., letzte Regierungsjahre Bismarcks: deutschnationale Euphorie

- Hochphase des deutschen Imperialismus (Tendenz zum Militarismus)
- einseitige Entwicklung und Verteilung des Kapitals (u. a. durch Bismarcks Schutzzollpolitik)
- Zuspitzung der sozialen Lage, Verschärfung gesellschaftlicher Gegensätze

Literarisches Leben – Themen und Motive der Literatur
- sozialkritische Tendenzen, Künstler in Opposition zur gutbürgerlichen Gesellschaftsordnung
- Durchschnittsmenschen als Produkt ihres Milieus, ihrer Umgebung
- Großstadt: Arbeitermilieu, Mietskasernen, Elendsquartiere, Arbeits- und Obdachlosigkeit, Familienprobleme, soziale Verelendung, Krankheit, Alkoholismus
- von Wilhelm II. als „Rinnsteinkunst" diffamiert

Welt- und Menschenbild
- Einbeziehung neuester Erkenntnisse der Naturwissenschaften; antimetaphysischer, empirischer Positivismus
- Einfluss der deterministischen Gesellschaftstheorie des französischen Philosophen Auguste Comte
- Der Mensch wird im Bedingungsgefüge (Determinismus) von Psyche, Trieben, sozialem Milieu und Umwelt gesehen und begriffen, dadurch werden seine Verhaltensweisen determiniert
- Leugnung des freien Willens zugunsten eines kausalgesetzlichen Ablaufs der Dinge

Gattungen, Autor/-innen, Werke
Dominanz des Dramas.
Johannes Schlaf (1862 – 1941) und Arno Holz (1862 – 1941) beide vor allem als Autorenteam tätig: *Papa Hamlet, Die Familie Selicke*
G. Hauptmann (1862 – 1946) *Vor Sonnenaufgang, Der Biberpelz, Die Ratten, Die Weber*

Expressionismus (um 1905 – 1925)

Epochenbegriff

1911 wird *Expressionismus* als Begriff für eine Berliner Sammelausstellung französischer Maler verwendet, danach auf die Literatur übertragen. Der Expressionismus gilt als Ausdruck des Protests junger Künstler aus mittelständischem, z. T. großbürgerlichem Milieu (oft Doppelbegabungen) gegen das wilhelminische Bürgertum mit seinen erstarrten Konventionen sowie das kapitalistische Wirtschaftssystem. Der Zusammenschluss von Künstlergruppen spiegelt sich in einer Vielzahl von Manifesten und Programmatiken. Die Suche nach dem „Neuen Menschen" („Menschheitspathos"), nach ihm adäquaten neuen Ausdrucksformen, findet sich vor allem in Lyrik und Drama: Ablehnung des Mimesis-Gedankens der Kunst, Propagierung der „Ästhetik des Hässlichen". Oft stehen traditionelle Form (z. B. Sonett) und provozierender Inhalt als Ausdruck für katastrophale Erschütterungen der Zeit in Kontrast. Asyndetischer Reihungsstil, elliptischer Satzbau, starke Bildlichkeit und Metaphorik, Farbsymbolik, Synästhesie, Neologismen und Montage sind weitere epochentypische Mittel und Formen.

Geschichte und Gesellschaft

1908 Automobilisierung (Fließbandproduktion Ford)
1910 Halleyscher Komet: Hoffnung auf Erneuerung und Angst vor Untergang der alten Gesellschaftsordnung
1912 Untergang der *Titanic*: Erschütterung in den Fortschrittsglauben
1914 – 18 Erster Weltkrieg: Zusammenbruch der k.u.k.-Monarchie, Niederlage Deutschlands, Abdankung des Kaisers
1915 A. Einsteins Relativitätstheorie
1917 Russische Oktoberrevolution
1918 Bürgerkrieg in Berlin, Münchner Räterepublik
1918/19 Friedensvertrag von Versailles; Weimarer Republik; „Dolchstoßlegende", hohe Reparationszahlungen Deutschlands

- neue Medien: Rundfunk und Film vereinnahmen die Unterhaltungsindustrie

Welt- und Menschenbild

- kritische Auseinandersetzung mit den Errungenschaften der modernen Zivilisation
- Protestbewegungen gegen erstarrte Konventionen und verlogene Moral einer als überkommen empfundenen bürgerlichen Gesellschaft
- „Janusgesicht der Moderne": Zukunftseuphorie sowie Skepsis gegenüber Technik und Erneuerung; Kriegseuphorie sowie totale Ablehnung des Krieges, Pazifismus
- Kunst als Beitrag zur Weltveränderung

Gattungen, Autor/-innen, Werke

vorherrschende Gattung: Lyrik, später auch Drama (G. Kaiser); K. Pinthus' Anthologie *Menschheitsdämmerung*
Gottfried Benn, Paul Boldt, Jakob van Hoddis, Georg Heym, Else Lasker-Schüler, Alfred Lichtenstein, Oskar Loerke, Ernst Stadler, August Stramm, Georg Trakl

Literarisches Leben – Themen und Motive der Literatur

- Weltende, Apokalypse, Werteverfall, Gewaltfantasien: Endzeitstimmung als Bild für Zusammenbruch der abendländischen Kultur
- Großstadt mit all ihren Facetten
- kritische Auseinandersetzung mit technischem Fortschritt (Eisenbahn)
- Krieg, Tod, Sinnlosigkeit des Lebens; Orientierungslosigkeit, Dissoziation des Ich, Anonymität, Kommunikationslosigkeit
- antiidyllische Naturlyrik, Visionen von Aufbruch, Revolution

Neue Sachlichkeit – Literatur der Weimarer Republik (um 1920 – 1933)

Epochenbegriff
Neue Sachlichkeit beschreibt eine literarische Strömung als Reaktion auf den oft pathetischen, irrationalen Spätexpressionismus. Stark beeinflusst durch den funktionalen, sachlichen Stil der Architektur des *Bauhauses* kehrt sie zurück zur zeitgenössischen Gegenwart mit ihren sozialen und politischen Problemen. Das Interesse am Inhalt übersteigt das an der Form (teils noch expressionistischen Formen verhaftet): Tatsachenorientierte, oft dokumentarische Literatur analog zu den politischen Gegensätzen der Weimarer Republik entsteht mit der Folge eines kulturellen Pluralismus und der Dominanz des Politischen und Ideologischen vor der künstlerischen Gestaltung. Massenproduktion, Massenmedien, Kunst für die Massen führen zu einer zunehmenden Kluft zwischen Trivialliteratur und gehobener, elitärer Literatur.

Geschichte und Gesellschaft
1923 Hitlerputsch
ab 1924 relative Stabilität, die „Goldenen Zwanziger"; Berlin als kulturelles und wissenschaftliches Zentrum der Republik: Kinos, freie Bühnen, Blüte des Kabaretts, Vielzahl von Zeitungen und Zeitschriften
1929 Börsenkrach in New York, Weltwirtschaftskrise, hohe Arbeitslosigkeit
1933 nationalsozialistische Machtergreifung

- zu Beginn der 1920er-Jahre eine Nation ohne Konsens: gegensätzlichste politische und ideologische Richtungen und Standpunkte; dadurch bürgerkriegsähnliche Zustände
- Nachkriegswirren, Inflation, Besetzung des Ruhrgebiets

Literarisches Leben – Themen und Motive der Literatur
- zeitgenössische Großstadt
- Alltags- und Arbeitsleben von Durchschnittsmenschen
- moderne Medien und Technik
- Collage- und Montagetechnik

Welt- und Menschenbild
- „Tanz am Rande des Vulkans": ambivalentes Lebensgefühl zwischen Sicherheit und Unsicherheit
- Krise des Parteienstaates: Antagonismus der gesellschaftlichen und politischen Gruppierungen, demokratische und antidemokratische Kräfte
- zunehmende Kapitalisierung der Wirtschaft, neue Arbeitsplätze und Berufsbilder, bessere Schulbildung sowie zunehmende Berufstätigkeit und damit Emanzipation von Frauen

Gattungen, Autor/-innen, Werke
journalistische Textsorten und Kritiken (Alfred Kerr, Egon Erwin Kisch, Karl Kraus, Kurt Tucholsky)

vorherrschende Gattungen: *Reportage, Feature, Zeit- und Lehrstück, Gegenwartsroman, Gebrauchslyrik, Literaturkritik*
Bertolt Brecht, Alfred Döblin, Hans Fallada, Lion Feuchtwanger, Hermann Hesse, Ödon von Horváth, Erich Kästner, Irmgard Keun, Thomas Mann, Kurt Tucholsky, Jakob Wassermann, Stefan Zweig, Carl Zuckmayer

Exilliteratur (1933–1945)

Epochenbegriff
Das Exil gilt als existenzielle Grunderfahrung des Menschen seit der Antike; es ist ein zentrales Thema menschlich-literarischer Erfahrung im 20. Jahrhundert: Innerhalb der deutschen Literaturgeschichte wird die Literatur zwischen 1933–1945 mit den aus politischen oder sogenannten rassischen Gründen vertriebenen Autor(inn)en als Exilliteratur bezeichnet. Themen dieser Literatur sind Heimat und Heimatverlust, Entfremdungserfahrungen und ihre persönlich-literarische Verarbeitung sowie die Auseinandersetzung mit der zumeist ungewollten neuen Umgebung, die Auseinandersetzung mit den Verhältnissen im Heimatland, der Situation politischer und ethnischer Verfolgung und Unterdrückung. Die Texte sind vielfach privat oder einer nur begrenzten Öffentlichkeit (Zensur, Druckverbote) zugänglich gewesen.

Geschichte und Gesellschaft
1930–1933 zunehmende Destabilisierung der Weimarer Republik
1933 (30.1.) NS-Machtübernahme, Hitler Reichskanzler, Gleichschaltung; erste Konzentrationslager; Bücherverbrennung
1934 „Röhm-Putsch"; Hitler auch Reichspräsident; zunehmende Verdrängung von jüdischen Deutschen aus ihren Berufen
1938 „Anschluss" Österreichs
1939 Beginn des Zweiten Weltkriegs
1939 40 Zwang zur Flucht vieler Exilanten aus von Deutschen besetzten Ländern
1942 / 43 Beginn der systematischen Judenverfolgung
1945 (8.5.) Kapitulation und Kriegsende

- etliche Autoren ins Exil bzw. in die innere Emigration gezwungen durch Verhaftungen und Folter, Zensur, Berufsverbote; „Säuberung" in Bibliotheken
- deutschsprachige Exilschriftsteller: Schweiz, Frankreich, USA

Welt- und Menschenbild
- Existenzangst, Entwurzelung, tiefe Skepsis, Zweifel
- Erfahrung von Barbarei, Verfolgung, Vernichtung
- Krieg, Holocaust
- Hoffnung auf Neubeginn, Visionen, Träume

Gattungen, Autor/-innen, Werke
Lyrikerinnen: Hilde Domin, Mascha Kaléko, Else Lasker-Schüler

Th. Mann (1875–1955) *Dr. Faustus*
St. Zweig (1881–1942) *Schachnovelle*
L. Feuchtwanger (1884–1958) *Exil*
B. Brecht (1898–1956) *Leben des Galilei*
A. Seghers (1900–1983) *Das siebte Kreuz, Transit*
K. Mann (1906–1949) *Mephisto, Der Vulkan*

Literarisches Leben – Themen und Motive der Literatur
- unterschiedliche Facetten der literarischen Auseinandersetzung mit der Exilsituation: scharfsinnige politische Analyse, engagierte Literatur, räsonnierend-reflexive Texte sowie auch Resignation, bis hin zum Verstummen (Verlust der Muttersprache als vorrangiges Kommunikationsmittel)
- Heimatverlust, Entwurzelung, Kampf um Existenzsicherung, Sprachverlust, Todessehnsucht
- kabarettistische Auseinandersetzung mit der Erfahrung im Exil
- episches Theater von Bertolt Brecht

Literatur nach 1945

Nachkriegsliteratur (um 1945 – 1960)

Epochenbegriff
Im Westen etablieren sich die Begriffe *Kahlschlagliteratur* (Weyrauch), *Literatur der Stunde Null*, *Trümmerliteratur* (Böll): Sie bezeichnen Werke der Emigranten und Heimkehrer nach dem Krieg. In ihnen manifestiert sich ein Misstrauen gegenüber der unter den Nationalsozialisten zu Propagandazwecken missbrauchten Sprache und eine Suche nach neuen Ausdrucksformen und Ausdrucksmitteln der Literatur. Gründung der *Gruppe 47*.
Im Osten erfolgt die Einbürgerung der Elite der antifaschistischen Literatur. Die Literatur verpflichtet sich zum Teil dem Programm des sozialistischen Realismus: direkte Widerspiegelung der gesellschaftlichen Realität, Darstellung einer positiven Zukunftsperspektive, Parteilichkeit, Inhalt hat Vorrang vor der Form („Formalismusdebatte" in der Kunst). Man benutzt den Terminus *Ankunftsliteratur* (nach Brigitte Reimanns Roman „Ankunft im Alltag"). 1959 wird die erste Bitterfelder Konferenz abgehalten mit dem Motto: „Greif zur Feder, Kumpel": Arbeiter werden aufgefordert, ihren sozialistischen Arbeitsalltag literarisch umzusetzen, Schriftsteller gehen in die Produktion.

Geschichte und Gesellschaft
1945 – 1949 Aufteilung Deutschlands in vier Besatzungszonen, Sonderstatus Berlins
1947 Marshall-Plan zum wirtschaftlichen Aufbau Westdeutschlands und Europas
1948 Währungsreform
1948 – 1949 Blockade Berlins, zunehmend Politik des Kalten Krieges
1949 Gründung zweier deutscher Staaten: BRD und DDR
1957 Gründung der Bundeswehr; in der BRD: zunehmender Wohlstand
1961 Bau der Berliner Mauer
1963 Besuch des amerikanischen Präsidenten John F. Kennedy in Berlin
1968 Studentenrevolte in den USA, Frankreich und Westdeutschland

Welt- und Menschenbild
– Kriegserfahrung, Not, Leid, Hunger, Scham und Schuld
– Hoffnung auf politisch-gesellschaftlich-kulturellen Neuanfang
– ambivalentes Welt- und Menschenbild, Zerrissenheit zwischen Resignation und Aufbruchsmentalität

Gattungen, Autor/-innen, Werke
Dominanz der Lyrik, auch Kurzgeschichten (Orientierung an den USA)
– **BRD:** Ilse Aichinger, Alfred Andersch, Ingeborg Bachmann, Gottfried Benn, Wolfgang Borchert, Heinrich Böll, Paul Celan, Günter Eich, Marie-Luise Kaschnitz, Wolfgang Koeppen, Hans-Werner Richter
– **DDR:** Bruno Apitz, Johannes R. Becher, Bertolt Brecht, Peter Huchel, Anna Seghers

Literarisches Leben – Themen und Motive der Literatur
In der BRD: Misstrauen gegenüber Pathos und emotionalisierendem Sprachgebrauch; Suche nach neuen, adäquaten Ausdrucksmitteln: karge, schmucklose Sprache; hermetische Lyrik; Forderung nach Wahrheit und Mitmenschlichkeit; Krieg und Not, Gefangenschaft, Heimkehrerschicksale; Eintreten für Demokratie; Spannung zur offiziellen Politik der Adenauer-Zeit: Wohlstandsgesellschaft, Remilitarisierung, Spießertum; Politisierung der Literatur; Hinwendung zum Dokumentarischen
In der DDR: antifaschistisches Bündnis aller demokratischen Kräfte; Literatur als Instrument zum Aufbau des Sozialismus; auch Preislyrik auf Lenin, Stalin; polemische Abgrenzung zur BRD; kritische Auseinandersetzung mit der Nazi-Vergangenheit

Literatur des ausgehenden 20. Jahrhunderts

Beim Blick auf die Entwicklung der deutschen Literatur der letzten 60 Jahre kann keine klare Einteilung in Epochen vorgenommen werden; das bleibt künftigen Generationen vorbehalten. Es lassen sich lediglich Tendenzen bzw. literarische Strömungen der Gegenwartsliteratur aufzeigen, die sowohl durch Kontinuität als auch durch Brüche mit der Tradition charakterisiert werden können.
Bis zur Wende 1989 gibt es **zwei deutsche Literaturen**, die sich auf Grund der stark divergierenden politischen und gesellschaftlichen Rahmenbedingungen jeweils unterschiedlich entwickeln.
Wie schon in der Übersicht über die Literatur nach 1945 skizziert, ist die Literatur der DDR bis zum Ende der 1960er-Jahre eng verbunden mit dem in der Sowjetunion entwickelten Schreibkonzept des **„Sozialistischen Realismus"**, das auf den beiden **Bitterfelder Konferenzen**, 1959 und 1964, programmatisch formuliert wird. Dessen Forderungen seien hier skizziert:
- bevorzugter Gegenstand des Schreibens ist die sozialistische Produktion, im Mittelpunkt steht der positive Held als Identifikationsangebot;
- Basis der Ästhetik ist die Widerspiegelungstheorie Lenins, derzufolge die Kunst die Wirklichkeit abbildet;
- Geschlossenheit der Darstellung durch die Parteilichkeit und Volkstümlichkeit des Künstlers;
- eine typisierende Darstellung soll das Wesen/die Gesetzlichkeit des Lebens wiedergeben (das ist z. B. die Zugehörigkeit einer Figur zu einer bestimmten gesellschaftlichen Klasse, von der aus sie hinsichtlich ihrer Haltungen und Handlungen geprägt wird: Das Sein bestimmt das Bewusstsein).

Das gesellschaftspolitische Ziel dieses Schreibkonzepts ist es, die **Erziehung zur sozialistischen Persönlichkeit**, die Identifikation mit den Zielen des politischen Systems, ein positives Handeln (literarische Figuren als Vorbilder) zur Beschleunigung des politisch-ökonomischen Fortschritts zu ermöglichen. Im Mittelpunkt des Schaffens soll der „neue Mensch" stehen, der Aktivist, der Held des sozialistischen Aufbaus. Parteilichkeit und Wahrheit bilden eine untrennbare Einheit, Parteilichkeit wird zu einer ästhetischen Kategorie. Werktätige werden zum Schreiben aufgefordert, Künstler gehen in Produktionsbetriebe. Beispiele hierfür sind u. a. Christa Wolf *Der geteilte Himmel* (1963) und Erik Neutsch *Spur der Steine* (1964). Formexperimente und das Bemühen um den Anschluss an die literarische Moderne, wie sie die Literatur der BRD der 1960er-Jahre kennzeichnet, werden in der DDR als „Formalismus" oder „Subjektivismus" von der offiziellen Kulturpolitik abgelehnt. Jedoch wirken sich diese von Partei und Regierung gesetzten Vorgaben unterschiedlich auf das künstlerische Schaffen aus: Neben affirmativen Grundhaltungen (Johannes R. Becher, Hermann Kant) zeigen sich Tendenzen, Widersprüche, Risse, Brüche in der Gesellschaft, in der Auseinandersetzung des Individuums mit den gesellschaftlichen Rahmenbedingungen aufzuzeigen (u. a. Volker Braun, Stefan Heym, Günter Kunert, Reiner Kunze, Erich Loest, Ulrich Plenzdorf, Brigitte Reimann, Christa Wolf). Nach der Ablösung

Walter Ulbrichts durch Erich Honecker als Staatsratsvorsitzenden (1971) sind **Liberalisierungstendenzen** zu bemerken. Honeckers Aussage vom „Ende aller Tabus in der Kunst" fördert eine lebhafte Diskussion um die Möglichkeiten und Grenzen der schriftstellerischen Arbeit.

Jedoch werden kritische Autoren mit Schreibverbot belegt und vom Staatssicherheitsdienst überwacht. Spektakulär bleibt die **Ausbürgerung Wolf Biermanns 1976** nach einem Konzertauftritt in Köln, die eine gemeinsam unterzeichnete Protestaktion von über 70 Kulturschaffenden nach sich zieht. Als Reaktion darauf folgen Repressalien gegen die Protestierenden in Form von Hausarresten, Verhaftungen, Publikationsverboten, Ausschlüssen aus dem Schriftstellerverband. Über 100 Künstler verlassen daraufhin freiwillig oder unfreiwillig die DDR, unter ihnen Jurek Becker, Peter Huchel, Uwe Johnson, Rainer Kunze, Günter Kunert, Erich Loest, Monika Maron, Sarah Kirsch.

In der Thematik nähern sich die beiden Literaturen ab Anfang der 1980er-Jahre einander an: wachsendes Katastrophenbewusstsein, Angst vor atomarer Bedrohung, Rückzug in die Innerlichkeit (Volker Braun, Christoph Hein, Irmtraut Morgner, Christa Wolf). Auch die neue Lyrikgeneration zeigt sich kritisch gegenüber dem Staat (Stefan Döring, Reiner Kunze, Lutz Rathenow).

Für die **westdeutsche Literatur** bilden das Jahr 1960 und die folgenden einen Einschnitt: Sie findet Anschluss an die Weltliteratur mit Autoren wie den Schweizern Friedrich Dürrenmatt und Max Frisch, der Österreicherin Ingeborg Bachmann, mit Heinrich Böll, Günter Grass, Uwe Johnson, Wolfgang Koeppen, Siegried Lenz, Martin Walser. Themen der Romane sind die Vergewisserung der eigenen Identität, kritische Distanz zu den gesellschaftspolitischen Entwicklungen in der BRD, auch Modellentwürfe einer humanistischen Gesellschaft.

Ende der **1960er-Jahre** entwickelt sich, analog zum kritischen Zeitgeist, eine engagierte **Literatur der Arbeitswelt** sowie der Alltagskultur; ebenso ist die **Politisierung der Literatur** im Zuge der Studentenrevolte von 1968 und die **Hinwendung zum Dokumentarischen** zu beobachten. Diese Literatur, Theaterstücke, Gedichte und auch Romane, arbeitet häufig mit Tatsachenmaterial wie z. B. Zeitungsmeldungen, Reportagen, Prozessakten, Protokollen, Interviews und verarbeitet diese Sachtexte z. T. in Form von Collagen und mit Hilfe der Montagetechnik. In diesem Zusammenhang seien erwähnt Günter Wallraff *Der Aufmacher, Ganz unten*, Rolf Hochhuth *Der Stellvertreter*, Heinar Kipphardt *In der Sache J. Robert Oppenheimer*, Peter Weiss *Die Ermittlung* und als Vertreter der politischen Lyrik, anknüpfend an die Tradition Bertolt Brechts, Hans Magnus Enzensberger. Der Beginn der 68er-Ära fällt mit dem Ende der „Gruppe 47" zusammen.

Für die **1970er-Jahre**, nach den Studentenunruhen und der APO-Zeit, unter der sozialliberalen Regierung Willy Brandts und Helmut Schmidts, setzt sich die **„Neue Subjektivtät"** als Sammelbegriff durch. Die Literatur, die unter diesem Begriff subsummiert wird, ist gekennzeichnet durch die Abkehr von der politischen, gesellschaftskritischen Literatur der 1960er-Jahre. Sie wendet sich wieder stärker der Verarbeitung individueller Erfahrungen und Enttäuschungen und der Auseinandersetzung mit der unmittelbaren Umgebung, mit der eigenen Lebenssituation und ihrer Krisen, mit Beziehungsproblemen zu. Häufig zu finden, entsprechend der Individualisierungstendenz, ist die **Ich-Erzählung**. In diesem Zusammenhang sei auch die Frauenbewegung genannt, die Emanzipationsprozesse provoziert und vorantreibt, Bewusstseinsänderungen anstößt und auch der Literatur neue Impulse verleiht. Erwähnt werden sollte die Gründung der Zeitschriften „Courage" (1976) und „Emma" (1977). Letztere durch Alice Schwarzer, die schon mit ihrem Buch *Der kleine Unterschied und seine großen Folgen* (1975) ein wirkungsvolles Beispiel für eine neue Frauenkultur und -literatur gegeben hatte. Bekannte Autorinnen sind Ingeborg Bachmann, Ulla Hahn, Elfriede Jelinek, Sarah Kirsch, Brigitte Kronauer, Angelika Mechtel, Christa Reinig, Brigitte Schwaiger, Karin Struck, Gabriele Wohmann; für die DDR Brigitte Reimann, Maxie Wander und Christa Wolf.

Die Diskussion Mitte der **1980er-Jahre** unter dem Stichwort „Multikultur" eröffnet den Blick für eine deutschsprachige Literatur ethnischer und kultureller Minoritäten, die die Dominanz der deutschen Perspektive durchbricht zugunsten einer differenzierten Sichtweise des Eigenen durch die Konfrontation mit dem Fremden; eine eigenständige **Migrantenliteratur** gewinnt seit Ende der 1970er-Jahre zunehmend an Kontur, wird Bestandteil der deutschen Gegenwartsliteratur und thematisiert Erfahrungen der Zerrissenheit und Heimatlosigkeit, das Leben zwischen den Kulturen, Parallelwelten innerhalb der deutschen Gesellschaft sowie Auseinandersetzungen mit der deutschen Sprache, mit positiv genutzter Zweisprachigkeit sowie Sprachverlust.

Mitte der **1980er- bis heute** wird der aus der Kunsttheorie stammende und ebenfalls von der Architektur besetzte Begriff der **„Postmoderne"** populär. Im Rückgriff auf traditionelle literarische Erzähltechniken (z. B. das auktoriale Erzählen, die chronologisch aufgebaute, geschlossene Erzählung), konventionelle Themen (Entwicklungs- und Bildungsroman des 18. und 19. Jahrhunderts) und historische Themen setzt sich diese Literatur mit der literarischen Moderne (1880–1925) kritisch auseinander. Die **Vielzahl der Stile und Stilmischungen**, die ironische Brechung der konventionellen Erzählerfigur und Thematik kennzeichnen diese Literatur, die mit der Tradition spielt; unzählige Anspielungen auf bekannte Werke, die in Form der **Intertextualität** in den Werken wiederzufinden sind, setzen einen gut informierten Leser voraus. Als Beispiele genannt werden hier die Romane von Patrick Süskind *Das Parfum* (1983), Christoph Ransmayr *Die letzte Welt* (1988) und Robert Schneider *Schlafes Bruder* (1992).

Entscheidendes Ereignis für neue Themen innerhalb der Gegenwartsliteratur ist die **„Wende" 1989/90** mit der Wiedervereinigung der beiden deutschen Staaten; es geht u. a. um die Auseinandersetzung mit der jeweiligen Vergangenheit, historische Erinnerungen, geistige, politische und finanzielle Probleme der Vereinigung, Berlin als neue Hauptstadt, persönlichen und kulturellen Identitätsverlust, hohe Arbeitslosigkeit, Fremdenhass.

Die **1990er Jahre** werden oft als Zeit der „Spaßgesellschaft" bezeichnet, die sich durch Illusionsverlust und Gleichgültigkeit auszeichne. Sibylle Berg zeichnet dieses Lebensgefühl in ihrem Roman „Ein paar Leute suchen das Glück und lachen sich tot" (1997) plastisch nach. Ihre Protagonisten haben alle etwas Zeittypisches: Ihre Empfindungen und Wünsche bleiben schal und banal, ihre Sehnsüchte unerfüllt.

Gegenwartsliteratur

Ein weiterer Umbruch ist aus heutiger Sicht beim **Übergang vom 20. zum 21. Jahrhundert** zu konstatieren: Die neue Informations- und Medienkultur, Internet und Globalisierung, die Popkultur und Spaß- bzw. Eventgesellschaft, die verstärkten „turbo"kapitalistischen Tendenzen und die teilweise Abkehr von einer ausgewogenen sozialen Marktwirtschaft finden sich als Themen in der Literatur wieder. Verbunden mit diesen oben genannten Aspekten macht sich bei vielen Menschen Angst breit vor einer ungewissen Zukunft.

Exemplarisch sei hier der Autor und Journalist Benjamin von Stuckrad-Barre vorgestellt, ein Vertreter der so genannten **„Generation Golf"** (benannt nach einem Roman von Florian Illies aus dem Jahr 2000, in dem er typische Attitüden seiner Altersgenossen beschreibt, die in den 1980er-Jahren aufwuchsen). Stuckrad-Barres Debütroman „Soloalbum" (1998) erzählt in Ich-Form von einem namenlosen Protagonisten, der nach einer plötzlich beendeten Liebesbeziehung sozial verwahrlost: Er konsumiert Drogen, geht nur noch aus, um sich auf alkoholgeschwängerten Partys von seiner selbst gewählten Isolation abzulenken. Der Roman ist wie eine Schallplatte mit A- und B-Seite aufgemacht, einzelne Kapitel sind nach Songs der Band „Oasis" benannt. Die Feuilletons der deutschsprachigen Presse überschlagen sich in ihrer Begeisterung für Jungautorinnen, das **„Fräuleinwunder"** wird ausgerufen für Debütromane von Judith Herrmann, Tanja Dückers, Julia Franck, Juli Zeh, Jenny Erpenbeck, Zoe Jenny, Karen Duve etc.
Neben der Beschäftigung mit formalen Experimenten oder Alternativen des Erzählens mit Verzicht auf eine Erzählerinstanz oder lineares Erzählen rückt v. a. im multiethnischen und vielsprachigen Europa die Thematisierung von Fremdheitserfahrungen und (inter-)kulturellen Identitäten sowie Erfahrungen mit der Zweitsprache und sprachspielerischen Experimenten in der Literatur deutschschreibender Literaten anderer Herkunftskulturen in den Fokus. Diese Literatur, oft „Migrationsliteratur" bzw. **„Interkulturelle Literatur"** genannt, repräsentieren u. a. Feridun Zaimoğlu, Rafik Schami, Yōko Tawada, Wladimir Kaminer, Terezia Mora, Zsuzsa Bank, Sasa Stanisic und natürlich die deutsch-rumänische Literaturnobelpreisträgerin Herta Müller.
Zudem werden neue Gefahren wie Terrorismus, Finanzkrise, Klimawandel, Umgang mit dem Internet sowie soziale Entwicklungen innerhalb der Gesellschaft wie zerrüttete Familienverhältnisse, Mobbing, Armut durch sozialen Abstieg oder Ausgrenzung in der Literatur verhandelt. Die Autoren verarbeiten aktuelle gesellschaftspolitische, auch regionale Themen, auch in der boomenden **Kriminalliteratur**.

Das Aufgreifen der neuen technischen und gestalterischen Möglichkeiten, die das Internet bietet, verändert nicht nur die Schreibweisen innerhalb der gedruckten Literatur. Das Internet tritt als Ort der literarischen Veröffentlichung mit Weblogs, email-Romanen, der so genannten **Netzliteratur**, in Konkurrenz dazu. Sie nutzt die Technologie der Digitalisierung für literarische Verfahrensweisen, die auf diese Weise nur in diesem Medium möglich sind. Durch Interaktivität, Hypertextstrukturen/Verlinkung, Intermedialität, z. B. unter Verwendung auch visueller Reize, werden „netzförmige Texte" geschaffen, die

die konventionelle Erzählweise hinter sich lassen und nicht nur in Raum und Zeit neue Erzählräume eröffnen, sondern auch den **Leser zum Co-Autor** machen bzw. auch (teils anonyme) Autorenkollektive generieren.
Insgesamt ist die literarische Gegenwart von einer zyklischen Bewegung zum Teil gegenläufiger Tendenzen geprägt: von Politisierung über neue Subjektivität und Ästhetisierung zu experimenteller Literatur von so genannten **Hybrid-Texten durch Digitalisierung** und zunehmender Visualisierung (Stichwort: **Graphic Novel**).

Im deutschen Markt definiert man eine Distanz zwischen der „anspruchsvollen" Literatur, die mit Literaturpreisen ausgezeichnet wird, und der „leichten" Literatur, die sich gut verkauft und viel gelesen wird, z. B. Unterhaltungsromanen und Krimis. Nur wenigen Autoren gelingt es, vielen Ansprüchen gerecht zu werden, wie etwa Wolfgang Herrndorf mit seinem Jugendroman *Tschick* (2010), für den er 2011 den Deutschen Jugendliteraturpreis bekam, oder Daniel Kehlmann. Dessen Roman *Die Vermessung der Welt* (2005) stand 2006 auf Platz zwei der weltweit am meisten verkauften Bücher, wurde in 40 Sprachen übersetzt und gleichzeitig mit dem Literaturpreis der Konrad-Adenauer-Stiftung und dem Kleist-Preis ausgezeichnet. Fast genauso erfolgreich ist Kehlmanns postmoderner, collageartig angelegter Roman *Ruhm – ein Roman in neun Geschichten* (2009), für den er den Prix Cévennes für den besten europäischen Roman erhielt. Alle drei genannten Romane wurden erfolgreich verfilmt.
Typisch ist, dass viele verschiedene Stilarten, Schreibweisen, Textsorten gleichzeitig anerkannt werden. Man spricht hier von einer **„Gleichzeitigkeit des Ungleichzeitigen"** oder von der **„Demokratisierung" des Literatur- oder Kunstbegriffs**. Im Zuge dessen sind mittlerweile neue Formen des Schreibens erfolgreich, so z. B. das **„Bloggen"**, das Schreiben einer Art Tagebuch im Internet, das jeder verfassen – und das von jedem gelesen werden kann. Sehr modern sind gerade **„Poetry Slams"**, Dichterwettbewerbe, bei denen Autoren ihre Texte mündlich vortragen und es nicht allein auf die Qualität des Textes ankommt, sondern vor allem darauf, wie der Autor vorträgt („performt"), indem er auch singt, schauspielert, tanzt, den Text also künstlerisch gestaltet.

Was die **Gegenwartslyrik** betrifft, so zeigt sich hier ein genauso uneinheitliches Bild wie bei der Epik: Da es keine verbindliche oder verbindende Poetik gibt, aber eine Vielzahl von theoretischen Texten, in denen die Lyriker Auskunft geben, kann man von einer **Diversifizierung in unterschiedliche Lyrik-Szenen** sprechen, zu denen auch die Gruppe der Poetry Slammer gehört. Experimentelle Formen wie Lautgedichte, visuelle Gedicht-Konstruktionen (etwa die Wortlisten und Faux Amis von Uljana Wolff) oder intertextuelle Sprachspielereien (Ann Cotten, Dagmara Krauss) setzen zum einen die **Tradition der Konkreten Poesie** der 1960er-Jahre (u. a. Ernst Jandl) fort. Zum anderen finden sich Gedichte, die in der Auseinandersetzung mit traditionellen Formen (Sonett, Ode, Elegie) und Bildern sowie persönlichen Erfahrungen (Erlebnislyrik des 18. Jahrhunderts vs. Selbstinszenierung oder Ereignislyrik) neue poetische Ausdrucksvariationen entwickeln. Mehrsprachigkeit ist ein wichtiges Thema auch in der Lyrik und hängt sowohl mit der multikulturellen Sozialisation der Autoren als auch mit ihrer Übersetzertätigkeit, der Personalunion Lyriker/Übersetzer, zusammen. Die Gedichte experimentieren nicht nur im Umgang mit Sprache, sondern reflektieren die Möglichkeiten des eigenen Sprechens und hinterfragen analog dazu die eigenen poetischen Wirklichkeitskonstruktionen. Weiterhin geht es um konventionelle, alltägliche, aber auch gesellschaftskritische Themen wie Natur, Liebe, Stadt, Krieg, Menschenbilder und Lebensformen. Hinzu gekommen sind weitere Themenbereiche wie **Kommunikationsformen mit, durch und über Medien** sowie digitale Informationstechnologien.

Die **Gegenwartsdramatik** präsentiert sich mit einer Vielzahl von Stilen, Formen und Themen, wie es die teils als spektakulär beschriebenen Aufführungen der großen deutschsprachigen Theater in Hamburg, Berlin, München und Wien dokumentieren. In der Theaterwissenschaft wird das moderne Theater mit den Etiketten „dramatisches" oder **„postdramatisches" Theater** versehen; im Zentrum steht nicht mehr das theatrale Agieren, der Text selbst, sondern Theaterformen, die als einer **Performance** nahe beschrieben werden können. Elementare Aspekte des Theaters wie Raum, Bühne, Licht, Ton, Körper, Stimmen, Bewegung werden freigesetzt. Das moderne Theater gilt nicht als Lesetext, sondern existiert vor allem in der Umsetzung auf der Bühne. (z. B. das Theater von René Pollesch). Zudem experimentiert das Theater wieder viel, sowohl sprachlich als auch formal, indem z. B. der Entstehungsprozess der Texte im Vordergrund steht.
Thema sind des Öfteren gestörte Familien- bzw. Freundesbeziehungen (Lutz Hübner, Yasmina Reza) sowie gestörte bzw. sich verändernde Kommunikationsformen durch soziale Netze und Internet (Igor Bauersima *norway.today*, Yasmina Reza, Dea Loher) oder Lebensentwürfe, die aufgrund von Verunsicherungen aller Art scheitern. Seit 2014 kommen zunehmend auch Dramen zur Aufführung, die politische Krisen, Krieg, Vertreibung, Flucht, Identitätsproblematik thematisieren und damit politisch motivierten und agierenden Schriftstellern und Dramaturgen sowie dem an aktuellen Zeitthemen interessiertem Publikum ein Forum bieten. Diese Stücke sind oft dokumentarische Fiktionen und das kreative Material entstammt der aktuellen Wirklichkeit.

Inhaltsfeld Sprache

Inhaltliche Schwerpunkte (Kernlehrplan)
- Spracherwerbsmodelle und -theorien
- Sprachgeschichtlicher Wandel
- Sprachvarietäten und ihre gesellschaftliche Bedeutung
- Verhältnis von Sprache, Denken und Wirklichkeit

Spracherwerbsmodelle und -theorien

Nach heutigem Stand der Forschung geht man davon aus, dass eine sehr lange Zeit der Evolution erforderlich war, damit der Mensch durch anatomische Veränderungen im Mund- und Rachenbereich überhaupt in der Lage war, eine Lautsprache zu entwickeln. Erst mit moderneren Forschungsmethoden war es möglich, dafür einen Nachweis zu erbringen, indem man die Veränderungen des knöchernen Zungenbeins beim Menschen rekonstruierte.
Die Entwicklung der Lautsprache fand zwischen 1,8 Millionen und 500 000 Jahren vor unserer Zeitrechnung statt. Dass sich der Mensch im Verlauf seiner Evolution vom Einzelgänger zu einem in Gesellschaft lebenden Homo erectus entwickelte, um im Schutz der Gemeinschaft seine Existenzprobleme besser bewältigen zu können, begünstigte im Sinne Darwins diesen Evolutionsprozess (Entwicklung der Sprechwerkzeuge).
Erst seit etwa 400 000 Jahren ermöglicht die Anatomie des menschlichen Innenohrs das Hören sprachtypischer Frequenzen. Heute geht man in der Forschung davon aus, dass sich etwa 200 000 bis 100 000 Jahre vor unserer Zeitrechnung wahrscheinlich ein Gen (das FOXP2-Gen) im Erbgut des Menschen ausbildete, das u. a. für die Entwicklung von Gehirnbereichen verantwortlich sein soll, die auch für die Sprachentwicklung (Verstehen und Artikulation) bedeutsam sind. **Vor ca. 100 000 Jahren**, als von Afrika aus die Ausbreitung des Menschen über die Welt begann, war die **vollständige Ausbildung der Sprachfähigkeit** erreicht. Diese Ausbreitung führte zur Entstehung verschiedener **Sprachfamilien**. Erst über die letzten 7000 Jahre der menschlichen Sprachentwicklung liegen relativ gesicherte Erkenntnisse vor. Ende des 18. Jahrhunderts bildete sich in Deutschland ein besonderes Interesse an der stammesgeschichtlichen Entwicklung der Sprache heraus (Theorien zum Ursprung der Sprache).
Die Frage, wie wir Sprache erlernen, beschäftigt als Gegenstand der Forschung die Linguistik, die Entwicklungspsychologie, die Didaktik und andere wissenschaftliche Disziplinen.
Gegenüber dem Sprachenlernen, also dem Erlernen einer Sprache in der Schule, meint **Spracherwerb** den unbewussten und implizit verlaufenden Prozess, der beim Erlernen der Muttersprache in natürlicher Umgebung stattfindet. Spracherwerb findet also im alltäglichen sozialen Kontakt mit den Eltern und/oder anderen Menschen statt. Sprachenlernen ist dagegen ein bewusster und gezielt gesteuerter Prozess, der sich in dafür vorgesehenen Institutionen (Schulen, Sprachinstitute usw.) vollzieht.
Von besonderem Interesse für die Wissenschaft ist die Frage, wie es beim Spracherwerb möglich ist, dass Menschen ihre Muttersprache so schnell erlernen können.

In der **Spracherwerbsforschung** herrschen bisher zwei klassische Positionen vor:
- Die von **Noam Chomsky** (*1928) vertretene *Nativismustheorie* geht davon aus, dass jeder Mensch von Geburt an über eine sogenannte Universalgrammatik verfügt. Unter einer Universalgrammatik stellen sich Chomsky und andere Vertreter der Nativismustheorie (z. B. Jerry Fodor und Steven Pinker) ein angeborenes, abstraktes syntaktisches Wissen vor, auf dessen Grundlage Kinder die jeweilige Muttersprache schnell erlernen können.
- Im Gegensatz zur Nativismustheorie gehen *kognitivistische Theorien* im Anschluss an **Jean Piagets** Theorie der Entwicklung kindlicher Kognition davon aus, dass sich der Spracherwerb aus der Fähigkeit zu denken erklären lasse, ohne dass dazu eine Universalgrammatik notwendig sei.

Die klassische kognitivistische Theorie wird zunehmend durch einen Interaktionismus ergänzt, der bei der Erklärung des Spracherwerbs ein stärkeres Gewicht auf die sozialen Interaktionen der Menschen legt. Der Anthropologe Michael Tomasello (*1950) vertritt dabei die Position, dass Menschen über eine allgemeine kognitive Fähigkeit verfügen, die sie zu Kommunikation anregt und die sie bei der Kommunikation einsetzen. Neurowissenschaftliche Forschungen der Gegenwart könnten Chomskys Nativismustheorie stützen, wenn es ihnen durch die Erforschung der im Gehirn stattfindenden Prozesse beim Spracherwerb und bei der Sprachproduktion gelänge nachzuweisen, dass alle Menschen über eine Art *Bioprogramm Sprache* verfügen.

INFO Positionen der Spracherwerbsforschung

- **Phylogenese** (griechisch *phyle* Stamm + *genesis* Entstehung): Der Begriff bezeichnet die stammesgeschichtliche Entwicklung der Lebewesen und gibt Auskunft über die verwandtschaftlichen Verhältnisse. Die stammesgeschichtliche Entwicklung des Menschen wird als ein Prozess zunehmender Bereicherung und Komplexität aufgefasst. Dies wird auch auf die Entwicklung der Sprache übertragen (von den Urlauten der frühen Vorfahren zu voll entwickelten sprachlichen Systemen).
- **Ontogenese** (griechisch *on* Seiendes + *genesis* Entstehung): Im Gegensatz zur Phylogenese bezeichnet die Ontogenese die Entwicklung des einzelnen Lebewesens von der befruchteten Eizelle bis zur Fortpflanzungsfähigkeit. Die Entwicklung einzelner Lebewesen folgt in den genetischen Anlagen festgelegten Strukturen (Wachstum, kontinuierliche Differenzierung bzw. metamorphische Formveränderung) und ist dabei außerdem Einflüssen der Umwelt ausgesetzt. Man geht davon aus, dass es im Verlauf der embryonalen Entwicklung der Lebewesen zu einer schnellen Wiederholung der Phylogenese kommt.

Der bisher nicht gelöste Streitpunkt besteht vor allem darin, ob Sprache eher als eine kulturelle Errungenschaft oder als ein angeborenes Bioprogramm bzw. als Ergebnis kreativer Denkprozesse des Individuums zu begreifen ist. Die Annahme, dass unsere

Sprache eine kulturelle Errungenschaft ist, fasst Sprache und Spracherwerb stärker als ein Produkt der *Phylogenese* des Menschen (stammesgeschichtliche Entwicklung) auf, wodurch auch relativitätstheoretische Erklärungsansätze für den Zusammenhang von Sprache, Denken und Wirklichkeit, wie z. B. die „Relativitätshypothese", eine Bestätigung finden (→ *Verhältnis von Sprache, Denken und Wirklichkeit*, S. 153 ff.). Demgegenüber betont die Annahme, dass der Erwerb der Sprache durch ein Bioprogramm im Menschen verankert ist, stärker die *Ontogenese* des Menschen (Entwicklung des Einzelwesens).

Sprachgeschichtlicher Wandel

Die Grafik zeigt stark vereinfacht, wie sich die heutigen **germanischen Sprachen**, zu der auch das Deutsche gehört, seit 2500 v. Chr. aus dem **Indoeuropäischen** entwickelt haben. In Ergänzung zeigt die folgende Abbildung, in welchen zeitlichen Schritten das heutige Deutsch seit 800 n. Chr. aus dem Westgermanischen entstanden ist.

> 200 n. Chr.   Westgermanisch
> ↓
> 800   Althochdeutsch
> ↓
> 1200   Mittelhochdeutsch
> ↓
> 1600   Frühneuhochdeutsch
> ↓
> Gegenwart   Deutsch

Wenn man von der deutschen Sprache, dem Hochdeutsch oder der Standardsprache Deutsch spricht, meint man ein theoretisches Konstrukt, das aus Normen besteht, die erst im 19. Jahrhundert festgelegt wurden. Es gibt also nicht die **Standardsprache** Deutsch, da die deutsche Sprache ein Geflecht von regional bestimmten **Sprachvarietäten** ist (→ *Sprachvarietäten und ihre gesellschaftliche Bedeutung*, S. 151 ff.).

Als Oberbegriff bezeichnet Sprachentwicklung einerseits den Spracherwerb von Kleinkindern, andererseits den **Sprachwandel**, also die Veränderungen in einer Sprache. Das Phänomen Sprache kann zu keinem Zeitpunkt als ein fertiges Gebilde verstanden werden. Historisch betrachtet unterliegen alle Sprachen einem kontinuierlichen Entwicklungsprozess, der im Idealfall einen Prozess der Bereicherung bei zunehmender Komplexität des Systems Sprache darstellt. Veränderungen der Sprache stehen in der Regel in einem Bezug zu gesellschaftlichen Veränderungen.

Veränderungen der Sprache vollziehen sich im Allgemeinen fließend über einen längeren Zeitraum hinweg durch die Verwendung in der Praxis. Dazu gehört u. a., dass neue Wörter sich in einer Sprache etablieren, während andere „aussterben", weil sie nicht mehr oder nur noch selten benutzt werden. Oder es verschieben sich Wortbedeutungen: Während „Weib" früher als wertneutrales Synonym für „Frau" verwendet wurde, ist die Verwendung heute eindeutig negativ konnotiert. Solche Veränderungen betreffen nicht nur die Schreibweise und den Wortbestand, sondern auch die Grammatik, wie z. B. die zunehmende Ersetzung des Genitivs durch Dativkonstruktionen („der Hut vom Mann" statt „der Hut des Mannes") oder der weitgehende Verzicht auf die Verwendung des Konjunktivs bei der indirekten Rede im alltäglichen Sprachgebrauch.

Da die Sprache sich in der Regel an der Praxis ihrer Verwendung orientiert, spricht man bei der Sprachentwicklung auch von den wirksamen Kräften der Selbstregulation. Gezielte Eingriffe in diesen Mechanismus werden als **Sprachlenkung** bezeichnet. Die Beweggründe für derartige Eingriffe sind sehr unterschiedlicher Natur:
– Im Verlauf der historischen Entwicklung hat es Versuche im Sinne der Sprachmanipulation gegeben, systemkonformes Denken durch eine offizielle Sprachregelung zu bewirken (z. B. Nationalsozialismus, DDR).
– Bemühungen von Sprachpflegern, durch Maßnahmen der Sprachregelung bewahrend auf die Sprachentwicklung einzuwirken, stellen Eingriffe in das System Sprache dar, die kontrovers diskutiert wurden und werden (→ *Sprachkritik*, S. 149 f.).
– Wenn Sprachlenkung als „Steuerung von oben" stattfindet, stimmt sie in der Regel mit systemlinguistischen Konzeptionen überein. Ein Beispiel aus heutiger Zeit sind amtliche Erlasse und Verfügungen, die vorschreiben, dass in allen öffentlichen Dokumenten sowohl die femininen als auch die maskulinen Formen zu verwenden sind (z. B. Bürgerinnen und Bürger, Schüler/-innen). Diese offizielle amtliche Regelung lief zeitlich parallel mit der sprachwissenschaftlichen Diskussion zum Geschlechtersplitting.

Die zunehmende Globalisierung und die dabei vermehrt entstehenden multikulturellen Gesellschaftsformen fordern und fördern gegenwärtig **interlinguale Entwicklungsprozesse**, da unterschiedliche Kulturen und Sprachräume enger zusammenwachsen und Sprachen sich stärker mischen und gegenseitig beeinflussen.

Sprachschützer bzw. -pfleger sahen und sehen in dem Einfluss fremder Sprachen, z. B. im zunehmenden Anteil von **Anglizismen** in der deutschen Sprache, einen Verlust der Identität. Andere begreifen die stattfindenden interlingualen Entwicklungsprozesse eher als eine Bereicherung und vertrauen auf die Kräfte der Selbstregulierung innerhalb einer Sprache. Für sie kann die Verwendung von Wörtern aus fremden Sprachen vielmehr zu einer fruchtbaren Auseinandersetzung mit Bedeutungsverschiebungen bei der Übernahme eines Wortes führen oder zu einer vertieften Reflexion bisher unbewusster Sachverhalte beitragen.

Das Aufwachsen mit einer Zweitsprache bzw. in der **Mehrsprachigkeit**, die in fast allen Schulsystemen gezielt aufgebaut wird, verbessert nicht nur die beruflichen Chancen in einer globalisierten Welt, sondern fördert auch das Verständnis für fremde Sprachen und Kulturen. Im direkten Vergleich verschiedener Sprachen kann auch die Beschaffenheit der eigenen bewusster werden. Warum sagt man im Deutschen z. B., wenn einem etwas unverständlich ist, „Das kommt mir spanisch vor", während es im Englischen „It's Greek to me" heißt? Warum sagen wir nicht „Das kommt mir chinesisch vor"? Ist der „Walfisch" in anderen Sprachen auch ein Fisch, obwohl er eigentlich zu den Säugetieren gehört? – Solche und ähnliche Fragen können den sprachlichen Relativismus innerhalb ein und derselben Sprache deutlich werden lassen.

Beim **Übersetzen** von einer Sprache in eine andere wird deutlich, wie wichtig es ist, dass man nicht nur die entsprechenden Vokabeln gelernt, sondern sich auch mit der Kultur des jeweiligen Landes intensiv auseinandergesetzt hat. Immer wieder stößt man beim Übersetzen auf Begriffe und Redewendungen, die so in der eigenen Sprache nicht vorkommen und es stellt sich die Frage, ob die eigene Übersetzung dem Ausgangstext wirklich gerecht wird. Vor allem professionelle Übersetzer werden dabei an der Werktreue ihrer Übersetzung gemessen. Die Problematik besteht aber gerade darin, dass die Übersetzung zwei Ansprüchen genügen muss:
– Der spezifische Charakter des Originaltextes sollte im Sinne größtmöglicher Werktreue nicht verletzt werden.
– Der Originaltext muss den sprachlichen Strukturen der Zielsprache angepasst sein (Übertragung statt Übersetzung).

Sprachvarietäten und ihre gesellschaftliche Bedeutung

Der Begriff *Sprachvarietät* meint die Teilmenge einer Einzelsprache, die sie ergänzt oder modifiziert, aber nicht unabhängig von ihr existieren kann.

INFO Sprachvarietäten

geografischer Bezug	Dialekte, Regiolekte (z. B. Schwäbisch, Kölsch, Münsteraner Platt)
in Bezug auf die Gesellschaftsschicht	Jugendsprachen, Idiolekte, Frauen-/Männersprachen usw. (= Identität der Sprecher) Soziolekte, Gruppensprachen (= Zugehörigkeit zu einer Schicht oder Gruppe)
in Bezug auf die Kommunikationssituationen	z. B. Fachsprachen, Umgangssprache

Sprachgeschichte ist immer eng mit der Zeitgeschichte verbunden, da jede Generation ihren eigenen Sprachstil mit sich bringt, welcher von den bestehenden sozialen und politischen Umständen geprägt ist. Die heutige **Jugendsprache** (z. B. Kietzdeutsch) ist ein gutes Beispiel für eine Sprachvarietät, die einen besonders starken und schnellen Wandel erfährt. Noch vor zwanzig Jahren gab es in der Sprache der Jugendlichen keine Formulierungen wie „voll krass", „taschengeldmäßig" oder „chillen", dafür aber andere, die heute von der Jugend kaum noch verwendet werden (z. B. „meschugge" oder „knorke" aus den 1950er-Jahren). Die früheren Jugendsprachen gelten als deutlich konservativer und angepasster als die gegenwärtige.

Dass in der Sprache der heutigen Jugendlichen z. B. ungewöhnliche **Wortneuschöpfungen** entstehen, Verstöße gegen Regeln der Grammatik vorkommen oder gehäuft Wörter aus fremden Sprachen Verwendung finden, führt immer wieder zu Kritik an dieser Sprachvarietät. Dabei werden die Gefahren für die deutsche Sprache insgesamt sicherlich etwas überbewertet. Denn manchmal wird vergessen, dass es ähnliche Phänomene schon immer gegeben hat, ohne dass die Sprache Schaden genommen hat, und dass die Abgrenzung von der Welt der Erwachsenen (dazu gehört auch die eigene Sprache) ein entwicklungspsychologisch bedeutsamer Faktor ist.

Abgesehen von diesen kritischen Stimmen zur Jugendsprache gibt es **Sprachkritik** als Beitrag zur Sprachpflege in Deutschland schon seit dem 17. Jahrhundert. Nach den Vorbildern in den Niederlanden und in Italien entstanden im 17. Jahrhundert zahlreiche **Sprachgesellschaften**, die sich der Pflege der deutschen Sprache widmeten. Die bedeutendste und bekannteste war die „Fruchtbringende Gesellschaft" (1617 – 1680), die auch als „Palmenorden" bezeichnet wurde und vor allem für die radikale Tilgung lateinischer Wörter aus der deutschen Sprache eintrat.

Institutionen wie der Verein Deutsche Sprache (VDS) oder die Gesellschaft für deutsche Sprache (GfdS) bemühen sich heute um **Sprachpflege**, indem sie sich mit herrschenden Sprachnormen auseinandersetzen, um diese zu bewerten und auf unangemessenen Sprachgebrauch aufmerksam zu machen. Im Zentrum des Interesses steht dabei in erster Linie das gesprochene und geschriebene Wort in öffentlichen Institutionen (Politik, Medien usw.). Erklärtes Ziel ist es, durch das Aufzeigen von Missständen einen Beitrag zur Verbesserung der Sprachkultur zu leisten. Mit verschiedenen Aktionen, z. B. der Veröffentlichung des Anglizismenindex, der Wahl des Unwortes des Jahres (2013: „Sozialtourismus", 2014: „Lügenpresse" und 2015: „Gutmensch"), des Wortes des Jahres (2013: „GroKo", 2014: „Lichtgrenze" und 2015: „Flüchtlinge") oder des Sprachpanschers des Jahres (2013: „Duden", 2014: „Ursula von der Leyen" und 2015: „Prof. Dr. Wolfgang A. Herrmann"), wenden sich diese Organisationen gegen
- Bürokratensprache und Amtsdeutsch,
- den zunehmenden Gebrauch von Fremdwörtern (vor allem Anglizismen),
- sexistischen Sprachgebrauch,
- grammatikalisch nicht eindeutige und richtige Sprachgestaltung sowie
- die unkorrekte Schreibweise und Aussprache von Wörtern.

In seiner extremen Form bezeichnet man den Versuch, die deutsche Sprache durch Sprachreinigung zu schützen, als **Sprachpurismus** und kritisiert den darin zum Ausdruck kommenden übertriebenen Nationalstolz.

Als Beispiel wird häufig auf Frankreich verwiesen, da dort deutlich stärker auf die Bewahrung der eigenen Sprache geachtet wird. Anders als in den meisten anderen europäischen Ländern heißt z. B. der Computer nicht Computer, sondern „ordinateur", und die E-Mail „courriel".

Bemühungen um die „Reinhaltung der deutschen Sprache" werden nicht nur kritisiert, weil darin eine übertriebene „Deutschtümelei" erkannt wird, sondern weil Sprache dadurch als etwas Schutzbedürftiges aufgefasst wird. Die Kritiker der Sprachpflege gehen davon aus, dass man auf Eingriffe „von oben" verzichten kann und soll, weil Sprachen an sich nicht zerstört werden können, sondern nur einem ständigen Wandel der Zeit unterworfen sind und einen Mechanismus der Selbstregulation besitzen.

INFO Sprachkritik

- Sprachkritik im Sinne der **Sprachpflege** zielt traditionell in erster Linie auf den Schutz der eigenen Sprache vor fremden Einflüssen.
- Sprachkritik als **Textkritik** befasst sich in erster Linie mit der kritischen Reflexion öffentlicher Sprache in der Gesellschaft und der Politik. Ziel ist vor allem eine Verbesserung und Kultivierung des Sprachgebrauchs.

Im Gegensatz zu sprachpuristischen Positionen stehen **interlinguale Entwicklungsprozesse**, die sich aus dem Entstehen einer multikulturellen Gesellschaft im Zeichen der zunehmenden Globalisierung ergeben (→ *Spracherwerbsmodelle und -theorien*, S. 147 ff.). Das „Switchen" (Wechseln von einer Sprache in eine andere) findet sich z. B. bei zweisprachig aufgewachsenen Menschen bzw. in multikulturell zusammengesetzten Gruppen.

Neuere Untersuchungen stellen heraus, dass **Mehrsprachigkeit** sich positiv auf die Sprachkompetenz von Kindern auswirkt und einen intellektuellen Gewinn bedeuten kann, wenn die zweite Sprache nicht wie eine Fremdsprache, sondern in mehr oder weniger authentischen Situationen (z. B. zweisprachiges Elternhaus, bilingualer Unterricht) parallel zur Muttersprache erlernt wird. So werden dadurch frühzeitig sprachliche Bedeutungen und kulturelle Unterschiede reflektiert und weitere Sprachen können leichter gelernt werden.

Mehrsprachigkeit bei Kindern mit Migrationshintergrund führt dann zu Problemen, wenn weder die Muttersprache noch die Zweitsprache richtig erlernt wird.

Verhältnis von Sprache, Denken und Wirklichkeit

Solange das Phänomen Sprache Gegenstand einer kritischen Reflexion war, interessierte vor allem die Frage, welcher Zusammenhang zwischen Sprache und Denken besteht und inwieweit Sprache und Denken die Wirklichkeit objektiv abbilden können.

In den sprachphilosophischen Diskursen ist von besonderem Interesse, in welchem Verhältnis Sprache und Wirklichkeit stehen und welche Leistung die **Sprache als Mittel der Erkenntnis** besitzt. Im Zentrum der Reflexion steht dabei weniger die Frage, wie die Verschiedenartigkeit der Sprachen das Denken und die Vorstellung von Wirklichkeit beeinflusst, sondern vor allem die Frage, welcher Zusammenhang zwischen dem *sprachlichen Zeichen* und dem bezeichneten Gegenstand besteht.

INFO Sprachkritik

Sprachkritik im Bereich der **Sprachphilosophie** setzt sich vor allem mit dem Zusammenhang von Sprache, Denken und Wirklichkeit auseinander und befasst sich mit der Leistung der Sprache für die Erkenntnis.

In der **griechischen Antike** (vor allem Platon und Heraklit) ging man von einer Harmonie zwischen den Wörtern und Dingen aus. Diese Vorstellung wird mit dem Begriff *Abbildungstheorie* bezeichnet, da Wörter quasi Abbilder der Gegenstände sind bzw. Merkzeichen für bestimmte Vorstellungen, die Abbilder der Dinge sind.
Auf Ablehnung stieß die Abbildungstheorie bereits bei den Griechen selbst. In der *anomalistischen Theorie* ging man davon aus, dass die Benennungen der Dinge auf Zuordnungen beruhen, die durch Übereinkunft hergestellt werden. Daher gibt es für die Vertreter dieser Theorie keine Übereinstimmungen zwischen den Benennungen bzw. Wörtern und den Dingen, die sie bezeichnen, d. h., dass man durch das Wort nichts über die Eigenschaften des Dings selbst erfährt.

Sprache wird seit der anomalistischen Theorie durch verschiedene Philosophen (z. B. Augustinus, Bacon, Locke, Leibniz und Hegel) in Verbindung mit den Begriffen *Symbol* oder *Zeichen* gebracht. Der **Zeichencharakter der Sprache** wird aber erst durch den Sprachwissenschaftler Ferdinand de Saussure (1857 – 1913) vertieft. Für ihn ist ein sprachliches Zeichen die Verbindung eines *Ausdrucks*, z. B. [baum] mit einem *Inhalt* (🌲). Saussure spricht dabei vom *Bezeichnenden* (signifiant = Ausdruck) und dem *Bezeichneten* (signifié = Inhalt). Die Beziehung zwischen dem Bezeichnenden und dem Bezeichneten ist dabei zwar willkürlich (*Arbitrarität* des sprachlichen Zeichens), aber über die jeweilige Zuordnung besteht eine stillschweigende oder ausdrückliche Übereinkunft (*Konventionalität* der Sprache).
In der Philosophie und den Sprachwissenschaften wurde Saussures Theorie des sprachlichen Zeichens kritisiert, da die Leistung der Sprache durch diesen Ansatz auf ein bloßes Zeichensystem reduziert wird. Für Hans-Georg Gadamer (1900 – 2002) leistet Sprache mehr, als nur im Sinne eines Mediums zur Verständigung über Dinge und Vorgänge der Wirklichkeit beizutragen. Sie bedingt unserer Denken. Nur in der Sprache erfasst der Mensch die Welt.

Im Anschluss an den deutschen Philosophen und Sprachforscher Wilhelm von Humboldt (1767 – 1835) betont der Philosoph Leo Weisgerber (1899 – 1985) demgegenüber eher die aktive Rolle der Sprache in Bezug auf die Vorstellung von der Wirklichkeit. Ausgehend von Humboldt, der von einer Umprägung und Gestaltung der Wirklichkeit durch die Sprache spricht, entwickelt Weisgerber seine Theorie von der „sprachlichen Zwischenwelt". Demnach bildet die durch die Sprache gestaltete Wirklichkeit eine Zwischenwelt, die dem Bewusstsein des Menschen eine systematisch aufgebaute eigenständige geistige Welt bietet. Die objektive Realität ist dem Menschen demnach unzugänglich und Wirklichkeit ist für ihn nur, was in dieser Zwischenwelt enthalten ist. Diese sehr verkürzte und stark vereinfachte Übersicht soll verdeutlichen, wie unterschiedlich und kontrovers die Leistung der Sprache bei der Erkenntnis der Wirklichkeit in der Philosophie gesehen und bewertet wird.

Das Verhältnis zwischen Sprache, Denken und Wirklichkeit beschäftigt schon seit Langem die an dem Phänomen Sprache Interessierten und die Sprachwissenschaftler. Der englische Philosoph John Locke (1632 – 1704) stellte gegen **Ende des 17. Jahrhunderts** fest, dass es in verschiedenen Sprachen viele Wörter gibt, die keine Entsprechung in anderen Sprachen haben. Für Locke drücken solche Wörter komplexe Gedanken und Ideen aus, die aus den Lebensbedingungen und Lebensweisen der jeweiligen Gesellschaft hervorgegangen sind.
Der deutsche Philosoph, Theologe und Dichter Johann Gottfried von Herder (1744 – 1803) begründete vor allem mit seiner Untersuchung *Über den Ursprung der Sprache* (1772) die **deutsche Sprachwissenschaft**. Herder und vor allem Wilhelm von Humboldt erweiterten die gedanklichen Ansätze John Lockes, indem sie sie auch auf die **Grammatik** einer Sprache bezogen. Für Humboldt, den wohl bedeutendsten Sprachforscher seiner Zeit, der seine sprachtheoretische Position aus seinen linguistischen Studien vieler verschiedener Sprachen (Chinesisch, Japanisch und semitische Sprachen, aber auch Sanskrit, Ungarisch oder Ägyptisch) entwickelte, war Sprache nichts Festes und Unveränderbares, sondern etwas, das sich ständig in der Auseinandersetzung mit der Realität verändert. Sprache ist nach Humboldt die sich ständig wiederholende Arbeit des Geistes, artikulierte Laute zum Ausdruck der Gedanken werden zu lassen. Die Verschiedenartigkeit der von ihm untersuchten Sprachen liegt für Humboldt darin begründet, dass jede einzelne Sprache eine eigene Form gefunden hat, um die Welt in Gedanken zu kleiden. Daraus ergibt sich für ihn eine „in jeder Sprache eigentümliche Weltansicht".
Daraus, dass Denken und Sprechen untrennbar miteinander verbunden sind und dass jede Sprache ihre eigene Weltsicht enthält, zieht Humboldt die Konsequenz, dass keine Sprache einen völlig objektiven Zugang zur Wirklichkeit hat. Die Summe des Erkennbaren liegt für ihn in der Mitte zwischen allen Sprachen und der Mensch kann sich der objektiven Wahrheit nur subjektiv nähern.

Im **20. Jahrhundert** werden einzelne Grundgedanken Humboldts vom deutsch-amerikanischen Ethnologen und Anthropologen Franz Boas (1858 – 1942) aufgegriffen. Boas und seine Schüler untersuchten Indianersprachen, die sich grundsätzlich von europäischen Sprachen unterschieden. Boas Schüler **Edward Sapir** (1884 – 1939) stellte vor dem Hintergrund des Studiums dieser Sprachen schließlich die Hypothese auf, dass die lexikalischen und syntaktischen Strukturen einer bestimmten Sprache gewisse Arten des Denkens zwar nahelegen, aber nicht erzwingen. Sapirs Schüler **Benjamin Lee Whorf** (1897 – 1941) erlangte mit seinen Schriften, von denen einige 1963 in einer Sammlung mit dem Titel *Sprache, Denken, Wirklichkeit* in deutscher Übersetzung veröffentlicht wurden, große Popularität nicht nur in Kreisen der Sprachwissenschaft.

Die „Sapir-Whorf-Hypothese"

Unter den geläufigen Bezeichnungen **„Sapir-Whorf-Hypothese"** bzw. **„Sprachliches Relativitätsprinzip"** wird die recht radikal formulierte These gefasst, dass die Grammatik einer bestimmten Sprache unser Denken beherrscht, sodass die jeweiligen sprachlichen Strukturen nur eine relative Vorstellung von Wirklichkeit ermöglichen.

Im Zusammenhang mit dem „sprachlichen Relativitätsprinzip" wird in der Regel auf eindrucksvolle Beispiele verwiesen: z. B. auf die Beobachtung, dass die Sprache der Hopi-Indianer im Gegensatz zum Englischen oder Deutschen eher eine „zeitlose" Sprache ist, da die Verben der Hopi-Sprache keine Tempora haben und den Unterschied zwischen Vergangenheit, Gegenwart und Zukunft anders als in den indoeuropäischen Sprachen ausdrücken. Oder dass die Sprache der Inuit über viel mehr Möglichkeiten verfügt, um Schnee- und Eisverhältnisse zu bezeichnen, als europäische Sprachen und dass Wüstenvölker ein umfangreicheres sprachliches Repertoire für das Wort Sand aufweisen.

Gegenüber der oben angedeuteten Sichtweise Humboldts zur **Verschiedenartigkeit der Sprachen** wird stark vereinfachend der Schluss gezogen, dass Menschen aufgrund ihrer Zugehörigkeit zu bestimmten Kulturkreisen zu unterschiedlichen Ansichten von Welt kämen, sodass die Wahrnehmung von Wirklichkeit nur relativ sein könne.

Schwachstellen in der Beweisführung durch die Begrenztheit des empirischen Materials und den dogmatischen Charakter der Sapir-Whorf-Hypothese führten ab Mitte des 20. Jahrhunderts bis in die Gegenwart zu einem verstärkten Aufkommen **formalistischer und universalistischer Ansätze**. Diese Ansätze haben sich den Nachweis zum Ziel gesetzt, dass alle unterschiedlichen Sprachen auf eine gemeinsame **Universalgrammatik** zurückzuführen seien. Eine solche abstrakte Universalgrammatik wäre dem Denken gegenüber eigenständig und hätte keinen Einfluss darauf. Die vor allem von Noam Chomsky vertretene *Nativismustheorie* (→ S. 148) geht von der Existenz einer solchen Universalgrammatik aus. Gestärkt wird dies durch neuere Forschungen in den Neurowissenschaften, die besagen, dass die Ausbildung des FOXP2-Gens (→ S. 147) im Erbgut des Menschen für die Sprachentwicklung verantwortlich sein soll.

Trotz vielfältiger Kritik findet die Sapir-Whorf-Hypothese in der Wissenschaft gegenwärtig wieder mehr Beachtung und wird erneut heftig diskutiert, da die amerikanischen Sprachwissenschaftler John Lucy und Penny Lee sich darum bemühen, die **Relativitätshypothese** – empirisch besser abgesichert – durch einen Vergleich des Englischen mit dem Yukatekischen Maya zu beweisen.

Mit kritischem Blick auf die Sapir-Whorf-These und das linguistische Relativitätsprinzip formuliert zum Beispiel der israelische Linguist Guy Deutscher 2010 im Anschluss an den Anthropologen Franz Boas und den russisch-amerikanischen Linguisten Roman Jakobson einen Ansatz, den er das **Boas-Jakobson-Prinzip** nennt. Dabei zweifelt er nicht an, dass eine Muttersprache Einfluss auf das Denken nimmt, aber er geht davon aus, dass man theoretisch in jeder Sprache alles zum Ausdruck bringen kann. Der für ihn entscheidende **Unterschied zwischen den Sprachen** besteht also nicht darin, was eine Sprache dem Sprechenden auszudrücken erlaubt, sondern wozu eine Sprache den Sprechenden ‚zwingt', wenn er sich äußert. Anders als in der Sapir-Whorf-Hypothese dargestellt, ist Sprache demnach kein „Gefängnis" für das Denken und die Wahrnehmung der Wirklichkeit.

Deutlich wird, dass die Debatte um das Verhältnis zwischen Sprache, Denken und Wirklichkeit bis heute keineswegs abgeschlossen ist und in der Sprachphilosophie, den Sprachwissenschaften und anderen wissenschaftlichen Disziplinen sehr kontrovers geführt wird. Im Zusammenhang einer kritischen Auseinandersetzung mit ideologisch geprägten **Geschlechtsrollenklischees** (Thema „Gender", Frauensprache vs. Männersprache, patriarchalische Sprachstrukturen usw.) sowie durch neuere Erkenntnisse über die Funktionsweise des Gehirns (Was passiert im Gehirn, wenn wir sprechen? Wie entstehen Gedanken? usw.) in den **Neurowissenschaften** steht die Diskussion um die Beziehung zwischen Sprache und Denken auch im Interesse einer breiteren Öffentlichkeit.

> **INFO** Positionen zum Verhältnis Sprache ↔ Denken
>
> Unabhängig von den oben angedeuteten Unterschieden und Kontroversen gehen die Vertreter fast aller Positionen von einem sehr engen Verhältnis zwischen Sprache und Denken aus. Grundsätzlich lassen sich diese Ansichten unterscheiden:
>
> A Sprache und Denken sind zwei getrennte Bereiche, die allerdings voneinander abhängig sind.
>   Dazu werden drei Varianten als Thesen formuliert:
>   a) Das Denken bestimmt die Sprache, sodass sich das Sprechen aus dem Denken entwickelt.
>   b) Die Sprache beeinflusst das Denken, indem es dem Denken bestimmte Bahnen vorgibt (Sapir-Whorf-Hypothese).
>   c) Sprache und Denken stehen in gegenseitiger Abhängigkeit; das eine ist ohne das andere nicht möglich.
>
> B Sprache und Denken sind identisch, das Denken ist „inneres Sprechen" (Identitätstheorie).

Inhaltsfeld Texte

Lyrische Texte

Was ist Lyrik?

Lyrik zeichnet sich durch „verdichteten" Sprachgebrauch aus. Die sinnliche Seite der Sprache steht häufig im Mittelpunkt:
- der Klang der Wörter,
- die Folge der Wörter in einem Sprechzusammenhang (Rhythmus),
- das Verhältnis von betonten und unbetonten Silben,
- die Optik der Wörter.

Bildlichkeit trägt in vielen lyrischen Texten zu einer Bedeutungsbildung bei, die Wahrnehmungen und Gefühle in besonders strenger Form, allerdings durchaus mehrdeutig vorstellt. Individuelle, sehr persönliche Sichtweisen auf Gegenstände überwiegen. Gedichte sind vielfach „Verdichtung", zeichnen sich durch besondere Prägnanz aus. Ein Beispiel:

> *Hilde Domin (1909 – 2006)*
> **Nicht müde werden (1964)**
>
> Nicht müde werden
> sondern dem Wunder
> leise
> wie einem Vogel
> die Hand hinhalten
>
> Hilde Domin: *Nicht müde werden*. Aus: dies., Gesammelte Gedichte. S. Fischer Verlag, Frankfurt/Main, 1987, S. 294.

Bei diesem modernen Gedicht wird mithilfe eines Vergleichs eine Art Lebensweisheit ausgedrückt. Das „Wunder" wird mit einem flatterhaften „Vogel" verglichen, dem man still die Hand hinhalten soll, obwohl es natürlich lange dauern kann, bis er sich auf einer ausgestreckten Hand niederlässt. Man soll die Hoffnung auf ein Wunder also nicht aufgeben, auch wenn es manchmal aussichtslos erscheint.
Dies ist zunächst eine textimmanente Erschließung. Darüber hinaus können Fragen zum biografischen oder literarhistorischen Kontext – Hilde Domin hat viele Jahre im Exil verbringen müssen – Deutungshinweise liefern (→ S. 112 f.). Eine vorschnelle Interpretation der Gedichtaussage als Ausdruck biografischer Brüche und schwieriger Situationen im Leben der Autorin sollte allerdings vermieden werden (Sprecher im Gedicht, → S. 163).

Ein kurzer Abriss zur Geschichte der Gattung

Lyrik gilt als diejenige poetische Gattung, die menschliche Stimmungen in stärkster Weise ausdrücken kann. Abgeleitet vom griechischen Wort *lyrikós* (zum Spiel der Lyra, der Leier gehörend) wird der Lied- und Vortragscharakter der antiken Herkunft betont. Seit dem 18. Jahrhundert wird die heute noch übliche Definition von Lyrik als eine der drei Hauptgattungen neben Epik und Drama gebraucht.
Bei dem Formenreichtum, den die Lyrik seit der Antike entwickelte, sind als Grundkonstanten Rhythmus, Metrum, Vers sowie teilweise auch Reim und Strophe zu identifizieren.

Die **germanische Stabreimkunst**, deren Gesetze nicht überliefert sind, sondern erst im 19. Jahrhundert rekonstruiert wurden, ist heute allenfalls in Wendungen wie „Haus und Hof" noch nachzuweisen, prägte aber bis zum *Hildebrandslied* (althochdeutsch, 9. Jahrhundert) eine eigenständige lyrische Tradition im nordwestlichen Europa.
Als besondere Blütezeit gilt das **Hochmittelalter** (11.–13. Jahrhundert). Der höfische **Minnesang** ist vor allem mit Walther von der Vogelweide (um 1170 – ca. 1230) verbunden, aber auch bedeutende Versepen wie das *Nibelungenlied* kennzeichnen diese Epoche. Eine weitere im deutschsprachigen Raum entstandene Dichtkunst ist der zunftbürgerliche *Meistergesang* im 16. Jahrhundert, verbunden vor allem mit dem Namen Hans Sachs (1494–1576).
Als eigentlicher Beginn einer vor allem an italienischen Renaissancevorbildern geschulten und orientierten Dichtkunst in deutscher Sprache gilt das aus heutiger Sicht strenge Regeln der Form benennende *Buch von der deutschen Poeterey* (1624) von Martin Opitz (1597–1639). Die damit erstmals theoretisch fundierte **Barocklyrik** fand Ausprägungen vor allem im weltlichen und geistlichen Sonett, aber auch in *Kirchenliedern* oder Epigrammen sowie weiteren in dieser Epoche gepflegten lyrischen Formen.
Als ein Höhepunkt deutscher Literatur gilt (nicht nur in der Lyrik) das dichterische Schaffen von Johann Wolfgang Goethe (1749–1832), Friedrich Schiller (1759–1805) und Friedrich Hölderlin (1770–1843) sowie die **Lyrik der Romantik**, verbunden mit Namen wie Novalis (1772–1801) oder Joseph von Eichendorff (1788–1857).
Mit Heinrich Heine (1797–1856) wird eine häufig ironisch gebrochen romantische Lyrik verbunden, aber auch politisch engagierte Dichtung des Vormärz.
Während die von Goethe und Schiller geprägte Lyrik des **Sturm und Drang** und der **Klassik** als Stimmungs-, Erlebnis- oder Ausdrucksdichtung charakterisiert und als – aus heutiger Sicht – traditionell bezeichnet wird, gilt die sogenannte **Moderne** als dem Leser gegenüber bewusst sperrig.
Wenn Einfühlen und Nacherleben, auch Schönheit als nicht nur ästhetische Kategorie das Typische klassischer Lyrik umreißt, ist gerade im Verzicht auf Formbegrenzung bzw. im bloßen Spiel mit der Form die Moderne ausgewiesen, in Frankreich seit der Mitte des 19. Jh., in Deutschland eher um 1900.

Die im **Naturalismus**, **Expressionismus** oder **Dada** entwickelten sprachlichen Entgrenzungen haben im 20. Jahrhundert keine ausschließlich daran anknüpfende „Dichterschule", sondern auch Gegenbewegungen und eine von manchen als epigonal (nachahmend) betrachtete Lyrik mit gestalterischen Bezügen auf die klassischen Vorbilder hervorgebracht. Eine Tendenz zur Verrätselung und zum Experiment ist allerdings seit Anfang des 20. Jahrhunderts aus der deutschsprachigen Lyrik nicht mehr wegzudenken.

Möglichkeiten der Einordnung von Lyrik bieten – zunächst unabhängig von literarhistorischen Kontexten – thematisch und motivisch begründete Zuordnungen:

Gedichtgenre	Thema/Motiv
Alltagslyrik	Erfahrungssplitter und persönliche Impressionen aus dem Alltag sind kennzeichnend (z. B. in der Lyrik von Rolf Dieter Brinkmann).
Gedankenlyrik	Weltanschauliche und philosophische Fragen werden thematisiert (z. B. Johann Wolfgang Goethe *Grenzen der Menschheit*).
Großstadtlyrik	Thema ist das Erleben der Großstadt (vor allem im Expressionismus stark vertreten; z. B. Georg Heym *Der Gott der Stadt*).
Liebeslyrik	Wonnen und Schmerzen der Liebe gehören zu den ältesten Motiven in der Lyrik und werden häufig gefühlsbetont verarbeitet.
Naturlyrik	Naturbegegnung und Naturerleben – wie der Jahreszeitenwechsel – sind ein vorrangiges Thema (z. B. in der Romantik).
Politische Lyrik	Aussagen zu politischen Ereignissen sind als Appell/Kritik formuliert (z. B. im Vormärz/Junges Deutschland: Heinrich Heine *Die schlesischen Weber*).

Formen der Lyrik

Gedichte können nach inhaltlichen, formalen und literarhistorischen Gesichtspunkten klassifiziert werden, z. B.:

Gedichtart	Merkmale
Ballade	In Versform erzählte Geschichte mit Dialogelementen. Die Zuordnung zur Lyrik ist aber umstritten; andere Kategorisierungen betonen die epischen und dramatischen Aspekte der Ballade.
Elegie	Formstrenges Klagelied in der Antike; Trauer, Schwermut und Sehnsucht sind zentral.
Epigramm	Sinngedicht; kurz und pointiert formulierter, scharfsinniger Einfall, manchmal satirisch. Im Unterschied zum *Aphorismus* in Reimform verfasst.
Hymnus/ Hymne	Ursprünglich ein Lob- und Preisgesang in der Kirchenliturgie; bei Goethe und Schiller freier gefasst.
Lied	Oft Volkslied, einfache Verse; Höhepunkte der Lieddichtung im Mittelalter (*Minnesang*) und der Romantik um 1800.
Ode	Ursprünglich ein Chorgesang im antiken Drama; dann rhythmisch freier, mit feierlichem Inhalt.
Sonett	14-zeilige Gedichtform seit der italienischen Renaissance; im Barock besonders beliebt; besteht in der Regel aus zwei Quartetten und zwei Terzetten.

Darüber hinaus gibt es noch weitere Formen bzw. Klassifizierungen, z. B.
- **Anakreontik**, eine Stilrichtung Mitte des 18. Jh. nach antikem Muster; heitere und graziöse Verse in Anlehnung an Anakreon (ca. 580–490 v. Chr.);
- **experimentelle Gedichtformen**, in denen die Sprache selbst zum Inhalt und Zweck des Gedichts wird, z. B. in der *konkreten Poesie* mit Vertretern wie Eugen Gomringer (*1925) und Ernst Jandl (1925–2000);
- **Kleinformen** wie z. B. *Haiku*, *Elfchen* und *Limerick*.

Das Sonett

Eine besonders typische Gedichtform des Barock (1600–1720), auch im Expressionismus vertreten, stellt das Sonett dar. Die **14 Zeilen** werden zumeist in **zwei Quartette** (Strophe mit je vier Versen) und **zwei Terzette** (Strophe mit je drei Versen) gegliedert und realisieren sehr häufig ein typisches **Reimschema** – im Barock nach italienischem Vorbild (Francesco Petrarca 1304–1374) –, mit doppelten Blockreim der Quartette abba abba cdc dcd (dagegen bei Shakespeare: abab cdcd efef gg). Am französischen Vorbild orientierte sich die deutschsprachige Barockdichtung beim Versmaß durch den Gebrauch von Alexandrinern.

Der asymmetrische Aufbau des Sonetts erzeugt eine formale und inhaltliche Spannung. Themen können dadurch argumentativ entfaltet werden; der Sprecher im Gedicht kann sein Thema reflektieren.

Im Rahmen der **Poetikvorgaben des Barock** stellen die Quartette in *These* und *Antithese* Aussagen über einen bestimmten Kanon von Themen (z. B. Liebe, Tod/Vergänglichkeit, vanitas) vor, die Terzette bündeln diese Aussagen und führen sie zu einer *Synthese*. Das Sonett ist auf das pointierte Ende hin angelegt, zeigt damit eine Finalstruktur. Ein Beispiel:

Paul Heyse (1830–1914)
Schlussgedicht der „Waldmonologe aus Kreuth" (1908)

Sieh das Sonett! Kannst du ein Gleichnis nicht
In seiner Strophen Viergestalt gewahren,
Das Bild von zwei verbundnen Menschenpaaren?
Voran die Eltern, Leute von Gewicht.

5 Was er mit seinem würd'gen Tone spricht
Bestätigt sie, bemüht, ihm zu willfahren.
So schwierig manchmal auch die Reime waren,
Sie hält sich stets an seiner Seite dicht.

Dann folgen flink den Alten auf dem Fuß
10 Von schlankem Wuchs leichtherzig die zwei Jungen,
die man für Liebesleutchen halten muss.

Er raunt ins Ohr ihr zarte Liebkosungen,
Und mit des letzten Reims behändem Schluss
Hat sein Terzinchen küssend er umschlungen.

Paul Heyse: *Schlussgedicht der „Waldmonologe aus Kreuth"*. Aus: ders., Gesammelte Werke. Dritte Reihe. Bd. V. J. G. Cottasche Buchhandlung, Stuttgart/Berlin, 1924. S. 282.

Das Reimschema in Heyses Sonett weicht nur im zweiten Terzett vom Barockmuster ab. Anhand des Bildes von zwei Paaren zweier Generationen wird die Sonettform vorgestellt, in der Abweichung vom Vorbild nicht stärker variierend als schon im Barock möglich.

Nicht nur in klassisch gebauten Gedichten wie im barocken Sonett sind häufig *Gegensatzpaare* zu finden. Gegensätze, Widersprüche, widerstreitende Gefühle im Gedicht sind Möglichkeiten, um der Gedankenstruktur näher zu kommen. Auch *Steigerungen* oder *Wendungen* – etwa im abschließenden Vers oder Verspaar – bieten Hinweise.

Elemente lyrischer Texte

Motiv – Thema – Titel

Mit dem Ermitteln von Widersprüchen oder Wendungen sind erste Schritte einer Gedichtanalyse eingeleitet. Diese Analyse ähnelt gelegentlich einer Übersetzungsarbeit, denn die gedankliche Struktur erschließt sich meist nicht auf den ersten Blick. Mit Hilfe einiger Aspekte ist es möglich, sich dieser Struktur zu nähern:
Oft wird ein *zentrales Motiv* oder auch *Leitmotiv* im Gedicht verarbeitet, das Veränderungen erfährt oder zumindest Präzisierungen (z. B. unglückliche Liebe). Die Worte, die zu diesem Motiv in Beziehung stehen, zeigen die *Motiventwicklung* an. Damit eng zusammenhängend ist das *Thema* des Gedichts, auf das häufig auch der *Titel* hinweist. Dieser Titel bzw. diese Überschrift, wenn sie nicht dem Eingangsvers entspricht, hat eine Hinweisfunktion, die in der Analyse zu klären ist.

Das Gedicht als Kommunikationsangebot

Wie im Bereich der Epik kann die Autorin bzw. der Autor nicht mit dem **Sprecher** im Gedicht gleichgesetzt werden. Eine Nähe oder gar Übereinstimmung zwischen dem, der im Gedicht – ausdrücklich oder unmerklich – seine Stimme erhebt, und der Verfasserin bzw. dem Verfasser des Gedichts ist ggf. im Einzelnen nachzuweisen. Mit dem Begriff „Sprecher" werden sowohl die identifizierbaren Sprechrollen (zumeist eine) als auch ein gestaltloses Sprechen (das Fehlen eines erkennbaren Sprechers) benannt. Gelegentlich wird der Begriff **lyrisches Ich** als Synonym für jedes Sprechen im Gedicht benutzt.

Der Sprecher im Gedicht kann in ganz unterschiedlichen Sprechweisen kommunizieren: Trotz der subjektiven Färbung und der häufig erkennbaren Selbstäußerung in vielen Gedichten ist auch ein sachliches Sprechen möglich. Hilde Domins Gedicht *Nicht müde werden* kann als Appell verstanden werden, als Aufforderung des Sprechers an sich selbst oder an andere.
Eine ironische Aussage ist im Gedicht ebenfalls möglich; die Kurzform des Epigramms gilt als geradezu prädestiniert für Ironie. Ein Beispiel:

Der Deutsche Krieg (um 1628)   *Friedrich von Logau (1604 – 1655)*

Was hat doch bracht das deutsche Kriegen?
Dass wir nun ruhn, weil wir ja liegen.

Friedrich von Logau *Der Deutsche Krieg*. Aus: Heinz Ludwig Arnold (Hrsg.), Deutschland! Deutschland? Texte aus 500 Jahren von Martin Luther bis Günter Grass. S. Fischer Verlag, Frankfurt/Main, 2002, S. 73

Vers – Metrum – Reim

Eine Zeile in einem Gedicht wird als **Vers** bezeichnet. In Gedichten wird der **Zeilenumbruch**, die Anordnung der Textzeilen auf einer Druckseite, in besonderer Weise genutzt. Dieser Umbruch kann in drei Erscheinungsformen beschrieben werden:

Art des Zeilenumbruchs	Erklärung	Beispiel
Zeilenstil	Satz- und Versende fallen zusammen.	Wer reitet so spät durch Nacht und Wind? / Es ist der Vater mit seinem Kind; / Er hat den Knaben wohl in dem Arm, / Er fasst ihn sicher, er hält ihn warm. … J. W. Goethe *Erlkönig*
Enjambement	„Zeilensprung": der Satz- und Sinnzusammenhang reicht über das Versende, ggf. auch das Strophenende, hinaus. Das Enjambement hebt vor allem Begriffe am Versende hervor.	Über allen Gipfeln / Ist Ruh … J. W. Goethe *Ein gleiches / Wandrers Nachtlied*
Hakenstil	In dieser Folge von Enjambements erscheinen die Verse durch die übergreifenden Satzbögen wie verhakt.	Danke ich brauch keine neuen / Formen ich stehe auf / festen Versesfüßen und alten / Normen Reimen zu Hand … Ulla Hahn *Ars poetica*

Die Betonungsverhältnisse im Gedicht werden, wenn sie regelmäßig sind, als **Metrum** oder **Versmaß** bezeichnet. Dabei unterscheidet man die Silbenabfolge, die sogenannten **Versfüße**, in *betonte* x̂ und *unbetonte* Silben x.

Davon unterscheidet man den **Rhythmus**, der zwar diese Betonungen beim Sprechen berücksichtigt, aber dem Sinn der Worte und Sätze folgt.

Die Begriffe für das Versmaß und die regelmäßigen Strophenformen stammen aus der griechischen Antike.

Die wichtigsten Fachbegriffe zur Lyrik

Begriff	Erläuterung	Beispiel
Metrum	Versmaß mit Versfüßen als kleinsten Einheiten	betonte Silbe: x̂ unbetonte Silbe: x
Hebungen	betonte Silben im Vers: Je nach Zahl der Hebungen im Vers kann etwa vom jambischen Fünf- oder Sechsheber als Versmaß gesprochen werden.	Vor grauen Jahren lebt' ein Mann in Osten … (G. E. Lessing) x x̂ x x̂ x x̂ x x̂ x x̂ x (Blankvers: 5-hebig) Du siehst, wohin du siehst, nur Eitelkeit auf Erden (A. Gryphius) x x̂ x x̂ x x̂ x x̂ x x̂ x x̂ x (Alexandriner: 6-hebig)
Senkungen	unbetonte Silben im Vers	
Versfüße		
Jambus	zweihebiger Versfuß: unbetont – betont	Der Mond ist aufgegangen x x̂ x x̂ x x̂ x
Trochäus	zweihebiger Versfuß: betont – unbetont	Nacht ist wie ein stilles Meer x̂ x x̂ x x̂ x x̂
Daktylus	dreihebiger Versfuß: betont – unbetont – unbetont	Leidenschaft führt mir die … x̂ x x x̂ x x
Anapäst	dreihebiger Versfuß: unbetont – unbetont – betont	Aus der Hand frisst der Herbst … x x x̂ x x x̂
Versformen		
Hexameter	epischer Vers aus sechs Versfüßen (meist Daktylen), um eine Silbe gekürzter letzter Versfuß	Hûrtig mit Dônnergepôlter entrôllte der tûckische Mârmor (Homer)
Alexandriner	sechshebiger Vers mit 12 oder 13 Silben	s. Hebungen
Knittelvers	vierhebiger, unregelmäßiger Vers	Hâbe nun, âch! Phîlosophîe, Jûristerêi und Mêdizîn … (J. W. Goethe)
Blankvers	fünfhebiger Jambus	s. Hebungen
Distichon	Kombination von zwei Versen: ein daktylischer Vers mit sechs bzw. fünf Versfüßen (Hexameter, Pentameter)	Wanderer, kommst du nach Sparta, verkündige dorten, du habest / uns hier liegen gesehn, wie das Gesetz es befahl. (griech. Grabinschrift – Epitaph – übersetzt von F. Schiller)

Strophen-formen		
einfache Liedstrophe	vierzeilige Strophe mit häufig regelmäßigem Wechsel betonter und unbetonter Silben (alternierendes Metrum) und Endreim mindestens zweier Verse	Wie herrlich leuchtet Mir die Natur! Wie glänzt die Sonne! Wie lacht die Flur! (J. W. Goethe, *Mailied*)
Sestine	sechszeilige Strophe mit regelmäßigem Reimschema	*aabbcc* *oder auch: ababcc*
Reim	Gleichklang zweier oder mehrerer Lautgruppen	
Reimarten	– *Stabreim:* anlautende Konsonanten → Alliteration – *Endreim:* auslautende Vokale und Konsonanten – *Assonanz:* gleichlautende Vokale – *Binnenreim:* zwei oder mehr Wörter in einem Vers reimen sich	M̲an(n) m̲erkt m̲anches Str̲and – S̲and Z̲ug – B̲uch Oh Holpern und Stolpern
Reimschema/Reimstellungen	Darstellung der verschiedenen Endreimformen durch Kleinbuchstaben	– *Paarreim:* aabbcc … – *Kreuzreim:* abab … – *umarmender Reim:* abba
Versende		
Kadenz	Form des Versendes: – *klingende oder weibliche Kadenz:* Abschluss mit betonter und unbetonter Silbe (x̂ x) – *stumpfe oder männliche Kadenz:* Abschluss mit einer betonten Silbe (x x̂)	Fest gemauert in der Erden x̂ x x̂ x x̂ x x̂ x Steht die Form, aus Lehm gebrannt. x̂ x x̂ x x̂ x x̂ (F. Schiller, *Das Lied von der Glocke*)

Wortwahl und Satzbau

Vielen Gedichten ist eine ungewöhnliche Satzstellung eigen. Auch unvollständige Sätze oder gar Satzfetzen finden sich in moderner Lyrik häufiger. Damit kann z. B. ein pathetischer Ton verbunden sein oder Ungewohntes und damit Ungewöhnliches erzeugt werden. Ein Beispiel:

> *Bertolt Brecht (1898 – 1956)*
> **Erinnerung an die Marie A.** (1924)
>
> 1
> An jenem Tag im blauen Mond September
> Still unter einem jungen Pflaumenbaum
> Da hielt ich sie, die stille bleiche Liebe
> In meinem Arm wie einen holden Traum.
> [...]
>
> „Erinnerung an die Marie A.", aus: Hecht, Werner (Hrsg.): Bertolt Brecht, Werke. Große kommentierte Berliner und Frankfurter Ausgabe, Bd. 11: Gedichte 1. © Bertolt-Brecht-Erben / Suhrkamp Verlag 1988, S. 92.

Mit Ellipsen, Wiederholungen (Anapher, Parallelismus) von Wörtern oder Satzteilen erzeugen Gedichte ihre je eigene Stimmung. Diese Mittel sind auch in der Rhetorik gebräuchlich (Übersicht *Rhetorische Mittel* → S. 204).

Sprachliche Bilder/Bildlichkeit

Sprachliche Bilder werden in allen mündlichen und schriftlichen Kommunikationssituationen gebraucht. Wenn ein Baby als *Sonnenschein* bezeichnet wird, ist das Alltagssprache. Das **sprachliche Bild** ist der Oberbegriff zu Metapher, Vergleich, Metonymie, Allegorie und Symbol. All diese Bilder sind auch außerhalb von Lyrik zu finden; viele werden oft unbewusst angewendet. Manche Bilder sind im Sprachgebrauch bereits so etabliert, dass sie gar nicht mehr als solche erkannt werden. (*Ich habe einen Berg von Aufgaben.*)
In der modernen Dichtung sind **Verrätselungen** in sprachlichen Bildern zu finden; man bezeichnet sie als **Chiffren**. Ursprünglich meint Chiffre ein Geheimzeichen, das nur durch Kenntnis eines „Schlüssels" entziffert, also: dechiffriert, werden kann. In der Lyrik geht es um Worte und Wörter, die – abgelöst von ihrer ursprünglichen Bedeutung – ihren Sinn erst im vom Dichter geschaffenen Assoziationsraum gewinnen. In Paul Celans *Todesfuge* handelt es sich bei der Wendung von der „schwarzen Milch der Frühe" um eine solche Chiffre; in der Lyrik des Expressionismus steht die Farbe „Blau" für einen solchen neu geschaffenen Assoziationsraum.

Epische Texte / Erzähltexte

Was ist Epik?

Die Begriffe *Epik* und *episch* werden gebraucht für die Gattung der erzählenden Dichtung (lat. *prosa*) und gehen zurück auf das griechische Wort *epos* bzw. das Adjektiv *epikos*: das „Gesagte", das „Berichtete" oder die „Erzählung". Das griechische Epos, z. B. die *Odyssee* oder die *Ilias* von Homer, ist ein umfangreiches Erzählgedicht in Versform, das augenscheinlich für den öffentlichen Vortrag bestimmt war. Mit den Ritterepen des Mittelalters, z. B. dem *Nibelungenlied*, hält die Epik Einzug in die frühe deutsche Literaturgeschichte.

Ein epischer Text erzählt eine Geschichte. Dem **Erzähltext** liegt ein Erzählgegenstand zugrunde, eine **Fabel** *(story, plot)*. Die Fabel stellt die Summe der Handlungen eines Textes in ihrer logischen Verknüpfung dar. Damit ist die Fabel ein geordneter, gegliederter und in Zusammenhänge gebrachter Stoff. Sie braucht nicht vollständig oder linear erzählt zu sein: *Rückblenden* können Vergangenes, Ausgespartes ergänzen, *Vorgriffe* können auf Zukünftiges hinweisen, *Einschübe* können Gedanken und Gefühle verdeutlichen. Manches wird stillschweigend übergangen und konkretisiert sich erst in der Fantasie des Lesers (sogenannte *Leerstellen* des Textes), anderes bekommt durch die detaillierte Beschreibung besonderes Gewicht.

Das die Gattung bestimmende Element ist das Vorhandensein eines **(fiktiven) Erzählers** als Vermittler der Handlung (Achtung: Der Erzähler ist nicht der Autor!), der in unterschiedlicher Form im Text in Erscheinung tritt. Er kann selbst ein Teil des fiktiven epischen Figurenensembles sein oder das Geschehen auch als engagierter oder distanzierter Beobachter außerhalb der Handlung darbieten.

Im Verlauf der Gattungsgeschichte nimmt der Erzähler in einem epischen Text höchst unterschiedliche Rollen ein, gebunden an den jeweils historischen Kontext, dem ein Text entstammt. So weist der traditionelle *Entwicklungs- und Bildungsroman* des 18. und 19. Jahrhunderts vor allem das **auktoriale Erzählverhalten** auf, während bereits am Ende des 19. Jahrhunderts und vor allem im zwanzigsten Jahrhundert die **personale bzw. neutrale Erzählhaltung** überwiegt.

In der Literatur der siebziger Jahre und vor allem der *Gegenwartsliteratur* findet man vor allem die Erzählform des *Ich-Erzählers*, während die *Literatur der Postmoderne* (achtziger und frühe neunziger Jahre des 20. Jahrhunderts) mit den Erzählhaltungen und Erzählformen der traditionellen Epik spielt und das auktoriale Erzählverhalten in ironischer Weise bricht.

Ein kurzer Abriss zur Geschichte der Gattung

Die ersten Romane unseres Kulturkreises entstammen der hellenistischen Zeit nach Alexander dem Großen. Der Roman zählte jedoch nicht zur Dichtung, sondern galt als „Unterhaltung". Die wenigen Romane, die erhalten blieben, wie z. B. der *Alexanderroman* und der *abenteuerliche Liebesroman*, dienten als Vorlage für die **mittelalterli-**

chen **Versromane** und den Roman im Barock (H. J. Ch. von Grimmelshausen *Simplizissimus*). Auch die deutsche Poetik nimmt den Roman erst seit dem 18. Jahrhundert ernst. Johann Wolfgang von Goethe schuf mit seinem **Briefroman** *Die Leiden des jungen Werther* den ersten Weltbestseller; auch seine späteren Romane *Wilhelm Meisters Lehrjahre*, *Wilhelm Meisters Wanderjahre* (Entwicklungs- und Bildungsroman) und *Die Wahlverwandtschaften* sowie der psychologische Roman *Anton Reiser* von Karl Philipp Moritz gelten als Vorzeigemuster ihrer Gattung. Der beliebte **Trivialroman** des 18. Jahrhunderts nimmt sich Ritter-, Räuber- und Schauergeschichten zum Thema.

Die Epoche der **Romantik** ist reich an Romanen von Autoren wie Jean Paul, Novalis, Friedrich Schlegel und E. T. A. Hoffmann und bevorzugt den **Künstlerroman**. Seit 1830 entwickelt sich der **realistische Roman** (Karl Immermann, Otto Ludwig, Friedrich Spielhagen, Wilhelm Raabe, Gottfried Keller, Adalbert Stifter, Theodor Fontane), der sich auch an den großen europäischen Vorbildern (Gustave Flaubert, Leo Tolstoi) orientiert. Im Naturalismus des ausgehenden 19. Jahrhunderts dienen ebenfalls ausländische Autoren wie Émile Zola und Fjodor Dostojewski als Modell.
Die großen Romane zu Beginn des 20. Jahrhunderts verfassen die Brüder Thomas Mann (*Buddenbrooks*) und Heinrich Mann (*Professor Unrat, Der Untertan*) sowie Hermann Hesse und Joseph Roth mit **gesellschaftskritischen Romanen**. Sie eröffnen neue Gestaltungsmöglichkeiten, die von Autoren wie Franz Werfel, aber auch expressionistischen Autoren wie Franz Kafka (*Der Prozess, Amerika*) und Alfred Döblin (*Berlin Alexanderplatz*) sowie von Robert Musil (*Der Mann ohne Eigenschaften*) weiterentwickelt werden und schließlich zu einer Formauflösung führen unter Verzicht auf einen stringenten, linearen Handlungsablauf durch **Montage** von Erlebnissen des Unbewussten (*erlebte Rede, innerer Monolog, Stream of Consciousness*).

Neue Anregungen nach 1945 erhält der deutsche Roman durch amerikanische Vorbilder (Ernest Hemingway, William Faulkner). Grundthema der **Nachkriegsliteratur** wird die Orientierung in einer veränderten Welt und die Aufarbeitung der Vergangenheit bei den Mitgliedern der *Gruppe 47*, Heinrich Böll (*Ansichten eines Clowns*), Günter Grass (*Die Blechtrommel*), Wolfgang Koeppen (*Tauben im Gras*), Alfred Andersch (*Kirschen der Freiheit*). Charakteristisch jedoch für die Zeit der späten 1950er- und frühen 1960er-Jahre ist der Moment des Aufbruchs, der sich gegen die Erstarrung der sogenannten „Wirtschaftswunder-Gesellschaft" richtet und neues politisch-gesellschaftliches Engagement zeigt und fordert (Uwe Johnson, Martin Walser, Max Frisch, Siegfried Lenz, Peter Handke).
Die **Gegenwartsliteratur** ist nicht mehr mit Nachkriegsliteratur identisch, sondern grenzt sich formal und inhaltlich von dieser ab. Sie ist so heterogen, sowohl Brüche als auch Traditionen des Erzählens manifestierend, dass es unmöglich ist, all diese unterschiedlichen Tendenzen in einem Überblick zusammenfassend darzustellen. Als Stichworte seien u. a. genannt: politisch engagierte Literatur, Arbeiterliteratur, Dokumentarliteratur, Subjektivismus und Rückzug in die Innerlichkeit, Frauenliteratur, experimenteller Roman.

Formen und Elemente von Erzähltexten

Zur Epik / erzählenden Dichtung gehören unterschiedlich lange und unterschiedlich strukturierte Textsorten wie:
- der **Roman** als epische Großform: u. a. Abenteuerroman, Bildungsroman, Entwicklungsroman, Künstlerroman, Historischer Roman, Psychologischer Roman, Zeitroman;
- **epische Kleinformen**: u. a. Anekdote, Erzählung, Fabel, Gleichnis, Parabel, Legende, Märchen, Novelle, Kurzgeschichte, Sage.

Epische Kleinformen bieten dem Leser immer nur einen Ausschnitt aus der Welt, eine pointierte Begebenheit, während der Roman in epischer Breite Anspruch auf die Darstellung eines größeren äußeren oder innerseelischen Zeitraums beansprucht. Jedoch sind weder die oben erwähnten Romanformen und Textsorten noch die dem Text vorangestellten Bezeichnungen immer eindeutig, einheitlich und trennscharf.
Im Folgenden werden aus der Gattungsgeschichte und inhaltsbezogenen Einteilungen Zugriffe auf epische Texte vorgestellt, Grundbegriffe zur Beschreibung und Analyse präsentiert sowie Tipps und Hinweise zur schriftlichen Interpretation unterbreitet.

Die wichtigsten Fachbegriffe zur Epik

Begriff	Merkmale / Erläuterungen
Erzählsituation	
Erzählverhalten	- **auktorial**: der Erzähler ist allwissend („olympisches Erzählen"), verfügt souverän über alle Momente des epischen Textes, kommentiert, reflektiert, bewertet, blickt zurück oder voraus; das Geschehen und dessen Deutung wird von ihm gelenkt; er führt den Leser durch den Text. - **personal**: aus der Sicht einer Figur, von einem Standpunkt innerhalb des Geschehens, daher eingeschränkte Sichtweise; subjektiv; Leser erhält unmittelbaren Einblick in subjektives Erleben. Um Monotonie zu entgehen und verschiedene Sichtweisen zu verdeutlichen, oft in der direkten Figurenrede die Darstellung mehrerer Figuren (Multi-/Polyperspektivität). - **neutral**: sachlich, unkommentiert, weder aus der Sicht einer Figur noch aus der eines auktorialen Erzählers; Erweckung des Anscheins von größter Objektivität.
Erzählform	- **Er/Sie-Form**: Es wird von anderen erzählt. - **Ich-Form**: Ich-Erzähler: subjektiv, eingeschränkt, authentisch anmutend. - *Erzählerbericht* als Grundform des auktorialen Erzählens. Auch in der Ich-Form kann der Erzähler auktorial als sich erinnerndes, erzählendes Ich rückblickend erzählen.

	– *Erlebte Rede* und *innerer Monolog* sind Hauptformen des personalen Erzählens. – *Sachlicher, dokumentarischer Vergangenheitsbericht* oder *szenisches Erzählen* sind Hauptformen des neutralen Erzählers, z. B. Gesprächswiedergabe ohne Zwischenkommentare.
Erzählperspektive	– **Außensicht**: Aussehen, äußerliche Informationen über Figuren, Handlungen, Beobachtungen – **Innensicht**: Gefühle und Gedanken einer Figur, ihre Überlegungen
Erzählstandort	Position des Erzählers zum Erzählten: Nähe/Distanz in räumlicher oder auch zeitlicher Hinsicht
Erzählhaltung	Einstellung des Erzählers zum Erzählten: neutral, ironisch, kritisch, (ab)wertend, ambivalent, zustimmend, euphorisch …
Figuren	
direkte Figurencharakterisierung	Charakterisierung einer Figur durch den Erzähler selbst (in der Außensicht) oder von anderen Figuren (in der Innensicht), indem z. B. ihr Äußeres näher beschrieben, ihre Beziehungen zu anderen Personen dargestellt, ihr Handeln vor dem Hintergrund bestimmter Situationen thematisiert wird.
indirekte Figurencharakterisierung	Wenn sich die Figuren durch Inhalt und Form ihrer eigenen Äußerungen (z. B. Verhalten, wörtliche Rede, Gedanken) und ihr erzähltes Verhalten selbst charakterisieren.
Figurenkonzeption	– statische, sich nicht verändernde und – dynamische, sich verändernde Figuren – (Zeit-)Typus (eine auf wenig verallgemeinerbare Züge konzentrierte Figur) – Individuum (eine Figur mit individuell ausgestaltetem Persönlichkeitsprofil)
Figurenkonstellation	Das Zusammenwirken der Figuren und ihr Verhältnis zueinander. Aus der Figurenkonstellation ergibt sich meist der zentrale Konflikt des epischen Textes. Prägung durch – die Art der Beziehung der Figuren zueinander je nach: Geschlecht, Alter, Verwandtschaft, Bildung, beruflicher Stellung, Herkunft/Milieu, sozialem Status, Werthaltung, Normorientierung, charakterlicher Einstellung und psychischem Verhalten (z. B. Interessen, Gefühle, Wünsche, Bedürfnisse, Antriebe); – die kompositorische Konstellation der Figuren: *Parallelfiguren* (Wiederholung bestimmter Figurengruppen, z. B. auf einer anderen sozialen Ebene), *Kontrastfiguren* (z. B. bei Entgegensetzung von Lebensentwürfen).

Redeformen	
Erzählerrede	abgegrenzt von der direkten oder Figurenrede: Erzählerbericht, indirekte (Figuren-)Rede, Erzählerkommentar, Beschreibung
Direkte Figurenrede	szenische Darstellung, Dialoge, in denen sich die Figuren unmittelbar mitteilen, in traditionellen Texten durch Anführungszeichen gekennzeichnet. Gibt dem Text einen dramatischen Akzent, bezieht den Leser direkt in das Geschehen mit ein. Der Erzähler tritt hinter die Figuren zurück.
Indirekte Figurenrede	oft im Konjunktiv durch den Erzähler wiedergegeben, erzeugt Distanz zum erzählten Geschehen
Erlebte Rede	Wiedergabe der Gedanken einer Figur aus der Innensicht; in der Regel im Indikativ Präteritum der 3. Pers. Singular (zu sich selbst Distanz schaffend): Mischung von direkter und indirekter Rede. Es ist oft nicht direkt zu erkennen, wo die indirekte Rede aufhört und die erlebte Rede beginnt, da diese nicht ausdrücklich gekennzeichnet wird.
Innerer Monolog	unmittelbare Wiedergabe der Gedanken einer Figur in Form eines Selbstgesprächs; völliges Zurücktreten des Erzählers; in der Regel im Präsens und in der 1. Person Singular
Stream of Consciousness/ Bewusstseinsstrom	vielschichtig verflochtene, formlose Aneinanderreihung von Bewusstseinsinhalten (Gedanken, Ideen, Wahrnehmungen, Gefühle, Wünsche, Träume usw.) einer Figur; erzähltechnisch eine Erweiterung des inneren Monologs, da im Stream of Consciousness oft auch Satz- und Wortfetzen vorkommen und Grammatik- oder Syntaxregeln nicht eingehalten werden (müssen); dennoch sind z. B. leitmotivische Wiederholungen durchaus erkennbar
Zeitstrukturen	
Erzähltempus	Im traditionellen Roman das Präteritum, weil nur erzählt werden kann, was bereits geschehen ist. Das sogenannte „historische Präsens", eingebettet in das Erzähltempus des Präteritums, kann an besonders zentralen Stellen des Textes die Funktion des Präteritums übernehmen. Die Erzählung im Präsens besitzt größere Unmittelbarkeit. Das Präsens suggeriert, die erzählte Geschichte sei noch nicht fertig, alles sei noch möglich, jedoch bedeutet die Verwendung des Präsens auch einen Mangel an Illusion und Geschlossenheit.
historische Zeit	der historische Kontext, in den ein Text eingebettet ist, der die Handlungen der Figuren bestimmt und auf den der Text in vielfältiger Weise (Accessoires, Sprachduktus, Thematik, Topografie, Daten etc.) Bezug nimmt

Erzählzeit	zeitliche Dauer des Erzählvorgangs
erzählte Zeit	zeitliche Dauer des erzählten Geschehens
	Das Verhältnis beider Aspekte ist interessant: – sie können in etwa deckungsgleich sein, – die erzählte Zeit kann vielfach gerafft werden, – die erzählte Zeit kann über ihre eigentliche Zeitdauer gedehnt werden. Modernere und experimentellere Umgangsformen mit der Zeit in epischen Texten zielen z. T. auf eine Auflösung der chronologischen Struktur ab. Bei Anwendung der Montagetechnik wird die lineare Zeitstruktur aufgelöst, um Simultaneität vorzuspiegeln.
Motive und Raumgestaltung	
Motiv	Die kleinste strukturbildende und bedeutungstragende Einheit im Werk eines Autors oder in einem Text. Eine spezielle Form ist das *Leitmotiv*, z. B. Farben, Stimmungen, Symbole, Personen, Sätze, Redewendungen und vieles mehr. Ein Leitmotiv kann als sprachliches Bild eine ordnende oder verbindende Funktion innerhalb eines Textes haben oder durch seine häufige Wiederholung die Charakteristika einer Figur, eines Ortes, eines Konflikts betonen.
Raum/ Schauplatz	Der Raum spiegelt nicht immer eine reale Topografie wider. Selbst wenn das fiktive Geschehen an einem in der Realität auffindbaren und konkret benannten Ort spielt, dient dieser vor allem dazu, die Atmosphäre, das soziale Umfeld, das Lokalkolorit zu vermitteln, in denen die Figuren leben und handeln und das sie prägt. Der Text kann daher ein hohes Maß an Authentizität gewinnen sowie eine Wiedererkennungs- und Identifikationsmöglichkeit für den Leser schaffen (besonders im „Historischen Roman" bzw. im „Zeitroman"). Die fiktive Topografie eines epischen Textes weist vielseitige gestalterische Funktionen auf, da sie immer in Bezug zum Handeln der Protagonisten entsteht und dieses z. B. beeinflussen, konterkarieren, motivieren kann. Im realistischen Zeit- und Gesellschaftsroman des 19. Jahrhunderts können topografische Besonderheiten leitmotivische Funktion innerhalb des Textes übernehmen. Die Raumgestaltung kann durchaus auch jeden realen Bezug verlieren und der Spiegelung und Vergegenständlichung innerer Zustände und Prozesse (innerseelische Topografie) dienen.

Dramatische Texte

Was ist ein Drama?

Neben der *Lyrik* und der *Epik* ist die *Dramatik* die dritte große Gattung der Literatur. Der Begriff *Drama* (griech. Handlung) bezeichnet als Oberbegriff jegliche Form von Theaterstücken. Je nach Aufbau und Ausgestaltung unterscheidet man verschiedene Formen:

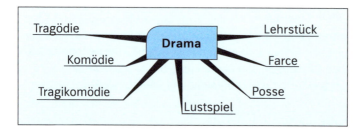

Im weiteren Sinn werden die Begriffe *Drama* und *Schauspiel* auch zur Bezeichnung von weniger streng aufgebauten Theaterstücken verwendet, die sich keiner der in der Abbildung genannten Unterkategorien zuordnen lassen. Vor dem Hintergrund historisch-gesellschaftlicher und technischer Entwicklungsprozesse haben sich von der Antike bis zur Gegenwart die Bühnentechnik sowie die formale und inhaltliche Gestaltung dramatischer Texte deutlich verändert.
Bei dramatischen Texten unterscheidet man grundsätzlich zwischen dem Haupt- und dem Nebentext. Der **Haupttext** ist der auf der Bühne gesprochene Text, zum **Nebentext** gehören die nicht gesprochenen Textteile (Titel, Untertitel, Personenverzeichnis, Sprechernamen, Regieanweisungen usw.).
Im Gegensatz zu den beiden anderen Gattungen ist für die Dramatik eine **szenische Realisierung** (Inszenierung durch einen Regisseur bzw. Dramaturgen) auf einer Bühne kennzeichnend. Eine Ausnahme stellen sogenannte **Lesedramen** dar, die meist so genannt wurden, weil zur Zeit ihrer Entstehung eine Aufführung aus unterschiedlichen Gründen (technischen, sozialen, politischen) nicht möglich war. Gegenüber den Gattungen Lyrik und Epik ist der als Rede oder Gegenrede die Handlung vorantreibende **Dialog** das wesentliche Merkmal der Dramatik (→ S. 176 f.). Eingeteilt in **Akte** (anfangs häufig 5 oder 3 Akte) und **Szenen** bzw. **Auftritte** (→ S. 177 ff.) sind den Textpassagen Figuren zugeordnet, die als psychologische Charaktere, typisierte Ideenträger oder einfache Typen ausgestaltet sein können (→ S. 182 f.). Kernstück vieler Dramen ist in der Regel der **Konflikt**, der je nach Form des Dramas im Schluss des Dramas gelöst oder bei modernen Dramen mit offenem Schluss ungelöst bleibt.
Die Interpretation bzw. die Analyse dramatischer Texte stellt besondere Ansprüche an den Leser bzw. Zuschauer, da ihn in der Regel kein vermittelnder oder kommentierender Erzähler begleitet, sodass er selbst aus den Regieanweisungen bzw. dem Bühnenbild (→ S. 181 ff.) und den Dialogen die Handlung erschließen muss. Während Aufmerksamkeit und Konzentration bei den **aristotelischen Dramen** vor allem durch die komplexen und anspruchsvollen Dialoge gefordert werden, geschieht dies in den

nichtaristotelischen Dramen durch die meist episoden- und sprunghafte Gestaltung des Handlungsgangs.

Die Entwicklung der Spielstätten

Die Anlage und die räumliche Beschaffenheit der Spielstätten sowie die technischen Möglichkeiten wirkten sich nachhaltig auf die Gestaltung der Dramen aus. Die **Amphitheater** sind frühe Zeugnisse der hoch entwickelten Theaterkultur der Antike. Bekannte und gut erhaltene Beispiele sind z. B. das griechische Theater in Ephesos (Türkei) bzw. das Amphitheater in Orange (Südfrankreich). Diese Spielstätten, die für damalige Verhältnisse bereits sehr weit entwickelt waren, prägten die Form der antiken Dramen, da die baulichen und technischen Gegebenheiten schnelle Veränderungen im Bühnenbild nicht zuließen (→ Lehre von den drei Einheiten, S. 176). Im Gegensatz zu dieser hohen Kultur des Dramas fanden im Mittelalter die Schauspiele im Allgemeinen auf öffentlichen Plätzen statt, wobei die Dekorationselemente schlicht und mobil sein mussten. Das änderte sich erst mit Beginn der Neuzeit, da die Spielstätten zunehmend in geschlossene Säle verlegt wurden. In Anlehnung an das antike römische Theater bestanden die Bühnen aus einem Bühnenhaus im Hintergrund und einer freien Vorderbühne. Diese konnte allerdings durch Vorhänge verschlossen werden.
Die Konstruktion der **Drehbühne** erweiterte diese neuen Möglichkeiten noch einmal erheblich, da mehrere Bühnenbilder gleichzeitig vorbereitet sein konnten und Ortswechsel schnell und mehrfach wiederholt durch die Drehung der Bühne zu realisieren waren. Diese Entwicklung kennzeichnet vor dem Hintergrund gesellschaftlicher Veränderungen den Übergang vom aristotelischen zum nichtaristotelischen Drama (→ S. 176 f.).
Im Vergleich zu den antiken Theaterbühnen verfügen unsere heutigen **modernen Bühnen** über eine sehr komplexe **Bühnentechnik**. Dazu gehören z. B. der Einsatz filmischer Mittel und die Einbindung von Videoinstallationen sowie die digitale Steuerung der Licht- und Toneffekte. Moderne Theaterstücke können daher völlig anders konzipiert werden bzw. auch bewusst auf die Ausschöpfung dieser Möglichkeiten verzichten.
Parallel zu den großen Bühnen gibt es in vielen Städten kleinere **Studiobühnen**, auf denen auf begrenztem Raum und mit für heutige Verhältnisse eher schlichten technischen Mitteln experimentelle Inszenierungen dargeboten werden. Die Reduktion des technischen Aufwands und die unmittelbare Nähe zum Publikum werden dabei nicht als Manko, sondern als Herausforderung betrachtet. Dies gilt in gewisser Weise auch für die freien Theater.
Die Spielpläne unserer Theater zeigen deutlich, dass trotz der oben beschriebenen Entwicklung der Spielstätten die klassischen Dramen, die unter anderen Voraussetzungen entstanden sind, immer noch gespielt werden. Das liegt unter anderem daran, dass viele klassische Dramen eher zeitlos bedeutsame Themen behandeln bzw. dass sie Teil unserer Kultur und Allgemeinbildung sind.

Formen des Dramas

Das aristotelische Drama (geschlossene Form)

Aristotelische Dramen bzw. Dramen der geschlossenen Form orientieren sich stark an der Dramaturgie des antiken Theaters und speziell an der Poetik des griechischen Philosophen Aristoteles (384–322 v. Chr.), dem diese Form des Dramas auch ihren Namen verdankt. Die Art der Dramen – in erster Linie der Tragödie – wurde bis ins 19. Jahrhundert ganz wesentlich durch Beobachtungen und Aussagen des Aristoteles geprägt, die dieser in seiner Schrift *Poetik* festgehalten hatte. Seine Ausführungen zum antiken griechischen Drama besaßen vor allem in der Zeit des französischen Klassizismus und im Verlauf der Weimarer Klassik dogmatischen Charakter. Zu den Aussagen des Aristoteles, die die Konzeption der Dramen dieser aber auch noch späterer Zeiten bestimmten, gehören vor allem:
- die Lehre von den „drei Einheiten",
- der Aufbau des (antiken) griechischen Dramas (siehe Schaubild),
- die Ständeklausel,
- die Lehre von der Katharsis.

Die Lehre von den „drei Einheiten"

Mit Bezug auf die Gegebenheiten des griechischen Amphitheaters setzte Aristoteles fest, dass eine Aufführung nur bei Tageslicht – also höchstens in der Zeit von Sonnenaufgang bis Sonnenuntergang – stattfindet und wegen der besonderen Beschaffenheit der damaligen Bühnen nur an einem Ort spielt. Daraus folgte, dass nur **einsträngige Handlungen ohne Nebenhandlungen** dargeboten wurden. Aus diesen auf die spezifische Bühnensituation zugeschnittenen Aussagen entwickelte sich viel später als Forderung für die Gestaltung von Dramen und speziell Tragödien die sogenannten „drei Einheiten":
- Einheit der Zeit,
- Einheit des Ortes,
- Einheit der Handlung.

Der Aufbau des griechischen Dramas

Die von Aristoteles beschriebenen griechischen Dramen waren in der Regel aus **drei oder fünf Akten** aufgebaut, wobei die einzelnen Akte jeweils eine spezifische Funktion besaßen. In seiner Schrift *Die Technik des Dramas* (1863) hat Gustav Freytag entsprechende Aussagen des Aristoteles systematisiert.

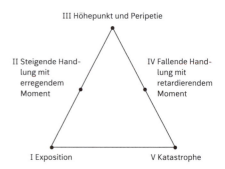

1. Akt	Exposition	Einführung in Ort, Zeit, Hauptfiguren und zentrale Motive
2. Akt	Steigende Handlung	Die Handlung spitzt sich zu durch Interessenskonflikte, Intrigen usw.
3. Akt	Höhepunkt/ Peripetie	Die Zuspitzung der Handlung/des Konfliktes erreicht ihren Höhepunkt, sodass es zu einem Wendepunkt (Peripetie) kommt, der zum Erfolg oder Scheitern der Hauptfigur führt.
4. Akt	Fallende Handlung	Auf dem Weg zum Untergang bzw. zur Rettung kommt es zu Verzögerungen (retardierenden Momenten), die der Steigerung der Spannung auf den Ausgang dienen.
5. Akt	Katastrophe	Häufig verbunden mit dem Tod der Hauptfigur kommt es in der Tragödie zum Untergang, der aber in der Regel einen moralischen und ideellen Sieg darstellt. In der Komödie folgt demgegenüber nach der fallenden Handlung die Rettung bzw. die Lösung des Konflikts.

Der Aufbau vor allem der älteren Dramen entspricht häufig diesem Aufbauschema. Bei Dreiaktern entfallen die Akte II und IV.

Die Ständeklausel

Für die Figuren galt bis zur Entwicklung des bürgerlichen → Trauerspiels vor allem durch Gotthold Ephraim Lessing (1729–1781) die Ständeklausel. Sie bedeutet, dass in der Tragödie nur Personen hohen oder gehobenen Standes auftreten durften, da nach Aristoteles der Gegenstand der Tragödie die **Nachahmung** einer abgeschlossenen Handlung von einer bestimmten **Fallhöhe** (bedeutendes Schicksal) darstellen muss. Das Personal der Tragödie bestand daher vor allem aus Göttern, Königen und adligen Personen. Für die Komödie, deren Bedeutung wesentlich niedriger eingestuft wurde, galt diese Ständeklausel nicht.

Die Lehre von der Katharsis

Die Gesamtkonzeption der Dramen sollte gemäß der aristotelischen Katharsis-Lehre dazu beitragen, beim Zuschauer Mitleid und Furcht zu erregen, wovon man sich eine reinigende Wirkung durch die Identifikation mit den Dramenfiguren versprach.

Das nichtaristotelische Drama (offene Form)

Mit dem Begriff nichtaristotelisches Theater werden im Allgemeinen alle dramatischen Stücke bezeichnet, die den aristotelischen Regeln nicht bzw. nur sehr bedingt entsprechen. Die Dichter des *Sturm und Drang* z.B. haben sich ganz bewusst über das feste und statische Regelwerk der Dramen der geschlossenen Form hinweggesetzt, indem sie die Einheit des Ortes und der Handlung durch die Verwendung von *Fetzenszenen* aufgaben und **Prosa statt Versdichtung** nutzten. Sie lehnten die dem strengen Formalismus frönenden französischen Dramen inhaltlich und formal ab und nahmen sich die offene Form der Dramen von William **Shakespeare** zum Vorbild.

Entsprechende Umbrüche hat es im Verlauf der Entwicklung des Dramas immer gegeben, auch zum Beispiel während der Epoche der Klassik. Ebenfalls sind die Dramen Christian Dietrich Grabbes (1801–1836) und Georg Büchners (1813–1837) aus der Epoche des Jungen Deutschlands zu den nichtaristotelischen Stücken zu zählen. Aber erst im 20. Jahrhundert erreichte das nichtaristotelische Drama mit dem epischen Theater Bertolt Brechts und dem absurden Theater einen eigenen und maßgeblichen Stellenwert.

Das bürgerliche Trauerspiel

Für das bürgerliche Trauerspiel, das von Gotthold Ephraim Lessing in der Epoche der Aufklärung eingeführt wurde, ist wesentlich, dass es statt in Versen in Prosa verfasst ist und mit der Ständeklausel der klassischen Tragödie bewusst bricht, indem nur noch **niedriger Adel** und das **Bürgertum** zum Personal der Stücke gehören. Dementsprechend sind auch die Themen und **Konflikte** gestaltet, die in erster Linie den Bereich der Familie und der privaten Beziehungen betreffen sowie **Fragen der Moral** und des Anstands zum Gegenstand haben.

Lessing befasst sich in seinem bürgerlichen Trauerspiel *Emilia Galotti* (1772) als erster mit dem Problem adliger Willkür vor dem Hintergrund der Spannungen, die sich aus privaten Beziehungen zwischen den adligen und bürgerlichen Ständen ergeben. Dieses und andere Stücke Lessings enthalten bereits gesellschaftskritische Ansätze, die im weiteren Verlauf der Entwicklung des Dramas an Bedeutung gewinnen und zu einer **Reflexion gesellschaftlicher Verhältnisse** anregen.

Das epische Theater (B. Brecht)

Bertolt Brecht (1898–1956) wendet sich mit seiner Dramaturgie des *epischen Theaters* besonders gegen die klassischen drei Einheiten des Ortes, der Zeit und der Handlung, gegen die Einfühlung des Zuschauers und die Katharsis. Stattdessen will er durch seine Art von Theater erreichen, dass der **Zuschauer eine Distanz aufbaut** und **zur kritischen Reflexion angeregt** wird.

Um zu verhindern, dass der Zuschauer sich in das gespielte Stück hineinversetzt, sich mit den Figuren identifiziert, mit ihnen mitempfindet und mit ihnen leidet, verwendet das epische Theater verschiedene **Verfremdungseffekte**. Dazu gehören die Einbindung von Liedern und Songs in das Geschehen auf der Bühne (**Montagetechnik**), die Verwendung von Bildern, Texten und Spruchbändern auf und vor der Bühne, die teilweise direkte Ansprache der Zuschauer durch die Schauspieler sowie das Improvisieren. So entsteht beim Zuschauer keine Illusion, so wird ihm nicht die Identifikation mit den Figuren erlaubt: Es wird ihm jederzeit völlig bewusst gemacht, dass er nur ein Theaterstück sieht. Diesen Zweck soll auch die Kargheit der Bühnenausstattung unterstützen.

Elemente dramatischer Texte

Handlung

Im Gegensatz zur Epik entfalten Dramen die Handlung in der Regel weniger aus aktionsstarken Begebenheiten, sondern stärker aus inneren Konflikten der Figuren.
Die Entwicklung des Dramas und die gravierenden Veränderungen in der Bühnentechnik (→ S. 200) wirken sich deutlich auf den Aufbau und die Gestaltung der Handlung aus. Die Handlung in den meisten aristotelischen Dramen (geschlossene Form) verläuft *linear* und besteht nur aus einem Handlungsstrang (Ausschnitt des Ganzen). Bei den nichtaristotelischen Dramen (offene Form) entwickelt sich die Handlung in der Regel nichtlinear und besteht aus mehreren Handlungssträngen bzw. Einzelsegmenten (Ganzes in Ausschnitten).
Je nach Zuordnung des Dramas (Entstehungszeit) ergeben sich für die Analyse einer ausgewählten Szene also unterschiedliche Beobachtungsschwerpunkte:

Lineare Handlung – Ein Ausschnitt des Ganzen

- **Aristotelische Dramen**, bei denen es sich meistens um 3-Akter oder 5-Akter handelt, entsprechen im Allgemeinen einem *festem Aufbauplan*. In der Regel gibt es daher **nur einen Handlungsstrang** und Nebenhandlungen sind eher die Ausnahme. Die einzelnen Szenen sind fester Bestandteil der Funktion, die der jeweilige Akt im Aufbauplan des Dramas einnimmt. Die einzelne Szene ist daher der *steigenden* oder *fallenden* Handlung zuzuordnen.
- Der **Konflikt**, der in einem Widerstreit der Meinungen und Wertvorstellungen, in der Widersprüchlichkeit der Charaktere oder in dem Gegeneinander der Handlungsziele begründet sein kann, stellt das Kernstück der dramatischen Handlung dar.
- Die **Exposition** ist in den aristotelischen Dramen ein zentrales Strukturelement, deren Aufgabe es ist, den Zuschauer auf die bevorstehende Bühnenhandlung vorzubereiten. Die Exposition kann gleichermaßen vergangenheits-, gegenwarts- und zukunftsbezogen sein, indem sie den Zuschauer/Leser über die Vorgeschichte der Handlung unterrichtet, ihn mit Ort, Zeit und Personen des Stücks vertraut macht und bereits mögliche Konflikte andeutet.
- Die Übergänge von der einen zur anderen Szene werden durch die Beibehaltung des Schauplatzes, durch den Verbleib einer Figur auf der Bühne oder andere Mittel miteinander eng verklammert.
- **Neben- bzw. Parallelhandlungen** werden meist nur durch die Technik der **Mauerschau (sog. Teichoskopie)** oder des **Botenberichts** eingebunden. Das heißt, dass eine erhöht stehende Figur unmittelbar von einem Ereignis berichtet, das gerade für die anderen unsichtbar (quasi hinter einer Mauer) stattfindet bzw. dass jemand eine Botschaft überbringt, in der über eine andere Handlung berichtet wird.
- Der **Schluss** bringt die **Lösung des Konflikts**, die je nach Form des Dramas häufig mit dem Tod des Protagonisten verbunden ist (*Tragödie*) bzw. zu einem unverhofft glücklichen Ende geführt wird (*Komödie*).

Nichtlineare Handlung – Das Ganze in Ausschnitten

- Die **nichtaristotelischen Dramen** bzw. die Dramen der **offenen Form** lassen sich keinem festen Aufbauplan zuordnen, zumal sie aus einer sehr unterschiedlichen Anzahl von Akten und Szenen bestehen können. Die Handlung verläuft meist **nicht linear,** sondern sprunghaft, indem einzelne **Episoden** aus einem oder auch mehreren Handlungssträngen herausgegriffen werden.
- Das Geschehen entfaltet sich häufig im Sinne eines **analytischen Dramas**. Das heißt, dass die für den *Konflikt* entscheidenden Ereignisse von Anfang an die Voraussetzung für die Handlung darstellen und im Verlauf des Dramas nach und nach aufgedeckt werden (Exposition entfällt).
- **Neben- bzw. Parallelhandlungen** sind möglich, da die zeitliche Ausdehnung der Handlung deutlich länger als im aristotelischen Drama sein kann (keine Bindung an die Einheit der Handlung) und häufig **Zeitsprünge** und **Ortswechsel** beim Übergang von der einen zur anderen Szene vorliegen. Die Gleichzeitigkeit von Handlungen wird im Nacheinander der Szenenabfolge dargestellt.
- Der **Schluss** bleibt häufig **offen** und die Lösung des Problems wird an die Zuschauer/Leser delegiert.
- Die Handlung entfaltet sich in ihrer Gesamtheit nicht aus einer klar strukturierten Abfolge von einzelnen Szenen und Akten, sondern aus teilweise eher **isolierten Einzelszenen**, die sehr kurz und unvermittelt sein können (*Fetzenszenen*), um schlaglichtartig Aspekte der Handlung zu thematisieren.

TIPP zum Punktesammeln

Erschließungsfragen für die Analyse
- Ist die Szene Teil einer linearen bzw. nichtlinearen Handlung? Gehört sie zur Haupt-, Neben- oder Parallelhandlung?
- Wie beeinflusst die Szene den weiteren Handlungsverlauf? Welche Funktion und Bedeutung hat die Szene für die Entwicklung der Handlung? (Diese Fragen lassen sich nur bei Kenntnis des gesamten Dramas beantworten).
- Wie ist die zu interpretierende Szene mit der vorausgehenden und nachfolgenden Szene verbunden? Gibt es Zeitsprünge oder Ortswechsel im Übergang von der vorausgehenden bzw. zur nachfolgenden Szene?

Raum- und Zeitgestaltung

Die Gestaltung des Raumes und der Zeit sind an der Entfaltung der Handlung beteiligt, da es schon einen erheblichen Unterschied bedeutet, ob das gesamte Drama nur an einem oder an mehreren Schauplätzen spielt bzw. ob es nur den begrenzten Zeitraum eines Tages oder eine Zeitspanne von mehreren Wochen, Monaten oder auch Jahren umfasst. Für die Analyse einer Szene ist es also wichtig, die Raum- und Zeitgestaltung im Kontext des gesamten Stückes zu beachten.

Raumgestaltung

- Die Angaben zum Raum (synonym verwendet werden **Schauplatz** und **Handlungsort**) sind in den aristotelischen Dramen meist wenig konkret, da stärker als in den nichtaristotelischen Dramen die Handlung durch die Dialoge und nicht durch einen aktionsstarken Raum vorangetrieben wird. Der zeitliche Hintergrund, in den die Handlung einzuordnen ist, bestimmt dabei die Vorstellung des Raumes.
- Die häufigen und meist schnell aufeinander folgenden **Ortswechsel** in nichtaristotelischen Dramen bedingen, dass dort oft genauere Angaben zum Raum gegeben werden, denn der Zuschauer/Leser muss die Möglichkeit haben, die Ortswechsel gedanklich nachzuvollziehen. Hinzu kommt, dass der Raum sich wesentlich deutlicher auf das Agieren der Figuren auswirkt.
- Zu **Requisiten** und **Kostümen** werden in dramatischen Texten nur selten direkte Aussagen getroffen. Die konkrete Ausgestaltung ist Bestandteil der jeweiligen Inszenierung, die sich in der Regel aber an dem zeitlichen Hintergrund orientiert.
- Je nach dramaturgischem Konzept ergibt sich aus dem Zusammenspiel von Bühnenraum, Requisiten und Kostümen eine sehr geschlossene und realitätsnahe Ausgestaltung der Bühne oder es wird durch Reduktion bzw. Verfremdung des Bühnenbilds bewusst gemacht, dass es sich bei der Darstellung um eine **Inszenierung** handelt. Vor allem das epische Theater und zeitgenössische Theaterstücke bevorzugen die zweite Variante.

Zeitgestaltung

- Je nach Grundkonzeption und zentraler Thematik eines Dramas wird die Zeit, in der die Handlung spielt, mehr oder weniger stark präzisiert. Dramen, in denen eher grundlegende menschliche Konflikte oder Ideen und Werte im Mittelpunkt stehen, sind zeitlich nicht konkret gebunden. Dramen, die historische Ereignisse bzw. gesellschaftliche Probleme aufgreifen, müssen den **zeitgeschichtlichen Hintergrund** durch die Dialoge bzw. die Gestaltung der Bühne (Raumgestaltung) verdeutlichen. Besonders **im epischen Theater** werden die **aktuellen zeitlichen Bezüge** durch die Präsentation von Prospekten (Plakate bzw. Stellwände mit Fotos, Zeitungsartikel, Spruchbänder usw.) im unmittelbaren Umfeld der Bühne hergestellt.
- Die zeitliche Struktur eines Dramas wird geprägt durch das Verhältnis zwischen Spielzeit und gespielter Zeit. In Analogie zu den Termini → Erzählzeit und → erzählte Zeit in der Epik bezeichnet die **Spielzeit** dabei den Zeitraum, den eine Aufführung umfasst, während **gespielte Zeit** den Zeitraum angibt, den die Handlung umfasst. In aristotelischen Dramen ist dies unter Berücksichtigung der Einheit der Zeit meist ein Tag, in den nichtaristotelischen Dramen können dies Tage, Wochen oder auch Jahre sein. Aus dem im gesamten Drama vorliegenden Verhältnis zwischen Spielzeit und gespielter Zeit ergibt sich eine eher **zeitraffende** (Spielzeit ist kleiner als gespielte Zeit) oder **zeitdehnende** (Spielzeit größer als gespielte Zeit) **Handlung**. Eine Besonderheit dramatischer Texte besteht darin, dass die einzelne **Szene immer zeitdeckend** ist, da im Dialog der Figuren Spielzeit und gespielte Zeit übereinstimmen. Bei der Analyse einer dramatischen Szene ist deshalb zu berücksichtigen, wie die Szene sich in das zeitliche Kontinuum des gesamten Stücks einbettet.

- Besonders in den nichtaristotelischen Stücken mit einer längeren gespielten Zeit und folglich häufigeren **Zeitsprüngen** wird die zeitliche Zuordnung einer Szene durch Formulierungen, die Verknüpfungen herstellen oder **Anspielungen** auf vorausgehendes oder nachfolgendes Geschehen enthalten, kenntlich gemacht. Der Hinweis z. B. auf eine Aktivität, die eine Figur in Zukunft ausführen will (z. B. „um das zu klären, muss ich XY aufsuchen"), verklammert zeitlich die Szene mit einer anderen, in der dieser Plan konkretisiert wird.

> **TIPP zum Punktesammeln**
>
> **Erschließungsfragen für die Analyse**
> - Gibt es direkte Hinweise zum Handlungsort und zur Ausgestaltung des Raumes im Text? Wie kann oder muss man sich den Raum vorstellen, in dem die Figuren agieren?
> - Sind Anfang bzw. Ende der Szene durch einen Ortswechsel gekennzeichnet?
> - Werden Bezüge dieser Szene zu anderen Szenen über die Wahl des Schauplatzes hergestellt?
> - Gibt es wichtige Requisiten, die den Schauplatz näher bestimmen?
> - Wie ist die Szene in die zeitliche Struktur des gesamten Dramas eingebettet?
> - Liegen beim Übergang von der vorausgehenden Szene zur nachfolgenden Szene Zeitsprünge vor? Wie werden diese Zeitsprünge deutlich gemacht? Gibt es in den Formulierungen der Figuren zeitliche Verklammerungen?

Figuren und Figurenkonstellationen

Die Figuren im Drama können grundsätzlich als Charaktere bzw. Typen bezeichnet werden. Von einem **Charakter** spricht man, wenn die Figur im Drama differenzierter dargestellt wird, so dass man verschiedene Eigenschaften und Verhaltensweisen kennen lernt. Von einem **Typ oder Typus** spricht man dagegen, wenn eine Figur mehr oder weniger nur auf einen Aspekt (z. B. Geiz, Gewalttätigkeit usw.) reduziert wird.
- Die *Namen* bzw. die *Bezeichnung der Figuren* können bereits deutliches Indiz für die **Figurenzeichnung** sein, wenn z. B. *sprechende Namen* (*Oberlin, Schufterle, Grimm, Gottlieb Biedermann* …) verwendet werden oder den Figuren nur Funktionsbezeichnungen (*Doktor, 1. Handwerksbursche* …) zugewiesen werden. Der Anordnung der Figuren im Personenverzeichnis, eventuell ihren Namen und den vielleicht beigefügten Angaben zu ihrem Status lassen sich unter Umständen bereits Informationen darüber entnehmen, welche Rolle die Figuren im Stück spielen bzw. in welcher Beziehung sie zueinander stehen.
- Als **Protagonisten** bezeichnet man Figuren des Dramas, die die Handlung maßgeblich vorantreiben, wobei nicht unbedingt die Titelfigur des Dramas darunter sein muss. Die **Hauptfiguren** werden häufig auch mit den Begriffen **Held** oder **Anti-Held** bezeichnet, je nachdem, ob sie selbstbewusst, eigenverantwortlich und aktiv am Verlauf des eigenen Schicksals beteiligt (Held) oder eher passiv und leidend fremden Mächten und Kräften ausgesetzt sind (Anti-Held). Erst mit Aufhebung der

Ständeklausel in den nichtaristotelischen Dramen werden auch Anti-Helden zu den Hauptfiguren der Dramen.
- Da in dramatischen Texten kein Erzähler die direkte **Charakterisierung** (→ S. 171) der Figuren übernehmen kann, charakterisieren sich die Figuren durch ihr Verhalten und vor allem durch das gesprochene Wort selbst bzw. werden indirekt durch die Aussagen anderer charakterisiert. Speziell im zweiten Fall ist dabei zu berücksichtigen, dass diese Art der Charakterisierung nicht objektiv ist, da sie aus der Perspektive einer anderen Figur vorgenommen wird.
- Die Figuren in einem Drama werden erst wirklich lebendig und dadurch charakterisiert, dass sie in der **Interaktion** mit anderen Figuren gezeigt werden. Jede Figur ist eingebunden in eine **Figurenkonstellation**, die z. B. bestimmt wird durch den Grad der Zuneigung, Abneigung oder Feindschaft zu einer anderen. Um Charaktereigenschaften zu verdeutlichen, werden einzelnen wichtigen Figuren **Gegenspieler** oder *Kontrastfiguren* gegenübergestellt.
- **Gestalt, Mimik, Gestik, Körperhaltung** und -bewegung sowie die **Kleidung** charakterisieren eine Figur. Allerdings finden sich dazu in den Dramentexten nur wenig konkrete Hinweise (Regieanweisungen), sodass der Leser entsprechende Vorstellungen aus der Handlung und vor allem aus dem gesprochenen Wort selbst entwickeln muss. Dem Zuschauer einer Aufführung wird durch die Inszenierung bereits eine Interpretation angeboten. Bei der Analyse einer Dramenszene muss also deutlich werden, ob es sich bei Aussagen zum äußeren Erscheinungsbild um eine eigene Interpretation oder um konkrete Vorgaben handelt, die durch Textbelege nachgewiesen werden können.

Sprache und Dialogführung

- Der Dialog ist das zentrale Merkmal dramatischer Texte, denn das Drama lebt vom gesprochenen Wort. Die Analyse einer Dramenszene muss deshalb im besonderen Maße auf die inhaltliche Aussage und die **formale Gestaltung der Dialoge** (Ausdrucksweise, Wortwahl, Satzbau usw.) eingehen.
- Das Prinzip der Ständeklausel prägt **im aristotelischen Drama** auch die Sprache, sodass der Sprachstil der Figuren getragen bzw. gehoben ist und bis hin zum Pathos reichen kann. Die **Sprache der Figuren** ist kunstvoll gestaltet, reich an Bildlichkeiten und anderen rhetorischen Mitteln. Der Text ist häufig in **Blankversen** geschrieben. Vorherrschend ist ein hypotaktischer Sprachstil.
- **In nichtaristotelischen Dramen** werden Stilebenen und die Ausdruckshaltung gemischt und es findet eher eine **Orientierung an der Alltagssprache** statt (verschiedene Soziolekte, Jargon, spontane Äußerungen, „Aneinandervorbeireden"). Anders als beim geschlossenen Drama, wo das Bewusstsein die Sprache dominiert, dominiert hier die Sprache über das Bewusstsein. Ausrufe, elliptische und paratatische Satzkonstruktionen sind Ausdruck einer lebendigen, spontanen und emotionalen Sprache, die die Figuren deutlich charakterisiert.
- Die gründliche Analyse der Dialoge muss kommunikative Strukturen mitberücksichtigen, da der Dialog immer eine Form der **Interaktion** ist. Das bedeutet, dass nicht nur inhaltlich geklärt wird, *was* genau gesagt wird, sondern auch *wie* diese

Inhalte kommuniziert werden. Dazu gehört, dass man Aussagen zum Sprachstil, d. h. zur Wortwahl, zum Satzbau und zu den verwendeten rhetorischen Figuren, trifft. Qualitativ wirksam werden entsprechende Aussagen aber erst, wenn sie nicht nur beschrieben, sondern in der Deutung funktionalisiert werden.
- **Sprechtempo, Tonfall** und **Lautstärke** werden in dramatischen Texten nur selten durch Regieanweisungen präzisiert und müssen daher aus dem dargestellten Geschehen erschlossen werden, sollten aber im direkten Zusammenhang mit der sprachlichen und kommunikationstheoretischen Analyse berücksichtigt werden.
- Um den Zuschauer an Gedanken einer Figur teilnehmen zu lassen, finden **Monologe** bzw. die **Technik des Beiseitesprechens** Anwendung. Beide Formen sind typische dramaturgische Elemente, wenn auch etwas realitätsfern, da es eher ungewöhnlich ist, dass eine Person längere Zeit laut für sich selbst spricht (Monolog) bzw. dass eine Person quasi hinter vorgehaltener Hand ihre Gedanken laut preisgibt (Beiseitesprechen), während andere anwesend sind. Das Beiseitesprechen wird in der Regel durch die Regieanweisung „beiseite" deutlich angegeben.
- In den Dramen der offenen Form, speziell **im epischen Theater**, wird der **Zuschauer direkt angesprochen**, indem z. B. eine Figur die Rolle quasi verlässt und sich unmittelbar an das Publikum wendet. Im **Monodrama**, einem monologischen Einpersonenstück, werden diese Techniken prägendes Gestaltungsmittel, da es Dialoge im eigentlichen Sinne hier nicht mehr gibt.

TIPP zum Punktesammeln

Erschließungsfragen für die Analyse
- Handelt es sich bei den agierenden Figuren eher um Charaktere oder Typen? Kann eine der Figuren als Protagonist der Handlung bzw. als Held oder Anti-Held bezeichnet werden?
- Wie ist die einzelne Figur in die Figurenkonstellation des gesamten Stücks bzw. in die Szene eingebunden? Gibt es direkte Gegenspieler oder Kontrastfiguren?
- Wie und wodurch charakterisieren sich die Figuren selbst bzw. werden sie von anderen charakterisiert?
- Welchen Anteil hat die Sprache an der Charakterisierung der Figuren?
- Auf welchem Sprachniveau entwickelt sich das Gespräch? Handelt es sich um eine gebundene oder eher freie und emotionale Sprache?
- Welche Wirkung wird durch den Satzbau und die Wortwahl erreicht?
- Welche rhetorischen Figuren werden verwendet und welche Funktion haben sie?
- Wie müssten Sprechtempo, Tonfall und Lautstärke in einzelnen Passagen der Dialoge gestaltet sein?
- Welche kommunikativen Strukturen werden in den Dialogen deutlich? Wie groß sind die Redeanteile der Figuren? Welche Figur ergreift die Initiative im Gespräch und welche Figur beendet es?
- Gibt es Tendenzen zur Monologisierung der Dialoge?

Sachtexte

Was ist ein Sachtext?

Unter Sachtexten versteht man in der Regel alle **nichtfiktionalen Texte**. Das heißt, Sachtexte beziehen sich direkt auf **Sachverhalte aus der Wirklichkeit**. So ist für den Reisebericht der Bezugspunkt das Land, das er beschreibt, für die Gebrauchsanweisung der Gegenstand, den sie erklärt, für die Analyse eines fiktionalen Textes der Text, den sie untersucht. Damit haben Sachtexte in praktischen Handlungskontexten einen Gebrauchswert.

Sachtexte umfassen ein breites Textsortenspektrum. Dabei kann es sich um geschriebene oder gesprochene Sachtexte handeln (z. B. Nachrichten, Wissenschafts- oder Kultursendungen). Darüber hinaus unterscheidet man zwischen **kontinuierlichen Sachtexten (Fließtexten)** und **diskontinuierlichen Sachtexten (Diagramme, Schaubilder, Tabellen etc.)**.

Hilfreich ist es, bei der Klassifizierung von der (vermuteten) Intention des jeweiligen Verfassers und der damit verbundenen Funktion des jeweiligen Sachtextes auszugehen. Die meisten Textsorten umfassen sowohl informierende, argumentierende als auch appellierende Elemente. Bei jeder Textsorte steht jedoch eine Funktion im Vordergrund. Wer einen Leserbrief schreibt, will vor allem seine Haltung zu einem Sachverhalt darlegen und nicht in erster Linie sachlich informieren. Dennoch enthält ein Leserbrief selbstverständlich informierende und evtl. auch appellierende Elemente.

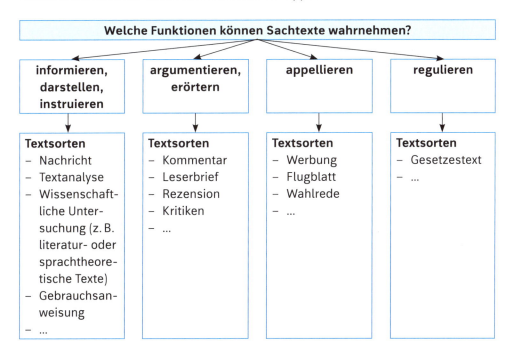

Elemente von Sachtexten

Sachtexte können unterschiedlichen Anliegen folgen:
- Bei **informierenden Sachtexten** werden ausgehend von einem Aufhänger, der die Aufmerksamkeit der Leser binden soll, die verschiedenen Teilbereiche eines Themas nacheinander entfaltet. Die Teilbereiche werden häufig mit Zwischenüberschriften gekennzeichnet.
- Bei **argumentierenden Sachtexten** stellt der Verfasser seine Position zu einem bestimmten Thema mittels Thesen, Argumenten und Beispielen dar. Dabei bezieht er mögliche Gegenpositionen und damit verbundene Argumente in seine Überlegungen ein und entkräftet oder relativiert sie.

Die Übergänge zwischen informierenden und argumentierenden Sachtexten sind fließend. Die Fachbegriffe dienen der Beschreibung des Aufbaus/der Struktur eines Sachtextes.

Informierende Sachtexte	Aufbau	Argumentierende Sachtexte
Information über das Thema des Textes	**Titel**	Information über das Thema des Textes
mögliche Eingrenzung des Themas auf einen Aspekt, z. B. eine spezielle Forschungsfrage	**Untertitel**	Verdeutlichung der Position, die der Autor gegenüber dem Thema einnimmt
Aspekt, der die Aufmerksamkeit der Leser binden soll, z. B. ein Zitat	**Aufhänger**	Aspekt, der die Aufmerksamkeit der Leser binden soll, z. B. ein Zitat
	Aufbau	
Abfolge des Gedankenganges, Aufeinanderfolge einzelner Aspekte (roter Faden)	**Makrostruktur**	Formulierung der These und evtl. der Antithese, Darstellung von Argumenten und Gegenargumenten nach ihrer jeweiligen Gewichtung und ihren thematischen Zusammenhängen
Detailinformationen der einzelnen Sinnabschnitte bezogen auf das Thema	**Mikrostruktur**	Detailinformationen zu einzelnen Argumenten, Veranschaulichung durch *Beispiele*
Bündelung der Ergebnisse	**Zusammenfassung**	Bekräftigung der These mit Hinweis auf die gewichtigsten Argumente
Ableitung von Folgen aus den Arbeitsergebnissen	**evtl. Schlussfolgerung**	Ableitung von Folgen aus den Arbeitsergebnissen

Die sprachliche Gestaltung von Sachtexten

Die **Aussageabsicht**, der **Adressatenkreis** und damit verbunden die Wahl der **Textsorte** (→ S. 185 f.) bestimmen die sprachlich-formale Gestaltung eines Sachtextes. Der Leitartikel einer Tages- oder Wochenzeitung, der wesentlich zur öffentlichen Meinungsbildung beitragen soll, verlangt eine andere sprachliche Gestaltung als ein populärwissenschaftlicher Artikel, der über die neueren Entwicklungen auf einem bestimmten wissenschaftlichen Gebiet informieren soll; ein literaturwissenschaftlicher Interpretationsansatz folgt anderen sprachlichen Gestaltungsnormen als eine Rezension.
Der gezielte Einsatz ausgewählter sprachlich-formaler Gestaltungsmittel verstärkt die jeweilige Aussageabsicht. Deshalb müssen die sprachlich-formalen Gestaltungsmittel immer mit Blick auf ihre Funktion beschrieben werden.

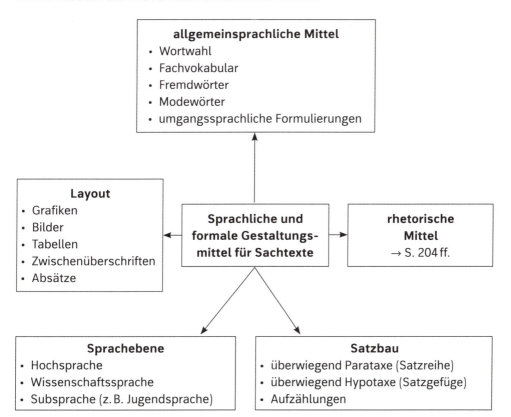

Inhaltsfeld Kommunikation

Inhaltliche Schwerpunkte (Kernlehrplan)
- Sprachliches Handeln im kommunikativen Kontext
- Rhetorisch ausgestaltete Kommunikation in funktionalen Zusammenhängen
- Autor-Rezipienten-Kommunikation

Sprachliches Handeln im kommunikativen Kontext

Der Begriff **Kommunikation** im weiteren Sinne bezeichnet den Austausch bzw. die **Übertragung von Informationen** jeglicher Art. Im engeren Sinn beschreibt der Begriff Kommunikation eine **soziale Interaktion**, bei der Informationen zwischen zwei oder mehreren Personen mithilfe eines **Kommunikationsmittels** (Kanal) ausgetauscht werden. Grundsätzlich wird dabei unterschieden zwischen der interpersonalen (face to face) und der technisch vermittelten Kommunikation (→ *Inhaltsfeld Medien,* S. 196 ff.). Voraussetzung für das Gelingen der Kommunikation ist, dass der Kanal störungsfrei funktioniert und Sender und Empfänger über denselben Code verfügen.

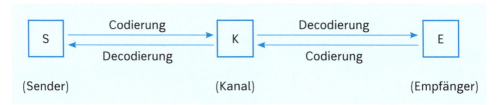

Einfaches Schema einer wechselseitigen Kommunikation

Mit seinem **Vier-Seiten-Modell** stellt der Kommunikationswissenschaftler Friedemann **Schulz von Thun** (*1944) heraus, dass jede Äußerung vier Botschaften gleichzeitig enthält, wobei diese je nach Situation unterschiedlich akzentuiert sein können:
a) die Sachinformation (worüber ich informiere),
b) die Selbstkundgabe (was ich von mir zu erkennen gebe),
c) den Beziehungshinweis (was ich von dir halte und wie ich zu dir stehe) und
d) den Appell (was ich bei dir erreichen möchte).

Das als Nachrichten- oder Kommunikationsquadrat bekannte Modell Schulz von Thuns stellt die vier Seiten einer Nachricht aufseiten des Senders heraus, während sein Vier-Ohren-Modell denselben Sachverhalt aufseiten des Empfängers darstellt.

Vier-Ohren-Modell (nach Schulz von Thun)

Kommunikation als äußerst komplexer Prozess ist sehr anfällig gegen Störungen. Häufige Ursachen solcher **Kommunikationsstörungen** sind:
- Umwelteinflüsse: Lärm, Unruhe usw.
- Art des Sprechens: Modulation der Stimme (Lautstärke, Tonfall usw.)
- Unterschiedliche Codes bei Sender und Empfänger: Fremd- bzw. Fachsprachen, Dialekte, Gruppensprachen usw.
- innere Befindlichkeit beim Sender und Empfänger: Konzentration, Grundstimmung (Wut, Müdigkeit, zeitlicher Stress usw.)
- Widerspruch zwischen verbalen und nonverbalen Elementen der Kommunikation: Das Gesagte und die Körpersprache sind nicht stimmig (Diskrepanz zwischen Was und Wie).
- Interessens- und Beziehungskonflikte: Unterschiedliche Interessen bzw. bestehende Beziehungskonflikte wirken als Störfaktoren der Kommunikation.

Störungen können die Grundbedingungen der Kommunikation unterschiedlich stark beeinträchtigen (z. B. durch Lärm) oder im kommunikativen Verlauf zu Konflikten führen (z. B. bei Interessens- oder Beziehungskonflikten). Man spricht dann von einer „gestörten Kommunikation", wobei der Grad der Störung sehr unterschiedlich sein kann (z. B. Unterbrechung oder Abbruch).

Info Alltagskommunikation

Alltagskommunikation ist der unmittelbare Austausch von Informationen bei wechselseitiger Wahrnehmung der Kommunikationspartner (face to face). Aufgrund des Bekanntheitsgrades der Verhaltensmuster, die die Beteiligten in solchen Standardsituationen zeigen, besteht eine recht hohe Erwartungssicherheit bei den Kommunikationspartnern. Kennzeichen von Alltagskommunikation sind
- direkte Kommunikation mit den Kommunikationspartner,
- eine möglichst geringe Anzahl von Kommunikationspartnern (zwei oder drei),
- die unmittelbare und wechselseitige Wahrnehmung der Kommunikationspartner,
- den gemeinsamen Erwartungshorizont des Alltäglichen der Kommunikationspartner, der sich aus dem funktionalen Kontext (z. B. dem gemeinsamen Warten im Wartezimmer) bzw. dem situativen Kontext (z. B. beim Sport, während der Arbeit, in der Schule, mit Freunden im Kino usw.) ergibt.

Kommunikation im engeren Sinn bzw. interpersonale Kommunikation besteht im Wesentlichen aus Gesprächen unterschiedlicher Art und Form. Für die analytische Auseinandersetzung mit Gesprächen in unterschiedlichen situativen Kontexten (z. B. Alltagskommunikation, Gespräche in den Medien oder auch in literarischen Texten) ist die Kenntnis bestimmter Klassifizierungen für eine grundlegende Einordnung hilfreich.

Grundsätzlich lassen sich Gespräche einer der folgenden Gattungen zuordnen:

natürliche Gespräche	Dazu zählen alle Gespräche, die nicht zu den folgenden beiden Gattungen gehören. Unterschieden werden kann zwischen natürlich spontanen und natürlich arrangierten Gesprächen.
fiktive/fiktionale Gespräche	Fiktive Gespräche sind zu bestimmten Zwecken hergestellt (z. B. als Demonstrations- oder Schulungsmaterial). Fiktionale Gespräche sind Bestandteil einer fiktionalen Realität in der Literatur (z. B. Dialoge in Erzähl- bzw. dramatischen Texten/Theateraufführungen und Fernsehserien).
inszenierte Gespräche	Dazu zählen Gespräche, die für eine Aufführung vorbereitet sind (z. B. in Theateraufführungen). Nicht ohne kritischen Unterton werden dazu oft Gespräche gezählt, die im Fernsehen ausgestrahlt werden (z. B. Interviews, Talkshows).

Je nach Anlass und Ausgestaltung lassen sich verschiedene Gesprächstypen und Gesprächsformen unterscheiden, von denen hier nur eine Auswahl genannt wird:
- Gespräch (die Auseinandersetzung mit dem Gesprächspartner steht im Mittelpunkt)
- Rede (andere zu unterhalten oder sie von der dargestellten Sache/Meinung zu überzeugen, ist das wesentliche Ziel)
- Debatte (die Durchsetzung der eigenen Meinung ist zentrales Anliegen)
- Diskussion (die Auseinandersetzung mit der Sache steht im Zentrum)
- Interview (im Vordergrund steht die eigene Person)
- Verhandlung (es geht unmittelbar um die eigene Person und die Gesprächspartner)

Gespräche finden nicht im luftleeren Raum statt, sondern sind immer durch eine Reihe von außersprachlichen Faktoren bestimmt:
- Der **situative Kontext von Gesprächen** unterscheidet sich durch die Gruppengröße und dadurch, ob die Kommunikation zeitlich und räumlich nah (z. B. face to face) oder fern verläuft (z. B. Onlinechats).
- Der **Grad der Öffentlichkeit** eines Gesprächs kann unterschiedlich sein: privat, halböffentlich (z. B. Referat vor der Klasse) oder öffentlich (z. B. Rede des Jahrgangssprechers bei der Entlassungsfeier). Je nachdem, ob es sich eher um ein Gespräch im privaten oder eher öffentlichen Bereich handelt, können inhaltliche Akzentuierung und Ausgestaltung des Gesprächs variieren.

- Die **Konstellation der Gesprächspartner** ist ein entscheidendes Kriterium für den Verlauf des Gesprächs. Die soziale Beziehung bzw. das soziale Verhältnis der Gesprächspartner kann symmetrisch oder asymmetrisch bzw. komplementär sein. Unterschiede sind bedingt durch
    - entwicklungsbedingte Faktoren (z. B. Lebensalter, Sprachfähigkeit),
    - den sozialen Status,
    - sachliche oder fachliche Unterschiede (z. B. Vorhandensein von Fachwissen oder Kompetenzen),
    - die besondere Funktion bzw. Position von Gesprächsteilnehmern in bestimmten Gesprächsformen (z. B. der Moderator in einer Talkshow) und
    - den unterschiedlichen Bekanntheitsgrad der Gesprächspartner.
- Die dominierende **Handlungsdimension** eines Gesprächs wirkt sich auf die Gesprächsgestaltung, den Gesprächsverlauf und die Wirkung des Gesprächs aus. Narrative Gespräche (z. B. Partygespräche, Small Talk, Onlinechats) haben vor allem die Funktion, Kontakt herzustellen und zu pflegen.
  Direktive Gespräche sind auf das Geben von Anweisungen, Hinweisen und Ratschlägen ausgerichtet (z. B. zwischen Chef/Arbeitnehmer oder zwischen Arzt/Patient).
  Als diskursive Gespräche bezeichnet man Gespräche, die der kritischen Auseinandersetzung mit einer Sache im privaten oder wissenschaftlichen Bereich dienen (z. B. Streitgespräch oder Debatte).
- Die **thematische Fixierung** eines Gesprächs (z. B. durch die Vorgabe des Themas in einer Debatte oder Talkshow) kann den Gesprächsverlauf beeinflussen, je nachdem, ob die Themenvorgabe eher eng oder offener abgesteckt ist.
- Je nach **Einfluss des außersprachlichen Handelns** unterscheidet man empraktische Gespräche, die ihre Bedeutung vor allem durch den außersprachlichen Kontext erhalten (z. B. Gespräche im Klassenzimmer oder vor Gericht), von apraktischen Gesprächen, die weitgehend frei von solchen Einflüssen sind.

Anwendungsbeispiel: Zwei Schüler, die sich aus einer Sportarbeitsgemeinschaft kennen, treffen sich zufällig an der Bushaltestelle vor der Schule und überbrücken die Wartezeit mit einem Gespräch über einen Kinofilm, den beide gesehen haben. Sechs andere Personen, die ebenfalls an der Haltestelle warten, beteiligen sich nicht an ihrem Gespräch.
Aus dieser Gesprächskonstellation ergibt sich folgende Klassifizierung:
- Gesprächsgattung = natürliches Gespräch, Alltagskommunikation
- Gesprächstyp = Gespräch, Debatte
- situativer Kontext des Gesprächs = Face-to-Face-Kommunikation, Kleingruppe
- Konstellation der Gesprächspartner = symmetrisch
- Grad der Öffentlichkeit = privat
- Handlungsdimension des Gesprächs = narratives Gespräch
- thematische Fixierung = Themenvorgabe offen
- Einfluss des außersprachlichen Handelns = apraktisch

In Gesprächen jeglicher Art ergänzen sich verbale und nonverbale Kommunikation:

Nonverbale Kommunikation		
1. Nonvokale nonverbale Kommunikation – Gestik – Mimik – Verhalten im Raum – taktiles Verhalten – olfaktorische Formen – Blickverhalten – Körperhaltung, Körperbewegung	2. Vokale nonverbale Kommunikation – sprachbegleitende Formen, z. B. Betonung, Tempo und Lautstärke – selbstständige Formen, z. B. Lachen, Seufzen, Gähnen	3. Nonverbale Kommunikation im weiteren Sinne (Artefakte, z. B. Kleidung, Frisur)

Die **Bedeutung nonverbaler Zeichen** für das Gelingen- bzw. Nichtgelingen von Kommunikation wird häufig unterschätzt, obwohl eigentlich jeder aus Erfahrung weiß, dass z. B. die Mimik, die Körperhaltung oder der Tonfall das gesprochene Wort erheblich beeinflussen können.

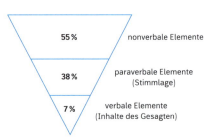

Rhetorisch ausgestaltete Kommunikation in funktionalen Zusammenhängen

Anders als in Alltagssituationen, bei denen Gespräche sich meist eher zufällig ergeben, unterliegen Gespräche in funktionalen Zusammenhängen (z. B. Vorträge, Interviews, Reden, Debatten usw.) bestimmten Vorgaben bzw. Regeln und sind dementsprechend vorbereitet. Eine gute Vorbereitung und die bewusste Gestaltung der Gesprächssituation sind wesentliche Mittel für eine überzeugende Gesprächsführung. Wesentlich sind in rhetorisch ausgestalteten Kommunikationssituationen Strategien zur Leser- bzw. Hörerbeeinflussung:

Unerwünschte Nebenbotschaften vermeiden

Mit Blick auf das Nachrichtenquadrat bzw. das Vier-Ohren-Modell Schulz von Thuns sollte in einem eigenen Gesprächsbeitrag darauf geachtet werden, dass Botschaften, die parallel gesendet werden, nicht von der eigentlichen Mitteilung ablenken. Wer z. B. einen wichtigen Gedanken zum Ausdruck bringen will, sollte darauf achten, dass die **Sachebene im Vordergrund** steht und Mimik, Gestik sowie Körperhaltung angemessen sind. Um Parallelbotschaften angemessen kontrollieren zu können, ist es wichtig, die Beziehung zwischen Sender und Empfänger (**Adressatenbezug**) bei der Vorbereitung und während der Durchführung des Gesprächs zu berücksichtigen.

Mit Kommunikationsstörungen zurechtkommen

Kommunikationsstörungen zu vermeiden, ist gar nicht so einfach, da diese recht vielfältiger Art sein können. Zum Beispiel trägt das Sprechen bei Unruhe (Nebengespräche, Applaus usw.) dazu bei, dass Teile des Gesprächsbeitrags nicht oder nur teilweise wahrgenommen werden. Es kommt also einerseits darauf an, Störungen durch die Gestaltung des eigenen Gesprächsbeitrags zu verhindern und über Strategien zur **Reaktion auf Störungen** zu verfügen (z. B. Warten, Wiederholungen, direkte Ansprache usw.).

Rückmeldungen und Feedback nutzen

Auf Rückmeldungen der Gesprächspartner bzw. des Publikums sollte man gewissenhaft achten, um das eigene Gesprächsverhalten zu kontrollieren und gegebenenfalls zu korrigieren. So können unerwünschte Begleitbotschaften abgestellt, Störfaktoren gezielt ausgeschaltet und Missverständnisse, welche die Sachebene der eigenen Mitteilung beeinträchtigen, vermieden werden.

Längere Gesprächsbeiträge in der Öffentlichkeit dienen häufig der Herstellung eines Konsenses zwischen Sender und Empfänger über einen Sachverhalt. Es kommt darauf an, im Rahmen eines bestimmten Themas schlüssig zu argumentieren, um die Zuhörer zu überzeugen: Sachlicher Gehalt, Ausgestaltung und, bei appellativen Vorträgen, die Anordnung der Argumente entscheiden über die Qualität eines Kurzvortrags bzw. einer Rede.

Info Argumentieren

Von einem Argument wird gesprochen, wenn eine **These/Behauptung** durch eine **Begründung** und **Beispiele** belegt wird.
In der Regel wird dialektisch argumentiert. „Dialektik" kommt vom griechischen dialégesthai (= sich unterreden). Dialektisch argumentieren oder erörtern meint, dass Argumente und Gegenargumente aufgrund der Bewertung von Begründungen und Beispielen gegeneinander abgewogen werden (Pro und Kontra), um eine Entscheidung zu treffen, eine Position zu beurteilen bzw. zu ihr Stellung zu nehmen.

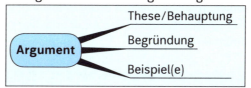

Autor-Rezipienten-Kommunikation

Bisher war man gewohnt, die Kommunikation zwischen Autor und Rezipient eher als kommunikative „Einbahnstraße" aufzufassen, da eine wechselseitige Kommunikation aufgrund der Spezifika des Kommunikationsprozesses meist nicht gegeben war. Leserbriefe, Rezensionen oder das direkte Feedback (z. B. bei einer Lesung) sind zwar Möglichkeiten einer solchen Kommunikation der Rezipienten mit Autoren, stellen aber eine in ihrer Qualität und Wirksamkeit eher begrenzte Ausnahme dar.

Das galt und gilt speziell auch für literarische Texte, die im System der Kommunikation einen Sonderfall darstellen, da in ihnen Kommunikation auf mehreren strukturell unterschiedlichen Ebenen stattfindet.

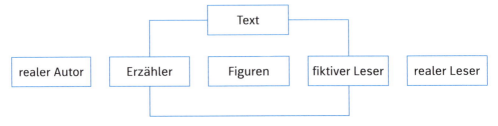

Im Gegensatz zur Alltagskommunikation kann der Erzähler, die „Stimme" eines Textes, nicht unhinterfragt mit dem Autor gleichgesetzt werden. Bei der Kommunikation der Figuren, die eine eigene Ebene bilden, handelt es sich um **durch den Erzähler vermittelte Kommunikation**, die durchaus wechselseitig sein kann. Dabei können die Aussagen einer Figur nicht grundsätzlich als Meinung des Autors interpretiert werden. Der fiktive Leser befindet sich mit dem Erzähler auf gleicher Ebene, da der Erzähler ihn anspricht. Der **fiktive Leser** kann also nicht mit dem realen Leser gleichgesetzt werden kann, da weder der reale Autor noch der von ihm gestaltete Erzähler wissen können, wer einmal realer Leser sein wird.

Das oben stehende grafische Modell sowie die damit verknüpften Erläuterungen verdeutlichen anschaulich, warum speziell in literarischen Texten eine Kommunikation zwischen dem Autor / realen Autor und dem Leser / realen Leser nur in Ausnahmefällen stattfinden kann.

Die schnelle Entwicklung der Medien seit Mitte des 20. Jahrhunderts hat bei Medientheoretikern die Hoffnung aufkommen lassen, dass dadurch die „kommunikative Einbahnstraße" zwischen Autor und Rezipient überwunden werden könne. Wie Brecht in seiner „Radiotheorie" oder Enzensberger in seinem „Baukasten zu einer Theorie der Medien" (→ S. 202) sahen sie die Möglichkeit, dass die Rezipienten durch den direkten und damit wechselseitigen Dialog an der Entstehung des Mediums beteiligt sein könnten. In der Tat bietet heute vor allem das **Internet** mit Formaten wie Blogs, Chats oder Foren (meist via Facebook, Twitter und Instagram) die Möglichkeit, mit dem Autor eines Beitrags **direkt in Kontakt zu treten**.

Ein Beispiel dafür, wie Texte durch Nutzung elektronischer Medien im **Prozess des kollaborativen Schreibens** (mehrere Autoren schreiben gemeinsam an einem Text) entstehen können und ggf. Verbreitung finden, ist das seit 2001 weltweit genutzte Onlinelexikon Wikipedia. Heute ist Wikipedia das umfangreichste Lexikon der Welt und rangiert auf Platz 7 der international am häufigsten besuchten Webseiten. Das Besondere an diesem Lexikon besteht darin, dass Millionen von Artikeln (momentan ca. 37 Millionen) von freien Autoren gemeinsam geschrieben, ständig bearbeitet und diskutiert werden.
Dieses Beispiel zeigt einerseits exemplarisch, wie Autor und Rezipient in direkte Kommunikation treten und Rezipienten in der Überarbeitung von Text selbst zu Autoren werden. Andererseits offenbart die seit der Entstehung existierende Kritik an der Zitierfähigkeit des Lexikons, die sich auch in Verboten von Wikipedia als Quelle im akademischen, politischen und juristischen Bereich äußert, ein Grundproblem solch kollaborativer Schreibprozesse. **Zuverlässigkeit** und **Vertrauenswürdigkeit** der Beiträge werden gerade wegen dieses spezifischen Entstehungsprozesses sowie der Möglichkeit, ungewollt für Werbung oder ideologische Einflussnahme missbraucht zu werden, immer wieder angezweifelt bzw. mit Skepsis betrachtet.

Ein grundlegendes Problem der Verwendung elektronischer Medien bzw. von Kommunikationsplattformen, z. B. Social Media, besteht darin, dass weder Sender noch Empfänger zweifelsfrei zu identifizieren sind – zumindest nicht für Laien. Deutlich wird, dass diese spezifische Autor-Rezipienten-Kommunikation in den elektronischen Medien in besonderer Weise zu einer kritischen und problembewussten Nutzung auffordern. Es ist wichtig, dass heutige Mediennutzer lernen, diese Formen der Kommunikation ebenso kreativ wie verantwortungsbewusst zu nutzen. Ein sicher extremes Beispiel der Folgen einer schlussendlich unklaren Sender-Empfänger-Situation bei Nutzung der elektronischen Medien sind die unterstellten Wahlkampfmanipulationen weltweit seit dem zweiten Jahrzehnt des 21. Jahrhunderts. Dem gegenüberzustellen sind die produktiven Chancen der Zusammenarbeit mithilfe elektronischer Anwendungen – sofern Sender und Empfänger autorisiert und authentifiziert sind.

Inhaltsfeld Medien

Inhaltliche Schwerpunkte (Kernlehrplan)
– Information und Informationsdarbietung in verschiedenen Medien
– Filmische Umsetzung einer Textvorlage bzw. filmisches Erzählen
– Bühneninszenierung eines dramatischen Textes
– Kontroverse Positionen der Medientheorie

Informationsdarbietung in verschiedenen Medien

Seit Mitte des letzten Jahrhunderts gewinnen Massenmedien zunehmend an Einfluss und Bedeutung. Da der Umfang und die Geschwindigkeit der Verbreitung von Informationen durch die Medien in den letzten Jahrzehnten erheblich gesteigert wurde (z. B. Anzahl der Fernsehprogramme, Onlinemedien und Streamingdienste) und die Art der Informationsdarbietung sich damit deutlich verändert hat, sprechen wir heute vom „Informationszeitalter".

Besonders die rasante Ausbreitung des World Wide Web und die intensive Nutzung mediengestützter Kommunikationsformen (Smartphones, Tablets usw.) prägen die moderne Medienlandschaft. Die schnelle Entwicklung der Technologien (z. B. Leistungsfähigkeit der Hard- und Software, Geschwindigkeit des Internetzugriffs, Leistungsfähigkeit und Funktionalitätsumfang von Smartphones usw.) bringt Vorteile mit sich, wie den schnellen und **globalen Austausch von Informationen** sowie die **Vielfalt von Kommunikationsmöglichkeiten** mit anderen (z. B. soziale Netzwerke). Mit diesen Vorteilen können allerdings unerwünschte Nebenwirkungen und Gefahren verbunden sein, z. B. unterschiedliche Formen der Internetkriminalität, möglicher Verlust der Privatsphäre sowie negative Auswirkungen auf das Sozialverhalten.

Zu klären ist stetig neu, welchen Einfluss das mediale Umfeld auf Sprachverwendungszusammenhänge und auch die Sprache selbst haben. Das Internet und die vielfältigen mediengestützten Kommunikationsmöglichkeiten besitzen eigene, sehr spezifische Strukturen: Online-Publikationen, Blogs, Internetforen, Chats, E-Mail, SMS, Messengerdienste usw. Die Sprache, die in diesen Medien verwendet wird, weist in einigen Nutzungskontexten Spezifika auf:
– Veränderungen im Wortschatz durch die gehäufte Verwendung von Wörtern aus anderen Sprachen, in erster Linie Anglizismen (z. B. „Backup", „Chat", „Account")
– Verwendung von Emoticons (z. B. Smileys), Aktionswörtern (z. B. „freu" oder „grins"), Abkürzungen und Akronymen (z. B. „LOL" für „**L**aughing **O**ut **L**oud" bzw. „**L**ots **O**f **L**uck" oder „MOTD" für „**M**essage **O**f **T**he **D**ay")
– stärkere Orientierung an der gesprochenen Umgangssprache

Die Diskussion, welche Auswirkungen diese Besonderheiten der Netzsprache auf die Sprachverwendung haben, wird kontrovers geführt (→ *Kontroverse Positionen der Medientheorie,* S. 202). Grundsätzlich lassen sich drei Positionen unterscheiden, die durch folgende Kernaussagen charakterisiert werden können:

1. Im Internet und bei der Kommunikation über z. B. Messengerdienste wird eine spezifische Sprache verwendet, die sich von der Standardsprache erheblich unterscheidet und sich negativ auf die mündliche und die schriftliche Sprachverwendung Jugendlicher im Alltag auswirken kann.
2. Ein grundsätzlich negativer Einfluss des Internets und der Kommunikation per Kurznachricht auf die Qualität der Sprachverwendung Jugendlicher wird zurückgewiesen, da eine spezifische „Netzsprache" nur im Freizeitbereich verwendet werde, in anderen Nutzungskontexten (z. B. Onlineforen, informellen Webseiten und vielen Chats) aber kaum eine Rolle spiele.
3. Die „Netzsprache" wird als eigenständiges Sprachmedium aufgefasst, das eigene und neue Funktionen besitze und diese mit spezifischen Strukturen umsetze. Beobachtbare Spezifika in der Sprachverwendung (siehe unten) werden eher als Bereicherung denn als Gefahr aufgefasst.

Sprachkritische Ansätze (**Position 1**) warnen, im Sinne der Sprachpflege (→ S. 149 f.), vor einer Überfremdung der Sprache durch die gehäufte Verwendung von Anglizismen. Zudem befürchten sie langfristig eine Schwächung der mündlichen und schriftlichen Sprachkompetenz durch einen an der Umgangssprache orientierten Sprachstil und die Auflösung syntaktischer Strukturen durch die Verwendung von Aktionswörtern, Abkürzungen und Akronymen.

Autoren der **Position 2** bemerken zur beobachtbaren Häufung von Anglizismen, dass diese durchaus verständlich sei, weil Englisch mit fast 60 % aller Internetseiten die Sprache des Netzes sei und die Entstehung des World Wide Web von Amerika ausging. Allerdings weisen sie gleichzeitig auf neuere Statistiken hin, die belegen, dass heute Webseiten in deutscher Sprache – noch vor Französisch und Spanisch – mit ca. 8 % des Gesamtanteils bereits Platz 2 einnehmen. Die Kritik an der Verwendung von Emoticons, Aktionswörtern, Abkürzungen und Akronymen halten sie für überzogen, da es sich um Sprachspielereien handele, die fast ausschließlich die private Nutzung betreffe. Grundsätzlich geben sie zu bedenken, dass noch nicht wirklich geklärt sei, welchen Einfluss die Sprachverwendung in elektronischen Medien auf die Sprech- und Schreibkompetenzen Jugendlicher hat. Sie verweisen diesbezüglich auf neuere Untersuchungen, die zeigen, dass die heutigen Jugendlichen sehr wohl in der Lage seien, normgerecht zu kommunizieren und zu schreiben.

Diejenigen, die eher der **Position 3** zuzuordnen sind, fordern in der Diskussion zu mehr Gelassenheit auf und bewerten die intensive Mediennutzung der „Netzgeneration" als unproblematisch. Im Gegensatz zu den Kritikern heben sie die Vorzüge hervor: die Orientierung in einem bedeutsamen Medium, die Förderung des Denkens durch kritische Auswahl, die Intensität der Kommunikation sowie breite Möglichkeiten zur Recherche.

Die Spezifika der Netzsprache interpretieren sie als konzeptionelle Mündlichkeit. Demnach beweisen typische Merkmale der mündlichen Kommunikation, wie umgangssprachliche Wendungen (z. B. „Tach" statt „Guten Tag"), Verkürzungen (z. B. „nich" statt

„nicht") oder die Verwendung von Aktionswörtern (z. B. „stöhn", „würg") keinen Verlust an Sprachkompetenz, sondern sind Ausdruck eines bewusst gewählten Konzeptes. Dessen Ziel sei es, besonders in Messengerdiensten und Chats Nähe zum Adressaten herzustellen.

Obwohl man heute natürlich nicht wissen kann, wie die Medienlandschaft der Zukunft aussehen wird, ist schon jetzt klar, dass mediengestützte Kommunikationsformen im Internet allen Printmedien erhebliche Konkurrenz machen. Die eingangs formulierte Frage nach dem Einfluss der Medien auf die Sprache muss vor diesem Hintergrund sicherlich stetig aufs Neue untersucht werden.

TIPP zum Punktesammeln

Vor dem Hintergrund der oben angedeuteten Kontroverse muss man bei der Analyse von Sachtexten, die sich mit dem Thema „Einfluss der Medien auf die Sprache" befassen, davon ausgehen, dass je nach Position eine gewisse Einseitigkeit in der Argumentation vorhanden sein kann. Bei der Analyse der Texte sollte man deshalb zeigen, dass man das gesamte Spektrum der Diskussion kennt und in der Lage ist, kritisch reflektierend einen eigenen Standpunkt dazu einzunehmen.

Filmisches Erzählen

Grundsätzlich bezieht sich jede analytische Auseinandersetzung mit dem Medium Film auf drei Ebenen:

Erzählebenen	Darstellungsmittel
visuelle Ebene	Bildausschnitt, Bildformat, Kameraperspektive, Kamerabewegung, Einstellungsgrößen der Kamera, Farbe, Beleuchtung, Bildschärfe, Bildaufbau
auditive Ebene	On- und Offton, Sprache (Figurenrede, Dialoge), Erzählerstimme, Geräusche, Filmmusik
narrative Ebene	Erzähler, Story, Plot, Figuren(konstellation), Erzählzeit / erzählte Zeit, Montage (Schnitt, Auf- und Abblendung), erzählende Mittel der Montage (Schuss/Gegenschuss, Parallelmontage, Crosscutting, Flashback und Flashforward)

Die **filmischen Gestaltungsmittel** sind für das Gelingen der Kommunikation zwischen Film und Zuschauer, auch wenn diese Kommunikation nicht wie bei Bühneninszenierungen (→ S. 200 f.) direkt, sondern nur mittelbar stattfindet. Sie lenken den Blick und arbeiten mit spezifischen filmischen Codes, die die Zuschauer entschlüsseln müssen. Im Zentrum der Analyse stehen Kameraeinstellung und -bewegung sowie Schnitt bzw. Montage. Hinzu kommen die Tonspur (Sprache, Musik, Geräusche) sowie Effekte der

Digitaltechnik. Alle diese Elemente können **als Zeichen verstanden** und beschrieben werden.
Eine entsprechende Analyse setzt die Kenntnis zentraler Gestaltungsmittel des Films voraus. Übersichten dazu sind im Internet leicht verfügbar.

Da ein Film erst durch die Kommunikation zwischen Film und Zuschauer mithilfe der persönlichen Fantasie des Zuschauers entsteht, besitzen symbolhafte Andeutungen durch visuelle Zeichen, Musik, Licht und Farbe sowie Aussparungen und Auslassungen eine besondere Bedeutung hinsichtlich der Wirkung.

> ### TIPP zum Punktesammeln
>
> Die analytische Beschäftigung mit der filmischen Umsetzung einer Textvorlage erfordert eine intensive Auseinandersetzung mit der Textvorlage und mit der **zu analysierenden Filmsequenz**. Zur Vorbereitung der Filmanalyse ist es ratsam, bei mehrmaligem Anschauen des Films ein Storyboard bzw. Sequenzprotokoll anzulegen, um folgende Gestaltungselemente festzuhalten:
> – einzelne Einstellungen und deren Dauer
> – visuell-formale Ebene (Kameraführung/-bewegung, Einstellungsgröße/-perspektive)
> – Handlungsebene (Personen, Szenenfolge, Requisiten, Dramatik)
> – auditive Ebene (sprachliche Information, Musik, Geräusche, Offstimmen)
> – Einstellungswechsel: Montageformen
>
> Beim **Vergleich einer literarischen Textvorlage** mit einer filmischen Umsetzung ist es hilfreich, zentrale Gestaltungsmerkmale beider Medien zu parallelisieren, auch wenn das der prinzipiellen Eigenständigkeit beider Medien nicht ganz gerecht wird:
>
> | Film | Text |
> |---|---|
> | Kamera | Erzähler bzw. Sprecher |
> | Schnitt, Montage | Orts-, Zeit-, Handlungswechsel |
> | Bildkomposition | sprachliche Gestaltung |
> | Soundtrack | sprachliche Gestaltung |
> | Spannungsaufbau | sprachliche Gestaltung |
>
> Auf Grundlage des Storyboards/Sequenzprotokolls können filmische Umsetzung und Textvorlage vertiefend miteinander verglichen werden, um die Wirkung zu erschließen, die durch den spezifischen Einsatz der filmischen Gestaltungsmittel erreicht wird.

Bei der **Analyse eines Films**, der nicht nur in Ausschnitten vorliegt, sind ebenfalls die zuvor beschriebenen Kompetenzen erforderlich. Allerdings steht die Auseinandersetzung mit dem filmischen Erzählen, also der narrativen Struktur des Films in seiner Gesamtheit stärker im Fokus, wenn das Verhältnis von Inhalt, Ausgestaltung und Wirkung auf den Zuschauer beurteilt werden soll.

Bezogen auf das Medium Film meint „Narration" die **im Film erzählte Handlung** und deren filmische Umsetzung (= Inszenierung). Die narrative Struktur eines Films umfasst die Gesamtheit (Entwicklung, Anordnung und Darstellung) der Erzählung und schließt dabei die Kameraführung, den Schnitt und die Ausstattung der Szenen ein. Von besonderer Bedeutung ist dabei die **Dramaturgie** des filmischen Erzählens. Durch eine interessante und effektvolle Bild- und Tongestaltung kann Aufmerksamkeit geweckt, Spannung erzeugt und Identifikationsangebote geschaffen werden. Unabhängig davon, ob die dramaturgische Anlage eher symbolisch distanziert, poetisch verspielt oder dokumentarisch nüchtern ist, beeinflussen vor allem die visuellen Gestaltungsmittel des Films die Gefühlslage der Zuschauer und prägen damit den Erzählstil eines Films. In Analogie zu literarischen Texten übernimmt die **Kamera** dabei quasi die **Funktion des Erzählers** (→ *Formen und Elemente von epischen Texten / Erzähltexten,* S. 168 ff.). Alles, was im Bild gezeigt und wie es gezeigt wird, ist für die Wirkung des Films und die Interpretation durch den Zuschauer von besonderer Bedeutung.

Im Kontext der Beurteilung der Wirkung von Filmen und ihrer Gestaltungsmittel auf den Zuschauer und mit Blick auf die Möglichkeiten der Einflussnahme des Rezipienten auf das Medium Film bieten sich Bezüge zu unterschiedlichen medientheoretischen Positionen an (→ *Kontroverse Positionen der Medientheorie,* S. 202)

Bühneninszenierung eines dramatischen Textes

Mit dem Begriff **„Inszenierung"** wird das In-Szene-Setzen eines dramatischen Textes unter der Leitung der Regieführenden auf einer Bühne bezeichnet, wobei durch den Einbezug theatraler Mittel die Intention des Dichters herausgearbeitet und die Wirkung des Werkes verstärkt werden soll. Früher sprach man von einer gelungenen Inszenierung dann, wenn die Aufführung des Stückes als möglichst werkgetreu aufgefasst wurde. Wenn heute von einer gelungenen Inszenierung die Rede ist, geht es meist nicht um das Kriterium der Werktreue, sondern im Allgemeinen um ein Lob für die Qualität der Aufführung, ohne dass die Kriterien der Bewertung dabei offenkundig werden. Bühneninszenierungen dramatischer Texte als geplante und in der Regel geprobte Aktivitäten entfalten ihre Wirkung erst vollständig in der Aufführung durch den unmittelbaren Kontakt mit dem Publikum.

Da man heute nicht mehr davon ausgeht, dass es nur die eine richtige Inszenierung gibt, wird jede Inszenierung eines dramatischen Textes als eine **Interpretation** derjenigen verstanden, die Regie führen. Daher unterscheiden sich Inszenierungen ein und desselben dramatischen Textes häufig sehr deutlich, indem z. B. ältere Stoffe durch Übertragung in die Gegenwart aktualisiert werden. Gesellschaftliche Veränderungen, Veränderungen der Seh- und Wahrnehmungsgewohnheit, das Bemühen um künstlerische Originalität und der Konkurrenzkampf der Bühnen untereinander bzw. im Spannungsfeld mit anderen Medien fördern die Eigenständigkeit von Interpretationen bei der Inszenierung eines dramatischen Textes. Die Ausweitung plurimedialer Strukturen der Bühneninszenierungen, z. B. durch den verstärkten Einbezug von Videos und anderen visuellen und akustischen Effekten, unterstützen diesen Prozess.

Basiswissen | Inhaltsfeld Medien | Bühneninszenierung eines dramatischen Textes

Nur wenn der Zuschauer die dramatische Textvorlage selbst gut kennt, wird er sich ein Urteil bilden können, ob die Interpretation einer Inszenierung sich mit der eigenen Interpretation des Stückes deckt.
Die Analyse der ästhetischen Gestaltung einer Bühneninszenierung setzt sich mit der Umsetzung zentraler Elemente dramatischer Texte auseinander:
– Handlung
– Raum- und Zeitgestaltung
– Figuren und Figurenkonstellation
– Sprache und Dialogführung

Das Kapitel *Dramatische Texte* (→ S. 174 ff.) enthält ausführliche Hinweise zu diesen Elementen und bietet Erschließungsfragen für die Analyse dramatischer Texte, die auch für die Auseinandersetzung mit der Gestaltung der Inszenierung des Stücks hilfreich sind. Dabei sollte sich die Beobachtung darauf konzentrieren, wie diese Elemente in der Inszenierung durch die Gestaltung der Bühne (Raumkonzeption, Dekoration, Requisiten, Beleuchtung, akustische, visuelle sowie andere bühnentechnische Effekte), die Besetzung der Figuren, ihre nonverbale und verbale Ausdrucksweise sowie Maske und Kleidung ausgestaltet werden. Auswahl und Zusammenwirken dieser theatralischen Mittel bestimmen wesentlich die Wirkung auf den Zuschauer. Da dramatische Texte meist nur sparsame Vorgaben (Regieanweisungen) zur konkreten Ausgestaltung enthalten oder die Regie sich bewusst von Vorgaben (z. B. Zeit der Handlung) löst, sind entsprechende Konkretisierungen Ergebnis und Ausdruck der Interpretation.

Folgende Erschließungsfragen sind geeignet, die Aufmerksamkeit auf plurimediale Strukturen und ästhetische Gestaltungselemente einer Inszenierung zu lenken und die **Inszenierung** bzgl. Inhalt, Ausgestaltung und Zuschauerwirkung zu **beurteilen**:
– Welcher Bezug besteht zwischen dramatischer Textvorlage und Bühneninszenierung? Sind Veränderungen der inhaltlichen Schwerpunktsetzung durch Streichungen, Ergänzungen bzw. die Verlagerung von Zeit und Ort nachvollziehbar?
– Kann das Publikum die dramatische Textvorlage, sei sie noch so gut oder bekannt, angemessen rezipieren? Wäre es für die Rezeption erforderlich, die dramatische Textvorlage anzupassen, den Inhalt zu aktualisieren und die Aufführung moderner zu gestalten?
– Wie unterstützt die gewählte Bühnenkonzeption Aussage und Rezeption? Welche Funktion nehmen dabei bühnentechnische Besonderheiten (Drehbühne, Einbezug des Zuschauerraums usw.) sowie akustische und visuelle Effekte ein?
– Können die Schauspieler(innen) die zu besetzenden Rollen glaubhaft verkörpern? In welcher Weise unterstützen Bewegung, verbaler und nonverbaler Ausdruck die Rezeption?

Kontroverse Positionen der Medientheorie

Die Geschwindigkeit der Veränderung und Ausbreitung der Massenmedien seit Anfang der 1930er-Jahre wird begleitet von teilweise kontroversen medientheoretischen Ansätzen. Während Bertolt **Brecht** in seiner „Radiotheorie" aus dem Jahre 1932 noch die Vision vom Rundfunk als einem **großartigen Kommunikationsapparat des öffentlichen Lebens** zum Ausdruck bringt, kritisieren gut sechzig Jahre später Soziologen und Gesellschaftstheoretiker die Eigendynamik, die Medien im politischen, gesellschaftlichen und privaten Bereich erlangt haben.

Mit Blick auf die rasante Entwicklung der elektronischen Medien in seiner Zeit (Aufkommen einer **„Bewusstseinsindustrie"**) geht noch Hans Magnus **Enzensberger** im „Baukasten zu einer Theorie der Medien" 1962 davon aus, dass anders als bei Brecht etwa dreißig Jahre zuvor beste Voraussetzungen gegeben seien, um die Distributionsapparate zu Kommunikationsapparaten werden zu lassen und die Bevölkerung als „Sender" aktiv in das Mediengeschehen einzubinden. Wie Brecht begründet auch Enzensberger seine Einschätzung mit den dazu bereits vorhandenen technischen Möglichkeiten der Medien. Diese könnten ohne großen Aufwand genutzt werden, um die Empfänger an der Produktion der Medieninhalte zu beteiligen, worin er ein geeignetes Instrument sieht, neue gesellschaftliche Strukturen zu etablieren.

Gut sechzig Jahre nach Brechts visionärer „Radiotheorie" und fast dreißig Jahre nach Enzensbergers Medientheorie äußert sich der Soziologe und Medienkritiker Niklas Luhmann (1927 – 1998) sehr skeptisch über die direkte Teilhabe der „Empfänger" an der Medienproduktion, da nicht die Realität an sich, sondern die durch Medien vermittelte Realität in diesen Beiträgen zum Ausdruck kommt. Dabei handelt es sich nach **Luhmann** um eine eher **unbewusste Manipulation durch die Medien**, die für ihn darauf angelegt scheint, für den Umsatz ihrer Ware eine individuelle psychische Verankerung zu schaffen. Ebenfalls neuere Thesen der Medienwirkungsforschung stellen kritisch den erheblichen Einfluss heraus, den heutige Massenmedien auf die Konsumenten haben.

Wirkung von Massenmedien	Erläuterungen
Agendasetting	These: Durch gezieltes Setzen bestimmter Themenschwerpunkte lässt sich beeinflussen, worüber Zuschauer sich Gedanken machen.
verfehlte Kultivierung	Hypothese: Bei „Vielsehern" weicht häufig die Weltsicht von der Realität ab, da sie sich stärker mit der Fernsehwelt auseinandersetzen, die die Darstellung der Realität verzerrt.
Schweigespirale	These: Massenmedien können erheblich Einfluss auf den Zuschauer nehmen, indem sie dem Einzelnen gegenüber bestimmte Meinungen als angebliche Mehrheitsmeinungen präsentierten, sodass dieser aus Furcht vor Isolation in der Öffentlichkeit schweigt, obwohl er eigentlich eine andere Meinung hat.

Wissenskluft	Hypothese: Der wachsende Informationsfluss der Massenmedien (mit meist trivialen Inhalten) führt zu einer Vergrößerung der Wissenskluft zwischen Menschen mit höherem und niedrigerem sozioökonomischem Status.
Medienpriming	These: Medienkonsumenten beurteilen politische Akteure verstärkt nach den Kategorien, die in der Medienberichterstattung bevorzugt thematisiert werden.
Third-Person-Effekt	Die Tendenz vieler Menschen, zu glauben, dass andere durch die Massenmedien mehr beeinflusst werden, als sie selbst, ist Ausdruck einer verzerrten Wahrnehmung.

Im Gegensatz zu diesen medienkritischen Ansätzen gibt es gegenwärtig auch positive Positionen, die beinah euphorisch vom **„Beteiligungsboom"** in der heutigen Medienlandschaft sprechen. Ein Phänomen, das für die Vertreter dieser Sichtweise Ergebnis einer grundlegenden Änderung der weltweiten Kommunikationssysteme ist und vor allem durch die Rückkoppelungseffekte im Internet erheblichen Einfluss auf die Gesellschaft haben wird, wozu sie über das Internet organisierte Formen des politischen Widerstands (z. B. Demokratiebewegung in Ägypten, Stuttgart-21-Gegner) als Beispiele anführen.

Mit den genannten Beispielen wird ein häufig als **„Internet-Tsunami"** bezeichnetes Phänomen der Gegenwart angesprochen. Mit diesem Begriff sind meist politisch motivierte Massenbewegungen gemeint, die durch gezielte Veröffentlichungen im Internet ausgelöst werden, indem durch Rückkopplungseffekte eine Art „Meinungsimpulswellen" hervorgerufen werden. Im Sinne Brechts und Enzensbergers scheint sich für sie das Internet vom Distributionsapparat zum Kommunikationsapparat zu wandeln und sie prophezeien, dass diejenigen, die nicht selbst Teil dieses dynamischen Prozesses sind, langfristig abgehängt würden.

Vor dem Hintergrund dieser gegensätzlichen medienkritischen Ansätze der Gegenwart gilt es durch differenziertes Abwägen der Möglichkeiten und der Gefahren zu erkennen, dass die Dynamik des Internets durchaus positive Effekte haben kann, aber auf der Grundlage desselben Wirkungsmechanismus auch missbraucht werden kann. Bleibt man im Bild des Tsunamis, offenbart sich das Problem darin, dass Bewegungen ausgelöst werden können, die sich verselbstständigen und dann der Kontrolle entziehen. Als weiteres einfaches und bekanntes Beispiel können hier über Twitter oder Facebook erfolgte Einladungen zu Geburtstagspartys angeführt werden, die bereits des Öfteren wegen des unkontrollierten Ansturms ins Chaos geführt haben. Ebenso ist Cybermobbing ein Beispiel für das in der Dynamik enthaltene Gefährdungspotenzial. Da die Entwicklung der Medien nicht an Tempo zu verlieren scheint, ist davon auszugehen, dass sich auch ihr Einfluss auf die Gesellschaft weiter verändern wird.

Rhetorische Mittel

Folgende rhetorische Figuren und Fachbegriffe können Ihnen als Hilfsmittel für die Textanalyse sehr von Nutzen sein:

Fachbegriff / rhetorische Figur	Erklärung	Beispiel
Akkumulation	Reihung, Aufzählung, Worthäufung (syndetisch oder asyndetisch), Wirkung: Verstärkung der Aussage	Nun ruhen alle Wälder, Vieh, Menschen, Städt' und Felder. (Paul Gerhardt)
Allegorie	Sinnbild für einen abstrakten Begriff	*Justitia* als Frau mit verbundenen Augen; Waage und Schwert als Sinnbild für *Gerechtigkeit*
Alliteration	Wiederkehr des gleichen Anlauts bei mehreren aufeinanderfolgenden Wörtern	Milch macht müde Männer munter
Anakoluth	grammatisch fehlerhafte Satzkonstruktion; Satzbruch	Es ist zwar teurer und es ist klein.
Anapher	Wiederholung mindestens eines Wortes am Vers- oder Satzanfang	Es zu kämmen gegen den Strich/ Es zu paaren widernatürlich / Es nackt zu scheren (M. L. Kaschnitz, *Ein Gedicht*)
Antithese	Gegenüberstellung gegensätzlicher Aussagen	Tages Arbeit; abends Gäste;/ Saure Wochen, frohe Feste! (J. W. Goethe, *Der Schatzgräber*)
Aposiopese	bewusster Abbruch eines Satzes vor der entscheidenden Aussage	Mit diesen kleinen Händen hätt ich ihn –? (H. v. Kleist, *Penthesilea*)
Apostrophe	Form der Anrede: Abwendung vom Publikum, Hinwendung zu anderen Ansprechpartnern	Ihr Götter, steht mir bei!
Assonanz	Reim nur der Vokale, nicht der ganzen Silbe	Romanzen vom Rosenkranz (C. Brentano)
Asyndeton / asyndetische Reihung	Aneinanderreihung ohne beiordnende Konjunktion (Gegenteil → Polysyndeton)	Falschgeldprägen, Lichtausknipsen, Zähneputzen, Totschießen. (G. Grass, *Die Blechtrommel*)
Chiasmus	kreuzweise bzw. spiegelbildartige Stellung von Satzgliedern	Die Kunst ist lang! / Und kurz ist unser Leben. (J. W. Goethe, *Faust I*)

Chiffre	sprachliches Bild/Symbol, dessen Bedeutung nur aus dem Textzusammenhang hervorgeht, diesen aber erst verständlich macht/bestimmt	schwarze Milch der Frühe (P. Celan, *Todesfuge*)
Correctio	(Selbst-)Korrektur eines als zu schwach oder zu stark gewählten Ausdrucks Wirkung: Hervorhebung, Betonung	Es war ein schöner, nein, ein außergewöhnlicher Tag.
Ellipse	unvollständiger Satz, Auslassungssatz	Wohin gehst du? *Nach Hause. Ende gut, alles gut.*
Enjambement (Zeilensprung)	Der Satz- und Sinnzusammenhang reicht über das Vers- oder Strophenende hinaus. Das Enjambement hebt vor allem Begriffe am Versende hervor.	Über allen Gipfeln / Ist Ruh … (J. W. Goethe, *Ein gleiches / Wandrers Nachtlied*)
Enumeratio	Aufzählung	Alles rennt, rettet, flüchtet. (F. Schiller, *Die Glocke*)
Epipher	Wiederholung des gleichen Worts/der gleichen Wörter am Schluss parallel gesetzter Wortgruppen oder Sätze	Doch alle Lust will *Ewigkeit*, / will tiefe, tiefe *Ewigkeit!* (Friedrich Nietzsche, *Also sprach Zarathustra*)
Euphemismus	Untertreibung, mildernder oder beschönigender Ausdruck	*ein kleines Problem* statt: *eine schwierige Situation*
Hyperbel	Übertreibung	blitzschnell; himmelhoch; Schneckentempo
Inversion (auch: Hyperbaton)	Umstellung von Wörtern im Gegensatz zur üblichen Syntax	Einen Krimi lese ich gern.
Ironie	es wird das Gegenteil von dem gesagt, was gemeint ist	Ich finde es prima, dass du heute wieder zu spät kommst.
Klimax	Höhepunkt; steigernde Reihung	Heute back' ich, morgen brau' ich, übermorgen hol' ich der Königin ihr Kind. (Rumpelstilzchen)
Litotes	Verneinung oder Abschwächung des Gegenteils	*nicht hässlich* statt: *schön*; *nicht übel* statt: *gut*

Metapher	Bedeutungsübertragung in der Beziehung der Ähnlichkeit; sprachliches Bild	Mauer des Schweigens; Licht der Wahrheit; Durchbohrt hat mich der Läst'rung giftiger Speer. (F. Schiller)
Metonymie	Ersetzung eines Wortes durch ein anderes, das mit ihm in einer logischen Verbindung steht	*Das Weiße Haus meldet ...* statt: *Der amerikanische Präsident ...*
Neologismus	Wortneuschöpfung	schwerschwarz (G. Grass, *Die Blechtrommel*)
Onomatopoesie	Lautmalerei, sprachliche Nachahmung von Geräuschen oder Lauten durch ähnlich klingende Worte	grrrrmpft!; knistern und knastern
Oxymoron	Verbindung zweier sich widersprechender Begriffe	bittersüß; Hassliebe; stummer Schrei; beredtes Schweigen
Paradoxon	(scheinbarer) Widerspruch	Die Tragödie des Alters ist nicht alt zu sein, sondern jung. (O. Wilde)
Parallelismus	Wiederholung derselben Wortstellung bei nebeneinandergereihten Satzgliedern oder Sätzen	Heiß ist die Liebe, kalt ist der Schnee. Wie ist das Wetter, wie ist die See?
Parenthese	Einschub, Schaltsatz	Ich möchte dir – ich fasse mich kurz – von den Ereignissen erzählen.
Personifikation	Vermenschlichung von Tieren, Gegenständen oder abstrakten Begriffen	Väterchen Frost; die Sonne lacht
Pleonasmus	überflüssige Verbindung von Wörtern mit gleicher Bedeutung zur Verstärkung	schwarzer Rappe; weißer Schimmel
Polysyndeton	Reihung von beiordnenden Konjunktionen (Gegenteil → Asyndeton)	*Und* es wallet *und* siedet *und* brauset *und* zischt. (F. Schiller, *Der Taucher*)
Prämisse	Grundannahme, auf der weitere Überlegungen aufbauen	Ich glaube an den Menschen und das heißt, ich glaube an seine Vernunft! (B. Brecht, *Leben des Galilei*)

Refutatio	Vorwegnahme eines möglichen Einwands, der sogleich widerlegt wird	Sie werden sagen, dass …, aber …
rhetorische Frage	Frage, auf die keine Antwort erwartet wird oder deren Antwort bereits feststeht	Möchten Sie gerne Ferien?
Suggestivfrage	Frage, die eine bestimmte Auslegung durch den Zuhörer nahelegt	Könnte es vielleicht sein, dass Ihnen Hausarbeiten lästig sind?
Syllogismus	logische Denkfigur, bei der aus zwei Prämissen ein Schluss gezogen wird	Stimmbänder sind notwendig, um sprechen zu können. Fische haben keine Stimmbänder. Also können Fische nicht sprechen.
Symbol	ein konkretes Zeichen für ein bestimmtes Handeln oder einen bestimmten Begriff	*Kreuz* als Symbol des christlichen Glaubens; *Taube* als Symbol für Frieden
Synästhesie	Vermischung verschiedener Sinneseindrücke	heiße Musik; schreiende Farben
Synekdoche	Bezeichnung, die einen Teil für das Ganze setzt (Pars pro Toto) oder das Ganze durch einen Teil wiedergibt (Totum pro Parte)	Wir flehen um ein *wirtlich Dach* (für: *gastfreundliches Haus*) (F. Schiller)
Tautologie	Doppelaussage, oft synonym zu → Pleonasmus gebraucht	nackt und bloß; einzig und allein; heiter und froh; alter Greis
Trikolon	dreigliedriger Ausdruck	Und wiegen und tanzen und singen dich ein. (J. W. Goethe, *Erlkönig*)
Vergleich	bildhafter Hinweis auf einen anderen Bereich	Er ist schlau wie ein Fuchs.
Wiederholung	mehrfaches Auftreten identischer Wörter, Satzteile oder ganzer Sätze	Singet leise, leise, leise.
Wortspiel	geistreiches Spiel mit Worten, um eine witzige Wirkung zu erzielen	Entrüstet Euch! (Wahlspruch der Friedensbewegung)